교양이를
부탁해

교양이를 부탁해

읽을수록 똑똑해지는 우리 시대의 교양

경제·전쟁·패권 편

스브스프리미엄, 한동훈 지음

INFLUENTIAL
인 플 루 엔 셜

× 교양이를 부탁해 ×

성장에는 힘이 필요합니다. 어떠한 변화에도 흔들리지 않을 힘, 한 차원 높은 단계로 뻗어나갈 힘. 우리는 이 힘의 원천으로 세상을 향한 관심, 즉 '교양'을 주목합니다. 〈교양이를 부탁해〉는 정치·경제·사회·문화 각 분야의 국내 최고 전문가인 컨트리뷰터들과 함께 들을수록, 읽을수록 똑똑해지는 교양을 전합니다. 이로써 '교양인'으로 함께 성장할 힘을 북돋고자 합니다.

오늘의 세계에선 어떤 일이 펼쳐질까요? 그것은 우리의 일상과 어떻게 연결되고, 또 어떤 영향을 미칠까요? 모든 것이 얽히고설킨 채 상호 작용하는 시대에 반드시 던져봐야 할 질문입니다. 〈교양이를 부탁해〉는 각종 시사 이슈를 빠르고 정확하게 전달하며, 그 앞뒤 사정과 전후 맥락을 깊이 있게 분석합니다.

〈교양이를 부탁해〉의 주요 내용만을 골라 담아낸 이 책은 세상 돌아가는 일에 관한 인사이트로 가득합니다. 러우전쟁, 금리와 환율, 의료 대란 등 평소 궁금했지만 제대로 알기 어려웠던 세상 물정의 핵심을 정확히 짚어줍니다. 이 책에서 교양을 만끽하는 즐거움을 누리길, 오늘을 이해하고 미래를 준비하는 힘을 얻길 바랍니다. 한층 더 넓어지고 깊어진 교양의 세계로 여러분을 초대합니다.

× 지식뉴스 ×

오늘날 세계는 하루에도 몇 번씩 들썩입니다. 경제·전쟁·패권 등 분야와 주제를 가리지 않고 굵직굵직한 일들이 벌어지기 때문입니다. 그럴 때마다 수십, 수백 건의 뉴스가 쏟아집니다. 인터넷과 SNS, 스마트폰의 발달로 우리는 뉴스의 망망대해를 떠다닙니다. 하지만 정작 알맹이가 있는 뉴스, 꼭 알아야 할 내용이 담긴 뉴스는 찾아보기 어렵습니다. 때로는 가짜뉴스를 만나 좌초하고 말지요.

이런 뉴스의 완성도를 높이는 것이 바로 '지식'입니다. 〈교양이를 부탁해〉는 기사 헤드라인보다 깊이 있게 파고들고, 카메라 프레임보다 폭넓게 바라보는 '지식뉴스'로 여러분을 찾아갑니다. 사건과 사건을 연결해 숨은 맥락을 드러내고, 각종 증언과 기록의 행간 속 의미를 밝혀냄으로써 세상의 해상도를 한 차원 높여줍니다. 이것이 바로 지식뉴스의 진정한 가치입니다.

바쁜 현대 사회에서 교양인으로 살아가기 위해 우리는 무엇을 알아야 할까요? 또 얼마나 깊고 넓게 알아야 할까요? 뉴스가 가치를 잃어가는 오늘날, 이 책에 가득 담긴 지식뉴스는 여러분의 세상 보는 눈을 업그레이드해줄 것입니다.

2부 전쟁 🐷 적대적 공생관계로 불붙는 세계

3부 패권 😮 새 판 짜기에 나선 세계

4부 한국 우리가 맞이할 세계

1부

경제

호황과 불황의
경계에 선 세계

#호황과불황 #중진국의위기 #엔캐리트레이드 #생산성

험난한 비포장도로를 돌파하고자 자동차의 액셀을 계속해서 밟아대면 어떻게 될까요? 과열된 엔진이 어느 순간 고장나버릴 것입니다. 지금 세계경제가 처한 상황이 이와 비슷합니다.

수출 동향부터 금리의 미래까지,
먹고사는 일의 핵심을 꿰뚫는
경제-컨트리뷰터

미국과 중국, 한국을 모두 아우르는 세계경제 전문가

김정호 서강대학교 경제대학원 겸임교수

미국과 중국 경제에 한국 경제가 어떻게 영향받는지 깊이 있게 분석합니다. 일리노이대학교에서 경제학 박사학위와 법학 박사학위를 받았습니다.

일본 경제와 동아시아 정세를 함께 살피는 경영학자

김현철 서울대학교 국제대학원 교수

일본의 '잃어버린' 세월에서 한국이 타산지석 삼을 만한 점은 무엇이 있는지 살펴봅니다. 게이오대학교에서 경영학 박사학위를 받았습니다.

4차 산업혁명 시대에 생산성의 의미를 묻는 사회학자

이원재 카이스트 문화기술대학원 교수

지나친 비관과 순진한 낙관 사이에서 한국 경제를 올바르게 이해하는 법을 제시합니다. 시카고대학교에서 사회학 박사학위를 받았습니다.

정치·산업·인구·문화를 두루 섭렵한 일본 경제 전문가

이창민 한국외국어대학교 일본학과 교수

'아베노믹스'부터 '장기 저성장'까지, 한국이 꼭 알아야 할 최신의 일본 경제 동향을 누구보다 깊고 자세히 분석합니다. 도쿄대학교에서 경제학 박사학위를 받았습니다.

경제·전쟁·패권을 모두 아우르는 전천후 저널리스트

이현식 SBS D콘텐츠제작위원

세계경제의 향방, 하마스와 이스라엘의 생존법, 미국과 중국의 패권 다툼 등 각종 시사 이슈의 '진짜' 의미를 파헤칩니다. 2010년부터 2012년까지 뉴욕 특파원을 지냈습니다.

01

미국이라는
과열된 엔진

미국 경제의 결정적 장면 1

금리를 올렸다 내렸다, 세계경제의 향방을 좌우하는
제롬 파월 미국 연방준비제도이사회 의장

인플레이션을 겨우 무찔렀나 싶더니,
디플레이션의 공포가 닥쳐온다!
미국은 이 위기를 어떻게 헤쳐나갈 것인가?

미국 경제의
결정적 장면
2

유동성은 바로 이곳에서 시작된다!
달러를 찍어내는 미국 조폐공사

팬데믹 기간에 막대한 달러를 살포한
미국의 다음 수는 과연 무엇인가?
달러의 바다 위에서 세계경제는 어디로 흘러갈까?

*

세계가 코로나19 팬데믹의 충격에서 서서히 회복하기 시작하던 2022년 6월, 미국 국회의사당 건물에 폭탄이 떨어졌습니다. 폭발과 화염을 동반한 실제 폭탄은 아니었지만, 그 이상의 충격을 선사하는 '말 폭탄'이었지요. 당시 그곳에서는 상원 금융위원회가 청문회를 진행 중이었습니다. 경제 문제를 다루는 여러 공직자 사이로, 하얗디하얀 백발과 특유의 무표정 때문에 유독 눈에 띄는 한 인물이 입을 열었습니다.

"우리는 현재 받아들이기 어려운 수준의 인플레이션 등 거시 경제적 위기에 처해 있습니다."

일순간 정적이 흘렀지만, 곧이어 짧은 탄식이 청문회실을 채우기 시작했습니다. 한두 시간 후에는 세계 각국의 언론이 이 말을 퍼 나르며 속보를 뿌려댔지요. 그날 하루 전 세계를 뒤흔들었던 결정적 한마디의 주인공은 바로 미국 재무부 장관 재닛 옐런Janet Yellen 이었습니다. 팬데믹 직전에는 '달러의 제왕' 미국 연방준비제도이사회(연준) 의장으로서 세계경제를 좌우했던 옐런의 말에 수많은 사람이 촉각을 곤두세운 데는 그럴 만한 사정이 있었습니다.

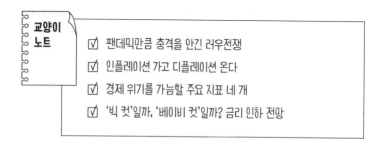

교양이 노트

☑ 팬데믹만큼 충격을 안긴 러우전쟁
☑ 인플레이션 가고 디플레이션 온다
☑ 경제 위기를 가늠할 주요 지표 네 개
☑ '빅 컷'일까, '베이비 컷'일까? 금리 인하 전망

세계경제에 퍼펙트 스톰이 몰려오다

당시 세계 각국은 팬데믹에 따른 경기 침체를 막고자 시장에 막대한 돈을 푼 상태였습니다. 미국만 해도 팬데믹이 선언된 2020년 3월 이후 수차례에 걸쳐 6조 달러(약 6,700조 원) 안팎의 돈을 풀었습니다. 이를 '양적완화'라고 하는데, 천문학적인 규모의 돈이 크고 작은 기업들과 부동산, 심지어 가상 화폐 시장에까지 흘러들며, 적

재닛 옐런 | 미국 재무부 장관 | 2022년 6월 7일

"우리는 거시 경제적 위기에 처해 있습니다"

어도 겉으로 보기에는 호황이 계속되었습니다. 한마디로 '공짜 파티'가 열린 셈이었는데, 갑자기 옐런이 나타나 찬물을 끼얹은 것이었죠. 이후 미국은 금리 인상의 고삐를 바짝 당기기 시작했고, 그 여파가 오늘날까지 이어지고 있습니다.

사실 옐런 외에도 화려한 호황의 이면을 들춰 봤던 사람들은 곳곳에 도사린 위험에 깜짝 놀랐습니다. 그들은 세계경제에 '퍼펙트 스톰perfect storm'이 닥쳤다고 목소리를 높였는데, 여러 개의 태풍이 동시에 발생해 큰 피해가 예상된다는 우려였지요. 여기서 그 태풍들이란 시장에 넘쳐흐르는 돈과 러시아의 우크라이나 침공이었습니다.

옐런이 콕 집은 "받아들이기 어려운 수준의 인플레이션"을 화재에 비유하면 이렇습니다. 2년 남짓 되는 단기간에 엄청난 양이

풀려버린 돈은 파삭하게 마른 들판을 축축하게 적신 기름이고, 2022년 2월 전면전으로 비화한 러우전쟁은 여기에 던져진 담배꽁초입니다. 사실 담배꽁초만 없었어도 기름은 시간이 흐르며 자연스레 휘발되었을지 모릅니다. 하지만 일단 불이 붙자 상황은 완전히 달라졌습니다. 돈이 너무 많이 돌아 물가가 오를 조건이 충족된 상황에서 전쟁으로 공급망이 망가지며 싼값에 물건을 공급받지 못하게 되자 인플레이션이 닥쳤습니다. 폭발적인 물가 상승으로 소비가 주춤하니 기업들의 활동도 위축되고, 무역수지 악화가 뒤따랐죠. 그러면서 실업률이 증가하고, 세수가 줄며, 정부 재정이 부실해졌습니다. 미국은 금리를 높여 돈을 회수함으로써 물가만이라도 잡으려 했지만, 이 정도 규모의 복합 위기를 해결하기엔 역부족이었습니다.

공급망이 붕괴되다

인플레이션을 잡기 위한 미국의 노력을 방해한 것은 석유였습니다. 어떤 국가든 경제활동의 기본은 석유입니다. 석유가 적절한 가격에 공급되어야 각종 제품을 원활히 생산하고 시장에 공급할 수 있지요. 그런데 러우전쟁을 계기로 유가가 치솟았습니다. 우크라이나에서 석유가 나기 때문일까요? 사실 석유는 러시아에서 나옵니다. 매장량이 아닌 생산량만 따진다면, 러시아는 미국, 사우디아라비아와 더불어 세 손가락 안에 드는 주요 산유국입니다. 그런데 우크라이나 침공을 이유로 세계 각국이 러시아에 경제제재를 가하면서, 그 많은 석유 또한 시장에 나오지 못하게 되었습니다. 당연히 유가가 치솟을 수밖에 없었지요.

특히 유럽연합^{EU}이 큰 피해를 보았습니다. 러우전쟁 직전까지 EU는 러시아에서 하루 300만 배럴 이상의 석유를 수입했습니다. 그런데 대러 제재에 동참하며 러시아산 석유를 더는 사지 않기로 결의했지요. 그러면서 중동 산유국들의 협의체인 석유수출국기구^{OPEC}에 더 많은 석유를 생산해달라고 요청했는데, 그들로서는 굳이 유가를 낮출 이유가 없었던지라 시큰둥한 반응만이 돌아왔습니다. 급한 대로 미국이 자국에 공급할 석유를 EU에 제공했지만 미봉책에 불과했고, 당연히 (석유를 EU에 양보하게 된) 미국 국민 또

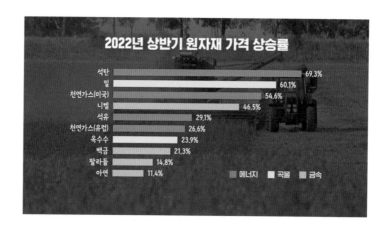

유가 상승에 따른 물가 상승

악화되는 국제수지

한 피해를 보아야 했습니다.

석유라는 주요 원자재의 공급이 흔들리고 가격이 치솟자, 세계
경제가 바짝 움츠러들기 시작했습니다. 엎친 데 덮친 격으로, 곡물
과 광물 등 거의 모든 원자재도 같은 경로를 밟아나갔습니다. 우
크라이나는 세계 3대 곡창지대 중 한 곳이고, 러시아와 우크라이
나 모두 핵심 광물들의 주요 생산국입니다. 러우전쟁으로 원자재
생산과 공급 또한 요원해졌으니, 거의 모든 상품의 가격이 상승했
습니다. 지난 2년간 세계 각국은 공급망을 다변화하며 시장을 안
정시키려 노력했지만, 러우전쟁이라는 근본적인 문제가 해결되지
않는 한, 물가가 그 이전으로 돌아갈 가능성은 그리 크지 않아 보
입니다.

이처럼 러우전쟁만으로도 세계경제가 휘청이고 있는데, 2023년
10월 또 하나의 전쟁이 벌어졌습니다. 팔레스타인의 부장 정파 하
마스Hamas가 이스라엘을 침공하며 시작된 이 전쟁은 확전 일로를
걸으며, 제5차 중동전쟁으로 비화할 조짐마저 띠고 있습니다. 중

동은 주요 산유국들이 몰려 있는 데다가, 국제 물류의 주요 허브 중 하나로 지중해와 홍해를 잇는 수에즈운하가 있는 지역입니다. 이런 곳에서 큰 전쟁이 발발했으니, 세계경제에 러우전쟁만큼이나 큰 타격을 가할 것으로 예측됩니다.

경제 위기의 이정표

사태가 이토록 악화한 데는 미국이 어느 정도 자초한 부분이 있습니다. 전쟁과 관련한 내용은 뒤에서 자세히 설명할 테니, 여기서는 경제에만 초점을 맞춰보죠. 지금이야 인플레이션의 원인으로 지목되지만, 2년 전 팬데믹 초기만 하더라도 미국의 양적완화는 세계경제의 동아줄로 평가받았습니다. 당시 미국은 팬데믹 기간에 돈 중의 돈, '기축통화'인 달러를 마구 찍어내며 세계경제가 무너지지 않도록 했습니다.

러우전쟁이 시작되기 전까지만 해도 미국의 대책은 유효해 보였습니다. 가령 미국을 필두로 세계 각국의 주식시장은 역대 최고의 활황을 누렸습니다. 팬데믹이 선언된 2020년 3월과 비교해 1년 여가 지난 시점에서 미국의 주식시장은 90퍼센트 이상, 한국의 주식시장은 50퍼센트 이상 상승했을 정도였죠. 거리에 시체가 쌓이고, 사람들이 자의 반 타의 반으로 집에 갇히며, 공장들이 문을 닫고,

국제 물류가 멈추는 초유의 사태 속에서도 세계경제가 붕괴하지 않은 것은 분명 미국이라는 튼튼한 엔진 덕분이었습니다.

그런데 험난한 비포장도로를 돌파하고자 자동차의 액셀을 계속해서 밟아대면 어떻게 될까요? 과열된 엔진이 어느 순간 고장나버릴 것입니다. 지금 미국이 처한 상황이 이와 비슷합니다. 팬데믹을 버티게 해준 많은 돈이 인플레이션으로 돌아온 데다가 러우전쟁까지 터졌습니다. 이 거대한 장애물을 넘기에는 엔진이 기력을 다한 듯 보입니다. 아직 고장나지는 않았지만, 희뿌연 연기를 토해내고 있달까요? 빨리 조치하지 않으면, 엔진을 잃은 세계경제가 아예 멈춰버릴지 모릅니다.

앞으로 미국은, 또 세계는 이 위기를 어떻게 극복할까요? 아니, 과연 극복할 수는 있을까요? 아무도 미래를 내다볼 순 없지만, 적어도 몇 가지 지표를 참고해 향방을 가늠할 수는 있습니다. 이때 참고해야 할 지표는 '저축률', '실업률', '물가', '금리' 네 가지입니다.

점점 가난해지는 사람들

'저축률'이란 말 그대로 사람들이 얼마나 저축하고 있는지를 보여줍니다. 이를 보면 경제활동의 근간을 떠받치는 소비 여력이 어느 정도인지를 알 수 있습니다. 특히 미국인들의 저축률이 중요합

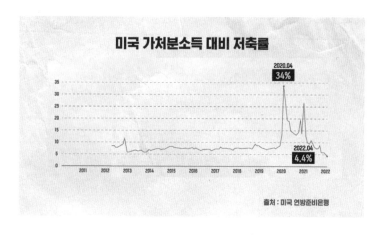

미국 가처분소득 대비 저축률

2020.04
34%

2022.04
4.4%

출처 : 미국 연방준비은행

니다. 팬데믹 기간에 끝 모를 정도로 찍어냈던 달러의 직접적인 수
혜자였기 때문인데, 안타깝게도 저축률이 매년 하락하고 있습니
다. 팬데믹이 한창일 때 정부에서 지원금을 두둑히 받았던 미국인
들은 가처분소득의 34퍼센트를 저축했습니다. 하지만 옐런이 경고
알람을 울린 2022년 상반기에는 4퍼센트대로 뚝 떨어졌고, 2년이
더 지난 2024년 상반기에는 3퍼센트대에 그쳤습니다.

　저축률이 급락했다는 것은 그만큼 돈이 줄어들었다는 뜻입니
다. 이는 점점 높아지는 신용카드 연체율을 보아도 알 수 있습니
다. 팬데믹 전에 미국의 신용카드 연체율(30일 이상)은 2퍼센트대
중반에 머물렀는데, 팬데믹이 한창일 때는 넘쳐나는 지원금 덕분
에 1퍼센트대 중반까지 떨어졌다가, 2024년 상반기에는 무려 9퍼
센트를 넘어섰습니다. 미국인들은 왜 이렇게까지 무리해서 돈을

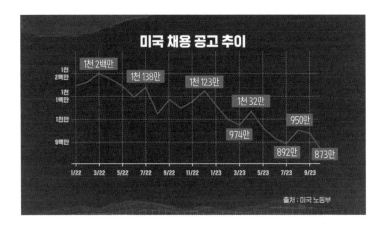

미국 채용 공고 추이

1천 2백만
1천 138만
1천 123만
1천 32만
974만
950만
892만
873만

1/22 3/22 5/22 7/22 9/22 11/22 1/23 3/23 5/23 7/23 9/23

출처 : 미국 노동부

썼을까요? 여러 이유가 있겠지만, 무엇보다 '물가' 상승이 결정적인 역할을 했습니다. 이렇게 물가가 오르면, 처음에는 저축률이 떨어지고, 신용카드가 연체되다가, 결국 소비 자체가 줄어듭니다. 소비가 줄면 기업의 매출이 쪼그라들고, 자연스레 고용 시장이 꽁꽁얼어붙습니다. 실제로 팬데믹 기간에 3퍼센트대에서 관리되던 미국의 '실업률'이 2024년 상반기를 지나며 4퍼센트대로 높아졌습니다. 이와 같은 실업률의 상승은 보통 경기 침체의 전조 증상으로 여겨지지요.

흥미로운 사실은 실업률이 높다고 해서 일자리가 아예 없는 것은 또 아니라는 점입니다. 여기에는 복잡한 사정이 있는데, 무엇보다 팬데믹을 거치며 미국의 취업 문화가 완전히 달라졌습니다. 특히 이직이 쉬워졌습니다. 얼마간은 일하지 않아도 생계가 유지될 정도로 정부에서 지원금을 남발한 덕분에 더 좋은 직장을 찾아볼 여유가 생겼기 때문입니다. 그리하여 수많은 미국인이 다니던 직장을 그만두고 새 직장을 찾아 나섰습니다. '대퇴사great resignation'로 불리는 이러한 문화는 지금도 여전한데, 문제는 일자리가 줄어들고 있다는 것입니다. 2022년 3월에는 1,200만 개의 일자리가 있었는데, 2023년 12월에는 873만 개만 남았죠. 물론 여전히 많아 보이지만, 양질의 일자리부터 줄어들고 있다는 게 진짜 문제입니다. 실제로 이직에 따른 연봉 인상률이 점점 낮아지고 있습니다. 전 직장보다 더 좋은 직장을 찾는 데까지 걸리는 시간이 길어지며, 많은 사람이 실직한 상태로 있는 것이지요.

금리 인하, 더는 미룰 수 없다

쓸 돈이 줄고 과열된 고용 시장이 식기 시작하는 것은 지금 상황에서 양날의 검입니다. 결과적으로 소비가 주는 만큼 인플레이션이 한풀 꺾이지만, 동시에 경제성장이 어려워지며 디플레이션에 빠질 수 있습니다. 오늘날 미국 경제는 그 갈림길에 서 있습니다. 실제로 미국의 물가 상승률이 눈에 띄게 둔화되고 있습니다. 소비자물가지수CPI●를 기준으로, 2024년 7월의 경우 전년 동월 대비 2.9퍼센트 상승한 데 그쳤습니다. 2퍼센트대 상승률은 2021년 3월 이후 처음으로, 팬데믹이 끝나가던 2022년 여름에는 9퍼센트대까지 치솟기도 했습니다. CPI만큼 많이 보는 개인소비지출PCE● 또한 CPI와 비슷한 그래프를 그리며 하락 중입니다. 인플레이션이 최정점을 지났다고 조심스레 예측해볼 만한 상황인 것이지요.

물가가 낮아진 절호의 기회에 소비 여력을 높이면서 경제성장을 이루려면 어떻게 해야 할까요? 무작정 돈을 풀면 소비 여력이 높아지는 만큼 물가도 따라 높아지므로, 팬데믹 같은 예외적인 상황이 아니라면 더는 쓸 수 없는 카드입니다. 그보다는 좀 더 '부드러운' 방법이 필요하죠. 이럴 때 활용할 수 있는 카드가 바로 '금리'입니다.

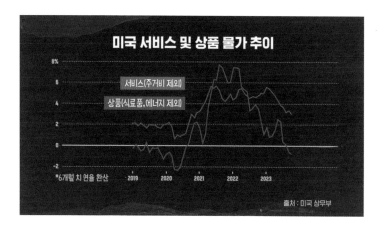

미국 서비스 및 상품 물가 추이

서비스(주거비 제외)
상품(식료품, 에너지 제외)

*6개월 치 연율 환산 2019 2020 2021 2022 2023

출처 : 미국 상무부

금리를 조절하면, 돈의 양이 늘고 주는 듯한 효과를 낼 수 있습니다. 팬데믹 기간 내내 미국의 금리는 사실상 제로 금리라 할 수 있는 0.25퍼센트를 유지했습니다. 그러다가 인플레이션의 기미가 보인 2022년 들어 야금야금 높아지더니, 1년여가 지난 2023년 7월에는 5.5퍼센트까지 인상되었습니다. 다만 물가가 안정되기 시작해 고금리를 유지할 필요성이 사라진 2024년 9월 드디어 금리 인하가 단행되었습니다. 일단 0.5퍼센트포인트를 인하했는데, 연내에 한두 차례 더 낮출 것으로 예상됩니다.

> **"최대 고용과 안정적인 물가라는 이중 목표 달성이 연준의 목표입니다."**

미국 경제의 큰 틀을 짜는 연준의 제롬 파월^{Jerome Powell} 의장이 금리 인하를 발표하며 한 말입니다. 물가가 안정된 만큼 금리를 낮춰 기업의 숨통을 틔워줌으로써 점점 높아지는 실업률을 개선하겠다는 뜻이 엿보이지요. 인플레이션에서 벗어났으니 디플레이션 또한 막아내며 팬데믹 이후 갈팡질팡했던 경제를 정상 범주로 완전히 돌려놓겠다는 의지의 표명입니다.

사실 많은 사람이 2024년 상반기에 금리가 인하될 것으로 예상했지만, 빗나가고 말았습니다. 다만 11월로 예정된 미국의 제47대 대통령 선거 전인 9월에는 반드시 금리 인하를 단행할 것으로 보았고, 그 예상이 맞아떨어졌습니다. 앞서 설명한 것처럼 2024년 하반기 들어 CPI와 PCE가 모두 2퍼센트대에 안착했는데, 이는 연준이 금리 인하의 기준선으로 공공연히 밝혀왔던 수치입니다. 무엇보다 물가는 떨어지는데 금리가 높게 유지된다면, 개인이나 기업이 체감하는 실질금리는 크게 상승합니다. 쉽게 말해 물가 하락은 곧 돈의 가치 상승인데, 여기에 고금리가 맞물리면 부채가 증가하는 효과를 낳게 됩니다. 과열된 엔진을 천천히 식혀주기는커녕 오히려 더 과부하를 걸게 되는 셈이니, 연준으로서도 금리 인하를 더는 미룰 수 없었을 것입니다.

인플레이션과 디플레이션의 경계

미국이 금리를 인하한다고 세계경제가 곧바로 극적인 활황을 맞지는 않을 것입니다. 다만 그렇다고 해서 디플레이션, 즉 경기 침체가 시작될 것이라고 지나치게 겁먹을 필요도 없습니다. 세계적인 경제학자 폴 크루그먼Paul Krugman은 미국 경제를 가리켜 '무결점의 디플레이션'이라고 설명했는데요, 물가가 오르기는 하되, 그 상승 폭이 점점 줄어든다는 뜻입니다. 바꿔 말해 인플레이션으로 혼란했던 경제가 천천히 정상적인 수준을 되찾는다는 것이지요.

미국의 유명한 투자은행인 골드만삭스도 2023년 말에 비슷한 내용의 보고서를 발표했습니다. 미국의 과열된 경제가 연착륙 중으로 보인다는 게 핵심 메시지였는데, 경기 침체에 빠질 확률을 15퍼센트로 계산했지요. 수치가 높다고 생각할 사람들을 위해, 친절하게도 이런 부연 설명을 달아놓았습니다.

"역사적 평균치에 불과하다."

이는 미국이 기침을 하면 독감에 걸리는 한국에 좋은 소식이 아닐 수 없습니다. 다만 예의주시해야 할 것은 막 시작된 금리 인하의 폭과 속도입니다. 앞서 미국의 금리 인하가 모두의 예상보다 늦어졌다고 설명했습니다. 여기에는 미국의 숨은 의도가 있습니다. 금리 인하의 궁극적인 목적은 디플레이션에 선제적으로 대응하는 것입니다. 즉 금리 인하를 빨리 결정하면, 그 자체로 디플레이션이 빨리 오고 있다는 신호로 해석될 수 있습니다. 이처럼 '불필요한 오해'를 피하고자 최대한 느긋하게 금리 인하를 시작한 것이지요. 다만 2024년 들어 4퍼센트대 초반까지 높아진 실업률을 고려해 첫 인하만큼은 '빅 컷'으로 결정했습니다. 그러자 거의 곧바로 각종 고용지표가 좋아졌고, 이에 많은 전문가가 앞으로는 '베이비 컷'이 이어

> **교양이 키워드**
>
> ● **스텝과 컷**: '스텝'은 연준이 기준 금리를 인상하는 정도를 가리키는 일종의 단위다. 가령 0.75퍼센트포인트 이상 인상할 경우는 '자이언트 스텝', 0.5퍼센트포인트 인상할 경우는 '빅 스텝', 0.25퍼센트포인트 인상할 경우는 '베이비 스텝'으로 부른다. 반대로 인하할 경우에는 '컷'을 붙인다. 둘 다 공식적인 용어는 아니지만, 널리 쓰이고 있다.

신흥국에 가까운 한국 경제

달러의 바다에 떠 있는 고깃배

풍랑을 피할 수 있을까?

질 것으로 예상하고 있습니다.

2024년의 경제성장률이 2퍼센트대 중반으로 예측되는 한국으로서는 최대한 외부 충격이 덜해야 합니다. 특히 미중 경제 전쟁으로 대중 수출이 많이 축소된 한국에 미국 경제의 디플레이션은 악재 중의 악재가 될 것입니다. 이는 꼭 한국만의 이야기가 아닙니다. 지난 팬데믹 기간에 미국은 달러의 양적완화를 단행, 엄청난 구매력으로 세계 각국을 먹여 살렸습니다. 그러느라 한껏 과열된 엔진이 러우전쟁을 계기로 인플레이션이라는 장애물을 만나 힘을 잃어가고 있습니다. 이때 핸들을 잘못 돌리거나 브레이크를 급히 밟으면 디플레이션이라는 장애물과 충돌하게 되므로, 적당한 속도를 유지하는 묘수가 필요합니다. 미국의 금리 인하 과정과 그 결과에 세계경제가 달려 있다고 해도 과언이 아닌 이유입니다.

02

벼랑 끝에
몰린 중국

중국 경제의 결정적 장면

1

**입주자를 구하지 못해 공사가 멈춘
중국의 유령 아파트 단지**

부동산 거품이 터지기 시작한 중국,
GDP의 4분의 1이 녹아내리고 있지만
탈출구가 보이지 않는다!

중국 경제의
결정적 장면
2

The New York Times

OPINION
BRET STEPHENS

Thank You, Xi Jinping

Oct. 18. 2022

**미국과의 대결에 열을 올리는 시진핑의 행보에
고마움을 표하는 《뉴욕타임스》**

시진핑의 힘이 세질수록 중국 경제는 약해진다?
민간경제를 억누르고 전쟁을 준비하는
시진핑의 패권 시나리오는 무엇인가?

＊

　1955년 11월 중국의 어느 시골 마을에 인민복을 입은 사람들이 나타났습니다. 여름 농사를 마무리하고 겨울 농사를 앞둔 시기라 마침 한가했던 농민들이 나와 그들을 맞이했지요. 추수량, 논밭의 상태 등에 관한 대화가 오가던 중, 알아듣기 힘들 정도로 진한 후난성 사투리를 쓰던 한 사람이 하늘의 참새 떼를 가리키며 이렇게 말했습니다.

　"저 새는 해로운 새다."

　지금은 한국에도 널리 알려진 이 말 한마디 때문에 무려 4,000만 명이 아사했다면 믿겠습니까? 이처럼 '파괴적인' 말을 뱉은 사람은 중화인민공화국, 즉 현대 중국의 건국을 이끈 마오쩌둥^{毛澤東}이었습니다. 초대 주석으로 철권을 휘두른 마오쩌둥의 말은 당시 중국인들에게 목숨을 걸고 지켜야 할 법이었습니다. 곧 곡식을 쪼아 먹는 '인민의 적' 참새를 잡고자 전 중국이 들썩였습니다. 이를 제사해 운동除四害運動이라고 하는데, 전혀 엉뚱한 결과를 낳고 말았습니다. 참새뿐 아니라 사람까지 '제'해졌던 것이지요. 참새가 사라지자 먹이사슬이 무너지며 온갖 해충이 들끓기 시작했고, 이는 곧 병충해의 창궐로 이어졌습니다. 결국 1959년 역대 최악의 대기근이 중국을 덮쳐 수많은 사람이 굶어 죽었습니다.

이는 비판받지 않는 지도자가 공동체를 어떻게 위험에 빠뜨리는지 보여주는 좋은 예입니다. 그리고 오늘날 중국의 14억 인민을 다스리는 제7대 주석 또한 마오쩌둥의 전철을 착실히 밟아나가는 듯합니다. 그는 자신의 종신 집권 체제를 단단히 굳히는 동시에, 사회 각 분야에 대한 통제력을 날로 강화하고 있습니다. 그렇다면 중국은 과거의 대기근을 다시 한번 겪게 될까요?

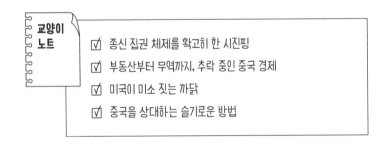

교양이 노트

☑ 종신 집권 체제를 확고히 한 시진핑
☑ 부동산부터 무역까지, 추락 중인 중국 경제
☑ 미국이 미소 짓는 까닭
☑ 중국을 상대하는 슬기로운 방법

시진핑에 드리운 마오쩌둥의 그림자

중국 경제를 분석한 최근 기사들을 보면 논조가 대체로 대동소이합니다. 큰 문제가 있음을 짚고, 그 원인이 무엇인지 분석한 다음, 어떻게 대처할지 전망하지요. 이때 기사마다 논하는 문제와 제시하는 전망은 다양하지만, 원인은 놀랄 정도로 같습니다. 단 한 사람, 바로 시진핑習近平 주석을 지목합니다. 중국공산당의 일당독재하에서 그 최고 권력자인 시진핑의 그림자가 중국의 주요 경제 정책과 전략에 짙게 드리워져 있기 때문입니다.

중국 경제가 눈에 띌 정도로 내리막길을 걷기 시작한 것은 팬데믹 때부터입니다. 당시 중국에서는 무슨 일이 벌어졌을까요? 팬데믹 기간에 사람들이 야외 활동을 극단적으로 줄인 결과 경제성장이 멈춘 것은 전 세계적인 현상이었습니다. 그 후유증이 지금도 계속되고 있는데, 특히 중국의 예후가 좋지 않은 이유는 무엇일까요? 이에 대한 답을 구하려면, 시진핑이 처음 주석의 자리에 올랐을 때부터 살펴봐야 합니다.

2012년 말 중국공산당의 총서기가 된 시진핑은 이듬해 거의 곧바로 주석이 되었습니다. 그런데 그해에 시진핑의 정적인 보시라이薄熙來가 정변을 일으키려다가 조기에 진압당하는 사건이 벌어졌습니다. 시진핑은 이를 계기로 반대파에 대한 대규모 숙청을 단행, 권력 기반을 탄탄히 다졌습니다. 상황이 어느 정도 안정된 2015년

심상치 않은 중국 경제

곳곳에서 울리는 경고음

최악의 청년 실업률

터지는 부동산 거품

에는 '공동부유론共同富裕論', 즉 모두 함께 잘살자는 비전을 제시했습니다. 지도자라면 누구나 내놓을 만한 비전인데, 시진핑은 여기에 중요한 의도를 숨겨놓았지요.

중국에서 공동부유론을 가장 먼저 주장했던 지도자는 마오쩌둥입니다. 그는 1953년에 농업 생산과 분배를 강조하며 공동부유론을 내세웠는데, 이후 중국공산당의 핵심 이념으로 자리 잡았습니다. 이념을 손에 쥔 마오쩌둥은 곧 인민의 마음까지 사로잡으며 문화대혁명*을 일으켰고, 이를

교양이 키워드

● **문화대혁명:** 1966년 시작되어 10여 년간 중국을 뒤흔든 대규모 정치·사상 투쟁이다. 마오쩌둥이 정적들을 숙청하기 위해 홍위병(紅衛兵)이라 불린 학생 조직을 동원한 것이 그 시작이었다. 홍위병은 정치적으로 마오쩌둥의 정적들을 무자비하게 탄압했고, 사상적으로 공산주의답지 않은 모든 것을 눈에 띄는 족족 파괴했다. 중국에서조차 마오쩌둥의 실책으로 평가받는다.

발판 삼아 더 큰 권력을 휘둘렀지요. 이런 점에서 시진핑의 공동
부유론 제창은 자신 또한 마오쩌둥처럼 절대 권력을 휘두르겠다
는 선포와 다름없었습니다.

황제 만세! 만세! 만만세!

시진핑은 2015년에 공동부유론과 짝을 이루는 정책도 제시했
습니다. '중국제조 2025$^{中國製造\ 2025}$'로, 그 이름처럼 산업 강국이 되
겠다는 큰 뜻을 품고 있었지요. 공동부유론과 중국제조 2025의
양 날개로 비상하는 대국! 그리하여 결국에는 미국과 군사적으로
자웅을 겨룰 수 있는 패권국! 이것이 2015년에 시진핑이 꿈꾼 중

국이었습니다. 중국공산당, 한발 더 나아가 전 중국이 이런 시진핑의 계획에 맞춰 일사불란하게 재정비되었습니다. 이듬해에는 마침 중국공산당의 가장 중요한 정치 행사인 중앙위원회 전체회의(중전회)가 열렸습니다. 당 지도부를 구성하고, 통치 이념을 정립하는 자리로, 중국 국영방송사인 CCTV의 보도를 보면, 2016년의 중전회는 마치 결의 대회처럼 진행되었음을 알 수 있습니다.

> "시진핑 동지를 핵심으로 하는 당 중앙이 솔선수범해 전면적인 종엄치당從嚴治黨(엄격한 당 관리)을 결연히 추진했습니다."

흥미로운 사실은 정확히 이때부터 중국 민간경제의 다양한 지표가 나빠지기 시작했다는 것입니다. 시진핑과 그 휘하 중국공산당의 통제력이 강화되며, 20세기 내내 그리고 21세기 초까지 중국 경제의 폭발적인 성장을 이끌었던 민간 부문의 활력을 공공(국영) 부문이 빨아들였기 때문입니다.

엎친 데 덮친 격으로 2019년 말부터 팬데믹의 공포가 엄습하기 시작했습니다. 당시 시진핑은 집권 2기를 보내고 있었는데, 최대 목표가 자신의 3연임을 확정하는 것이었습니다. 당연히 민생에 직접적으로 영향을 미치는 팬데믹에 민감히 반응할 수밖에 없었죠. 중국이 '제로 코로나', 즉 감염을 원천 차단하기 위한 고강도의 격리 정책을 고집했던 이유입니다. 연장선에서 시진핑은 자신에게 반

일할 때 시진핑 주석의 지시를 따르고
중국의 문화적 태도를 준수할 것

장쯔이

시진핑 총서기를 핵심으로 하는 새 지도부 아래
중국은 영화제작에서 확실히 새 시대를 선포

전쯔단(견자단)

하는 목소리가 나오지 않도록 사회 각 분야에 대한 통제력을 높이기 시작했습니다. 시진핑의 3연임이 확정된 2022년에는 수많은 유명 인사가 그에게 충성을 맹세하는 촌극이 벌어지기도 했습니다. 유명 영화배우 장쯔이와 견자단은 "시진핑 주석의 지시를 따르고", "시진핑 총서기를 핵심으로 하는" 등의 표현을 쓰기도 했지요.

또한 중국의 대기업들, 특히 빅테크 기업(대형 IT 기업)들은 자의 반 타의 반으로 천문학적인 액수의 기부금을 내야 했습니다. 가뜩이나 민간경제가 나빠지기 시작한 때에 이런 일까지 벌어지니, 기세가 꺾이거나 아예 망하는 기업들이 속출하기 시작했습니다. 최근 중국의 청년 실업률이 20퍼센트를 넘어가고 있는데, 시진핑이 자초한 일이라고 볼 수 있지요. 이러한 시진핑의 거침없는 행보에 중국 내외의 경제주체들이 느끼는 두려움과 위기감은 점점 커져만 갔습니다.

황금 알을 낳는 거위의 최후

이쯤에서 시진핑의 의도와 목표가 궁금해지지 않을 수 없습니다. 악화하는 경제지표를 보며 시진핑은 무슨 생각을 하고 있을까요? 한 가지 확실한 사실은 공공 부문 우선 기조를 저버리지 않았다는 것입니다. 시진핑의 기본적인 경제관은 공동부유와 중국제조 2025를 밀어붙이기 위해 중국공산당이 경제 분야를 확실히 통제해야 한다는 것입니다. 바꿔 말해 시진핑은 민간경제의 힘이 너무 커져 중국공산당에 도전하는 상황을 우려하고 있습니다.

소위 '마윈馬雲 실종 사건'으로 알려진 일이 대표적인 예입니다. 마윈은 중국 최초의 전자상거래 기업인 알리바바를 세운 입지전적인 기업가입니다. 2014년 그는 알리바바의 성공을 디딤돌 삼아 세계 최대 규모의 핀테크 기업인 앤트그룹을 창업했습니다. '핀테크fintech'란 말 그대로 '금융finance'과 '기술technology'의 합성어인데, 온라인으로 제품을 구매하고 결제할 수 있도록 돕는 모든 서비스를 가리킵니다. 따라서 알리바바를 가진 마윈에게는 앤트그룹의 성공 또한 보장된 것과 마찬가지였습니다. 실제로 앤트그룹은 중국을 대표하는 증권시장인 상하이증시에 2020년 10월 상장될 예정

이었지요.

　그런데 마윈이 상하이에서 열린 한 금융 포럼에 참석해 당국을 강하게 비판하며 상황이 달라졌습니다. "중국의 은행들은 담보가 있어야 대출해주는 전당포 영업을 하고 있습니다"라거나, "중국 금융 당국의 규제가 혁신을 질식시킵니다"라는 일침은 중국공산당의 심기를 자극하기에 충분했죠. 그렇지 않아도 앤트그룹 같은 핀테크 기업들 때문에 통화에 대한 통제권이 흔들릴까 봐 노심초사하던 중국공산당에 빌미를 준 꼴이었습니다.

　마윈에 대한 중국공산당의 '처벌'은 가혹했습니다. 존재 자체를 하루아침에 지워버렸죠. 그 누구도 마윈의 소식을 알 수 없게 되

마윈 | 알리바바 창업주 | 2020년 10월 24일
"금융 당국의 규제가 혁신을 질식시킵니다"

었습니다. 어떤 언론도 그를 취재하지 못했고, 본인도 메시지를 내놓지 못했습니다. 물론 앤트그룹의 상장도 물거품이 되었습니다. 《월스트리트저널》은 격노한 시진핑이 상장 중단을 직접 지시했다고 보도해 파문을 일으켰지요. 그로부터 2년이 지나서야 마윈의 소식이 전해졌습니다. 그마저도 '일본 등을 전전하고 있다더라' 하는 소문에 불과했습니다.

2023년에는 마윈의 앤트그룹 지배권을 흔드는 조치가 단행되었습니다. 처음에는 50퍼센트가 넘던 마윈의 지분율을 6.2퍼센트까지 줄이더니, 종국에는 중국의 중앙은행인 중국인민은행이 직접 나서서 1인 통제를 금지한다고 못 박았습니다. 이런 일을 마윈과 앤트그룹만 겪은 것은 아니었죠. 여러 핀테크 기업이 비슷한 수모를 당했고, 그 과정에서 중국공산당은 사용자 데이터를 모두 국유화하기까지 했습니다.

핀테크를 포함한 빅테크 기업들이 오늘날 세계경제를 주도하고 있다는 사실을 모르는 사람은 없을 것입니다. 시진핑도 이를 모를 리 없습니다. 하지만 아무리 황금 알을 낳는 거위라고 할지라도 자신의 권력에 도전하는 낌새라도 보일라치면, 봐주지 않고 배를 가르는 것이 '시진핑 스타일'입니다.

거품이 터지기 시작하다

공공 부문 위주로 경제를 관리하려는 시진핑의 시도는 최근 문제가 된 부동산 위기의 씨앗을 뿌리기도 했습니다. 2021년 중국 최대 부동산 기업인 헝다그룹恒大集團이 파산 위기를 겪으며 시작된 이번 위기에 대해 많은 전문가가 사실 시간문제였다고 분석합니다. 중국의 경제성장 이면에서 곪아가던 구조적 문제가 터져 나왔다는 것이지요.

21세기 초까지만 하더라도 중국은 '세계의 공장' 역할을 하며 경제성장을 지속했으니, '메이드 인 차이나'를 전 세계에 수출하며 돈을 벌었습니다. 그런데 2008년의 글로벌 금융 위기로 수출길이 꽉 막히며 돈줄

교양이 키워드

● 2008년 글로벌 금융 위기: 미국 부동산 시장의 거품이 꺼지며, 금융사와 은행들까지 큰 타격을 입은 사건이다. 미국 4대 투자은행이었던 리먼브라더스가 파산하고, 유럽 최대 금융사인 HSBC가 막대한 부채를 떠안는 등 전 세계적인 규모의 금융 위기로 번져나갔다.

이 끊어지자, 대안을 고민하던 끝에 '빚'을 내기로 했습니다. 즉 늘 해오던 대로 민간의 저축을 끌어모으는 것 외에, 정부가 은행에 돈을 빌리는 방식으로 거대 자본을 만들었지요. 한마디로 미국처럼 국가 부채를 크게 늘렸던 것입니다.

그렇게 조성된 돈은 대내외적으로 제 나름의 역할을 톡톡히 해냈습니다. 우선 대외적으로는 세계 각국의 제품을 마구 사들이는 '총알'로 쓰였습니다. 그 결과 중국은 세계경제를 부진의 늪에서 건져냈고, 국제 무대에서의 입지 또한 강화되었죠. 대내적으로는 특정 기업(대개 국영기업)과 산업을 육성하는 데 쓰였습니다. 중국공산당의 방침에 따라 아주 저렴한 이자로 큰돈을 대출받게 된 기업들은, 역시 중국공산당의 뜻에 따라 주로 부동산과 인프라 개발에 열중했습니다. 초기에는 그것들이 경제성장을 이어가는 데 큰 도움을 주었지요. 하지만 개발할 만큼 개발하고 나서도 이러한 기조가 계속되며 거품이 끼기 시작했습니다. 장부상, 수치상으로는 경제가 성장한 것처럼 보였지만, 실제로는 쓸모도 없고 돈도 안 되는 실속 없는 개발이 계속되었던 것입니다.

그 결과 2020년을 전후로 중국 곳곳에서 아무도 쓰지 않는 도로와 항만, 공항이 흉물스럽게 방치되기 시작했습니다. 이것들이 수익을 내지 못하니 1차로 기업들이 파산했고, 2차로 보증을 섰던 지방정부들이 함께 무너지기 시작했습니다. 지금 중국에 임금을 받지 못하는 공무원이 넘쳐나는 이유입니다.

가장 큰 문제는 아파트에서 터졌습니다. 통계마다 수치는 조금씩 다르지만, 중국 대도시의 아파트 중 5분의 1에 달하는 1억 3,000만 채가 텅 비어 있다고 합니다. 분양에 실패한 탓인데, 그보다 더 큰 문제는 완공되지 못한 아파트가 매우 많다는 것입니다. 한국의 분양 시스템과 비슷하게 중국에서도 아파트가 다 지어지기 전에 값을 치릅니다. 이런 상황에서 건설사들이 아파트를 다 짓지 못한 채 대거 망하자, 입주 예정자들의 원망이 하늘을 찔렀습니다. 물론 줄도산에 따른 대규모의 실직 사태도 피할 수 없었습니다. 상황이 이렇다 보니 당장 지갑이 닫히기 시작했습니다. 실제로 헝다그룹의 파산설이 터지고 1년 뒤인 2022년의 중국 국내총생산GDP를 살펴보면, 민간 소비가 차지하는 비중이 32.8퍼센트로, 전년도의 절반 수준에 불과했습니다. (같은 기간 한국의 GDP 대비 민간 소비 비중은 48.1퍼센트였습니다.)

경제보다는 안보

사실 이런 위기는 정도의 차이만 있을 뿐 뒤늦게 개발에 뛰어든 나라라면 한 번쯤 겪는 일입니다. '중진국의 위기'라는 용어가 있을 정도지요. 보통 1인당 GDP가 1만 달러에 도달하면 중진국이라고 하는데, 그 이상으로 치고 올라가기가 매우 어렵습니다. 한국도

중진국의 위기
개발도상국의 경제가 중진국 수준에
이르러 정체되는 현상

1994년에 중진국에 입성했지만, 3년 만에 외환 위기를 겪고 말았
지요. 다만 이후 '모범 답안'을 따르며 위기를 극복하고 1인당 GDP
3만 달러 시대를 여는 데 성공했습니다. 그 모범 답안이란, 첫째,
경쟁력을 잃은 기업들의 구조 조정입니다. 즉 돈 잘 버는 기업과
산업 위주로 경제구조를 재편하는 것입니다. 둘째, 그렇게 다진 내
실을 바탕으로 새로운 시장을 개척합니다. 당시 한국에는 중국이
그 역할을 해주었죠. 2001년 세계무역기구WTO에 가입한 중국은
곧 세계의 공장으로 거듭났습니다. 이때 한국 기업들이 중국에 대
대적으로 투자하며 수많은 공장을 지었는데, 그러면서 중국의 수
출이 곧 한국의 수출이 되었습니다. 이처럼 중국 덕분에, 또는 중
국과 함께 한국은 위기를 극복할 수 있었습니다.

그런데 20여 년 전의 한국과 달리 지금의 중국에는 함께 성장할 만한 파트너가 없습니다. 일단 중국 경제 자체가 매력을 잃었습니다. 인건비가 오르며 베트남이나 멕시코 등보다 산업 경쟁력이 떨어졌고, 무엇보다 국가 부채가 너무 많아졌는데, GDP의 세 배를 훌쩍 뛰어넘을 것으로 예상됩니다. 팬데믹 때 국채를 마구 발행한 미국의 국가 부채가 GDP의 1.2배 수준인 것과 비교하면 얼마나 심각한 상황인지 알 수 있습니다. 이처럼 빚이 많은 국가와 누가 비즈니스를 하려 할까요? 게다가 GDP의 25퍼센트를 차지하고 있는 부동산 부문이 박살 나버렸으니, 중국은 벼랑 끝에 몰렸다고 해도 과언이 아닙니다.

이런 상황에서 시진핑은 경제 살리기에 전념하기보다는, 엉뚱하게도 안보 위기를 부각하는 데 집중하고 있습니다. 미국을 꺾고, 타이완을 통일해 위대한 중국몽中國夢을 실현한다는 대과업 앞에 이 정도 어려움은 별거 아니라는 태도입니다. 한마디로 그냥 참으라는 것이지요. 물론 부동산 기업들이 줄도산하지 않을 정도로 공적 자금을 투입하고, 다시 제조업을 육성하는 등 경제 위기를 극복하려는 움직임이 아예 없지는 않습니다. 하지만 이 경우에도 시진핑은 민간 부문에 많은 돈이 흘러가는 것만큼은 막으려는 듯 보입니다. 여전히 중국공산당의 관리하에 계획되고 통제되어야 한 다고 생각하는 것인데, 그 결과 돈이 돌지 않아 소비나 투자가 되 살아나지 않으면 경제 위기 극복이 매우 어려워집니다. 이를 잘 알 텐데도 정반대로 행동한다는 데서 시진핑의 강한 권력욕이 여실 히 드러납니다.

중국은 왜 전쟁을 꿈꾸는가

시진핑의 이러한 태도는 집착에 가깝습니다. 권력을 잃지 않고 계속해서 강화하려는 집착 말입니다. 시진핑은 집권 초기부터 강 한 권력욕을 드러냈습니다. 대개 미중 경제 전쟁이 도널드 트럼프 Donald Trump가 미국 대통령이 되고 1년 후인 2018년부터 본격화되었 다고 생각하지만, 사실 그 발단은 2013년, 즉 시진핑이 주석이 된 해에 시작된 '일대일로一帶一路'였습니다. 시진핑은 이 대규모 프로젝 트를 성공시켜 서쪽으로는 중앙아시아와 중동을 지나 아프리카와 유럽까지, 동쪽으로는 동남아시아를 지나 남미까지 뻗어가는 경 제 벨트를 구성하려 했는데, 그 방식이 아주 공격적이었던 데다가, 군사적 의도까지 품고 있었습니다.

가령 중국은 일대일로의 주요 참여국인 파키스탄에 자본을 투 입하며, 특히 인도양에 접한 항구 도시 과다르Gwadar를 개발하는

데 열을 올렸습니다. 항구를 대규모로 확장하고, 그곳에서 히말라
야산맥을 지나 중국 내륙까지 연결되는 송유관을 건설했지요. 그
런데 이런 시설들은 현재 거의 쓰이지 않고 있습니다. 정확히 말해
평시에는 쓰일 일이 없습니다. 모두 미국과의 전쟁을 대비해 만든
것들이기 때문입니다. 정말 미중 간에 전쟁이 벌어지면, 미국은 싱
가포르 바로 아래 있는, 폭 3킬로미터 정도의 말라카해협을 봉쇄
할 것입니다. 중동에서 석유를 실은 화물선은 모두 말라카해협을
거쳐 아시아 국가들로 향하기 때문인데, 즉 이곳을 틀어쥐면 중국
을 말려 죽일 수 있습니다. 이에 중국은 그 대안으로서 과다르를
확보했던 것입니다.

이런 상황에 대해 파키스탄의 이야기도 들어봐야 하지 않을까
요? 사실 파키스탄은 불만이 많습니다. 과다르 개발에 투입된 중

국 자본은 모두 차관으로, 즉 파키스탄이 갚아야 할 빚입니다. 게다가 이 돈을 받아 실제 공사를 수행한 곳은 모두 중국 기업들입니다. 그렇게 만들어진 시설들은 대개 사용되지 않으니, 파키스탄은 수익을 내지 못합니다. 정리하면 처음부터 끝까지 중국에만 이익이 되는 구조인 셈이지요. 일대일로에 참여한 대부분의 국가가 이런 상황을 겪고 있습니다. 지난 2017년 스리랑카는 빚을 갚는 대신, 주요 거점 도시인 함반토타^{Hambantota}의 항구를 중국 기업들이 99년간 무상으로 사용할 수 있게 했습니다. 중국의 야욕이 노골적으로 드러났던 순간입니다.

"땡큐, 시진핑"

사실 중국은 외부에 힘을 투사하길 꺼리는 나라였습니다. '도광양회^{韜光養晦}', 즉 자신을 드러내지 않고 때를 기다리며 힘을 기른다는 게 그간 중국의 대외 전략이었습니다. 시진핑이 이 기조를 과감히 깼던 것인데, 그 결과 미국과 정면으로 충돌하며 중국 경제성장의 핵심인 무역이 급격히 나빠졌습니다. 실제로 2023년 중국의 대미 수출액은 2022년에 비해 20.3퍼센트나 줄어들었습니다. 이로써 16년 만에 최대 대미 수출국의 지위도 내려놓고 말았지요. 안보와 대결, 권력에 대한 과도한 집착이 결국 경제를 위태롭게 한

시진핑이 안보에 집중할수록

중국 경제는 나빠진다

것입니다.

시진핑이 계속 집권하는 한 이런 흐름이 쉬이 바뀌지는 않을 것으로 보입니다. 과거에 중국인들은 중국공산당을 '민주집중제民主集中制'로 설명하곤 했습니다. 겉으로 보면 일당독재처럼 보이지만, 당 안에 여러 의견이 있어 치열한 토론과 타협을 거친다는 뜻이었지요. 하지만 시진핑이 집권한 지 10년이 넘어가며 모두 옛말이 되었습니다. 오늘날 중국공산당은 시진핑의 말 한마디에 일사불란하게 움직이는 '예스맨'들로 채워져 있습니다. 이런 조직은 지도자의 실책을 비판하고 대안을 제시할 수 없습니다.

"미국과 자유 진영의 역사상 가장 큰 축복의 순간 중 하나로 기록될 것이다."

실제로 시진핑의 3연임이 확정되자 《뉴욕타임스》는 〈땡큐, 시진핑〉이라는 제목의 칼럼에서 이렇게 비꼬았습니다. 원래대로라면 중국은 폭발적인 경제성장을 이어나가 미국의 국력을 앞질렀을 텐데, 시진핑 때문에 그러지 못하게 되었으니, 미국으로서는 그가 고맙다는 것이었죠.

과연 시진핑이 이 칼럼을 보았을까요? 그의 측근들이 이러한 상황을 솔직히 전했을 성싶지는 않습니다. 시진핑은 중국을 마오쩌둥이 다스리던 시대로 돌려놓고 있습니다. 절대 권력자 시진핑은 늑대처럼 강한 중국을 꿈꾸겠지만, 현실의 중국은 점점 가난해지고 있을 뿐입니다.

중국의 길과 한국의 길

이처럼 쪼그라드는, 하지만 그만큼 거칠어지는 중국을 바로 옆에 둔 한국은 앞으로 어떤 전략을 취해야 할까요? 많은 사람이 무역에서의 중국 의존도가 높은 점을 들어, 중국의 사정이 나빠지면 한국 경제도 어려워지지 않을까 걱정합니다. 실제로 대중 수출이 21퍼센트 감소한 2023년에 한국의 경제성장률은 1퍼센트대로 주저앉았습니다. 중국 경제가 급반전해 부활하지 않는 한, 비슷한 상황이 계속될 것으로 보입니다. 한국은 이 문제를 어떻게 풀어가야 할까요?

사실 아주 현실적으로 판단하면, 이미 대중 수출로 이득을 볼

교양이 키워드

● **반도체 굴기**: 오늘날 반도체는 '쌀'로 불릴 정도로, 여러 산업의 필수 요소이자, 전체 경제를 떠받치는 고부가가치 상품이다. 반도체 개발과 양산에 앞서 있는 나라로는 미국과 한국, 타이완 등이 있다. 시진핑 시대의 중국 또한 자국 반도체 산업의 경쟁력을 키우고자 천문학적인 자금을 쏟아붓고 있다.

시대는 지났습니다. 패권과 진영의 차원을 떠나 경제만 놓고 보더라도 한국과 중국은 경쟁 상대가 되었기 때문입니다. 기본적으로 무역이란 내가 잘 만드는 것을 상대에게 수출하고, 상대가 잘 만드는 것을 내가 수입하며 상호 이득을 얻는 행위입니다. 그런데 이제는 한국이 잘 만드는 것을 중국도 잘 만드는 시대입니다. 태양광 패널, 디스플레이, 선박, 배터리, 스마트폰이 대표적인 예이지요. '반도체 굴기' 또한, 비록 최근 들어 주춤하곤 있지만, 포기할 생각이 없어 보입니다.

이처럼 한국은 중국에 팔 것이 없어진 상황입니다. 그렇다고 중국은 한국에 팔 것이 많냐 하면, 그것도 아닙니다. 테무와 알리익스프레스를 필두로 중국의 저가 공세가 시작되었지만, 한국은 해외 유통사들에 '지옥'으로 불리는 곳입니다. 이미 쿠팡이나 네이버 쇼핑 같은 플랫폼이 잘 자리 잡은 데다가, 한국인들의 생활수준이 높아져 저가·저품질 공산품에 대한 수요가 옛날 같지 않지요. 물론 희토류 같은 전략물자나 요소尿素 같은 필수 원자재는 문제가 될 수 있습니다. 중국산 외에는 뾰족한 대안이 없는 상황에서, 중국이 이를 무기화해 수출하지 않기로 한다면, 전체 산업이 휘청일 수 있기 때문입니다. 이는 분명 경계해야 할 대목이지만, 현재 중국 경제가 어려운 상황에서 굳이 이런 극단적인 수는 쓰지 않을

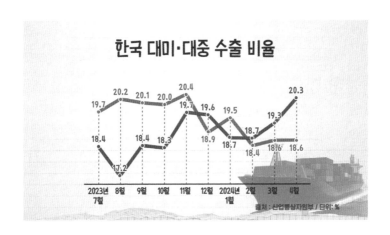

한국 대미·대중 수출 비율

19.7 — 20.2 — 20.1 — 20.0 — 20.4 — 19.7 — 19.6 — 19.5 — 18.7 — 19.3 — 20.3

18.4 — 17.2 — 18.4 — 18.3 — 18.9 — 18.7 — 18.4 — 18.6 — 18.6

2023년 7월 / 8월 / 9월 / 10월 / 11월 / 12월 / 2024년 1월 / 2월 / 3월 / 4월

출처 : 산업통상자원부 / 단위: %

것이라는 게 대체적인 전망입니다.

전반적인 상황을 고려했을 때, 한국이 해야 할 일은 중국에 매달리는 대신 시장을 다변화하는 것입니다. 이때 아주 새로운 시장을 개척하기보다는 기존의 시장을 잘 공략하는 것이 현실적이겠지요. 그런 점에서 미국은 여전히 매력적인 시장입니다. 팬데믹과 미중 경제 전쟁이 본격화되기 전인 2010년대 초까지만 하더라도 한국의 수출액 중 10퍼센트 정도만이 미국과의 무역에서 발생했습니다. 중국의 절반 수준이었죠. 그런데 이후 추세를 보면, 대미 수출액은 증가하고, 대중 수출액은 줄어들고 있습니다. 특히 2024년에는 대미 수출액의 대중 수출액 추월이 확실시되고 있습니다. 그결과 경제성장률도 2퍼센트대를 회복할 것으로 보이고요.

이처럼 한국이 무엇을 해야 할지 답은 이미 나온 상황입니다.

물론 그렇다고 해서 벼랑 끝에 몰린 중국을 아예 밀어버리자는 말은 아닙니다. 정치적으로나 경제적으로나 중국과 한국은 여전히 윈윈할 여지가 많습니다. 그러니 손은 잡아주되, 중국만이 유일한 답이라고 생각할 필요는 없다는 것입니다. 이것이 팬데믹 이후의 뉴노멀 시대에 새로운 중국을 대하는 올바른 태도 아닐까요?

03

반전을 꾀하는
일본

일본 경제의
결정적 장면
1

**'영원한 안전 통화' 엔화의 운명을 좌우할
우에다 가즈오 일본은행 총재**

일본이 금리를 올리면 세계경제에 쓰나미가 닥친다?
'슈퍼 엔저' 이후의 시대를 준비하라!

**한국보다 한발 앞서
초고령화·초저출생 시대의 문을 연 일본**

인구 감소로 비롯된 장기 저성장의 늪을
돌파하기 위한 일본의 묘수는 무엇인가?

＊

무더위가 한반도를 뜨겁게 달구던 2024년 8월, 일본 열도는 대지진의 공포에 떨어야 했습니다. 그와 동시에 또 하나의 강력한 '재난'이 일본에서 시작되어 전 세계로 번져나갔습니다. 세계경제를 뒤흔든 이번 위기는 일본의 중앙은행인 일본은행 총재 우에다 가즈오植田和男의 결정적 한마디로 시작되었습니다.

"0~0.1퍼센트인 금리를 0.25퍼센트로 변경하기로 결정했습니다."

거의 30년간 저금리와 제로 금리를 넘어 마이너스 금리를 유지하던 일본이 저 정도로 소폭 금리를 올린다고 해서 세계경제가 타격을 입다니! 이해하기 어려울 수 있습니다. 사실 이는 미국의 고금리 기조와 엔화의 지위 변화, 팬데믹 이후의 세계경제 상황 등이 얽히고설킨 복잡한 문제입니다. 이를 제대로 파악하려면, 대호황이 갑작스레 끝나버린 이후 지난 30여 년간 일본에서 벌어진 일들부터 살펴봐야 합니다.

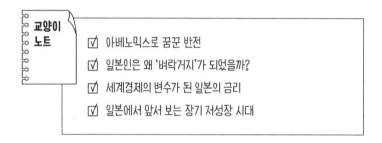

교양이 노트
- ☑ 아베노믹스로 꿈꾼 반전
- ☑ 일본인은 왜 '벼락거지'가 되었을까?
- ☑ 세계경제의 변수가 된 일본의 금리
- ☑ 일본에서 앞서 보는 장기 저성장 시대

'잃어버린'에서 '되찾은'으로

'일본' 하면 가장 먼저 떠오르는 키워드 가운데 하나가 '잃어버린'입니다. 1980년대에 대호황을 누리던 일본 경제가 거품이 터지며 1990년대부터 크게 침체한 상황을 가리키는데, 처음에는 '잃어버린 10년'이더니, 지금은 '잃어버린 30년'까지 길어졌지요.

그런데 사실 일본은 30년이나 잃어버린 적이 없습니다. 좀 더 눈에 띄는 표현을 좋아하는 언론에서 만든 말일 뿐, 학계에서는 이에 동의하지 않지요. 물론 겉으로만 보면 30년이 영 설득력 없는 기간은 아닙니다. 1980년대 후반 일본의 1인당 GDP는 미국과 세계 1위 자리를 다투었습니다. 시가총액을 기준으로 전 세계 기업들을 쭉 늘어놓으면, 상위 50개 기업 중 40개 가까이가 일본 기업이었습니다. 그런데 오늘날 해당 목록에서 일본 기업은 눈을 씻고 찾아봐도 없습니다. 1인당 GDP의 경우 점점 순위가 떨어지더니, 30위 밖으로 밀려났지요. 즉 지난 30년간 일본 경제가 상전벽해라고 할 정도로 후퇴한 것은 사실입니다.

하지만 이 30년을 쪼개서 보면, 일본 경제가 침체 일로만 걸었던 것은 아님을 알 수 있습니다. 경제에는 사이클, 즉 주기가 있습니다. 얼마간 호황이 계속되면, 이어서 또 얼마간 불황이 계속되지요. 일본은 지난 30년간 이 주기를 다섯 번 겪었습니다. 그 직전의 대호황이 너무 인상적이어서 뒤이은 주기들이 모두 불황처럼 느껴졌을 뿐입니다. 이때 특히 주목해야 할 시기는 가장 최근의 10년입니다. 2012년 일본의 총리였던 아베 신조는 자신의 이름 '아베'와 'economics'를 합성한 '아베노믹스'라는 경제정책을 선포했습니다. 그러면서 장기 불황을 끝내고 경제성장의 시동을 걸 묘수로, 엔화의 양적완화와 금리 인하를 내걸었습니다.

일단 엔화를 마구 찍어내면 자연스레 가치가 떨어지면서 세계 시장에서 일본산 제품의 가격 경쟁력이 높아집니다. 가격 자체는 바뀌지 않더라도, 엔화의 가치가 20퍼센트 떨어지면 사실상 20퍼센트 할인하는 효과가 발생하기 때문이지요. 원래 품질 좋기로 유

아베노믹스
과감한 금융완화와 재정지출 확대를
주요 골자로 한 아베의 경제정책

명한 일본산 제품이 가격마저 싸지면, 더 많이 팔릴 테고, 그만큼 일본 기업이 돈을 벌게 됩니다. 여기에 더해 금리까지 낮아지면, 저축에 대한 인센티브가 사라져 소비가 촉진되므로 역시 기업에 좋은 일입니다. 아울러 저금리는 기업에 대출을 통해 더 많은 사람을 채용하고, 생산 설비를 늘릴 여력도 제공합니다.

아베노믹스하의 일본 경제는 (엔화의 가치 하락에 따른) 수입 물가 상승으로 타격을 입기도 했지만, 성장 엔진의 시동을 거는 데는 성공했습니다. 그 결과 2023년에 한국보다 높은 경제성장률을 달성했지요. 25년 만의 일인데, 경제협력기구^{OECD}의 통계에 따르면 일본은 1.71퍼센트, 한국은 1.36퍼센트를 기록했습니다. 국제통화기구^{IMF}도 비슷한 결론을 내렸습니다(일본 1.9퍼센트, 한국 1.4퍼센트). 한국으로서는 자존심을 구긴 셈인데, 그렇다면 앞으로 일본은 '되찾은'으로 수식되는 새 시대를 열 수 있을까요?

아베노믹스라는 승부수

아베노믹스와 관련된 이야기를 좀 더 자세히 해보죠. 일본 기업
들은 1985년의 플라자합의 이후 국내 투자를 거의 하지 않았습니
다. 그해 9월 뉴욕시의 유명 호텔인 플라자호텔에서 미국, 프랑스,
서독, 영국, 일본의 재무부 장관과 중앙은행 총재들이 만났습니다.
주요 통화국들이 모인 그 자리에서 미국은 지나친 달러 강세로 자
국의 무역수지가 크게 악화했다며, 나머지 나라들에 달러의 매각
과 각국 통화의 매수를 요청했습니다. 그 결과 시장에 대량으로
풀리게 된 달러의 가치는 하락했고, 반대로 각국 통화, 특히 엔화
의 가치가 높아지기 시작했지요.

일본 기업들은 곧 수출에 어려움을 겪기 시작했습니다. 앞서 든
예와 반대의 상황으로, 제품의 가격 자체는 바뀌지 않았는데, 엔
화의 가치가 20퍼센트 높아지면 사실상 20퍼센트 비싸지는 효과
가 발생하기 때문입니다. 이에 일본 기업들은 수출 대신 외국 투자
를 강화하는 쪽으로 전략을 수정했습니다. 즉 외국에 공장을 짓고
현지인들을 고용해 제품을 생산한 다음 그들에게 바로 팔아버리
는 것이었습니다. 이로써 일본 기업들은 위기에서 벗어났는데, 전

체 일본으로서는 별로 좋은 일이 아니었습니다. 기업들이 탈출하자 내수 시장이 쪼그라들고, 내수 시장이 쪼그라들자 더 많은 기업이 탈출하는 악순환이 반복되었기 때문입니다.

그런데 아베노믹스 이후 상황이 완전히 달라졌습니다. 엔화의 양적완화에 따른 가치 하락은 이미 외국에 공장을 잔뜩 가지고 있던 일본 기업들에 매우 반가운 소식이었습니다. 가령 미국 공장에서 제품을 생산해 현지에서 파는 경우, 그렇게 벌어들인 달러를 엔고일 때보다 엔저일 때 더 많은 엔화로 환전할 수 있으니까요. 가만히 앉아서 환차익을 높인 셈인데, 자연스레 일본 기업들의 영업이익이 크게 개선되었습니다. 그런데 일본 정부로서는 이런 기업들이 야속하기만 했습니다. 이미 쪼그라든 내수 시장에 매력을 느끼지 못한 기업들이 해외에서 번 돈을 또다시 해외에 투자했기 때문입니다. 그래서 기업은 호황인데 가계는 불황인 '저온 호황'의 상황이 벌어졌습니다. 아베노믹스 초기만 하더라도 이런 상황이 계속되었죠.

이 문제를 해결하려고 고심하던 일본 정부에 미중 경제 전쟁은 좋은 계기가 되었습니다. 일본 정부는 경제와 안보, 패권이 얽히고 설키는 상황을 자국의 주요 기업들을 국내로 다시 불러들일 빌미로 활용했습니다. 막대한 보조금을 쥐여주며 일본에 공장을 짓게 했던 것입니다. 그 결과 일본 기업들의 국내 투자액이 늘었는데, 1990년 이후 단 한 번도 넘지 못한 100조 엔의 벽을 2023년 넘게 되었습니다. 이러한 기업들의 자국 회귀를 '리쇼어링reshoring'이라고 하는데, 일본의 경우 주로 제조업, 특히 반도체 관련 기업●들이 선두에 섰습니다. 연장선에서 일본은 해당 분야의 외국 기업들까지 끌어들이는 중입니다. 실제로 타이완을 대표하는 반도체 기업인 TSMC, 인텔과 함께 미국 반도체 산업의 쌍두마차를 이루는 마이크론 테크놀로지Micron Technology가 일본에 대규모 공장을 짓고 있습니다. 물론 일본이 제공하는 보조금 때문이지요.

벼락거지가 된 일본인들

그렇다면 일본인들은 이러한 상황을 어떻게 받아들이고 있을까요? 멈춰 있던 경제 시계가 다시 돌아가기 시작했다며 기뻐할까요? 놀랍게도 현지 분위기는 냉담합니다. 기업들이야 환차익도 누리고, 리쇼어링으로 보조금까지 받으니, 엔화의 가치 하락이 반가운 일이겠지만, 실제로 일본에 살며 경제생활을 하는 일반 시민들에게는 물가만 올랐지 체감되는 이득이 없기 때문입니다.

돈의 가치가 떨어지면, 실제 물건값은 오르지 않더라도 돈을 더

줘야 합니다. 일본은 한국처럼 많은 원자재를 수입하기 때문에, 역대급 엔저에 따른 대대적인 물가 상승을 피할 수 없었습니다. 물론 일본 정부가 이를 예상치 못한 것은 아니었으나, 그 정도가 너무 지나치며 문제가 되었습니다. 계획과 실전은 언제나 어긋나기 마련인데, 미국의 고금리가 변수로 작용한 탓이었죠. (러우전쟁으로 인한 공급망 붕괴, 팬데믹 직후의 수요 폭발로 인한 공급 마비, 불안정한 중동 정세 등도 영향을 미쳤습니다.)

1장에서 살펴본 것처럼, 미국은 팬데믹 극복을 위해 살포한 막대한 달러가 인플레이션을 몰고 오자 금리를 5.5퍼센트까지 크게 높였습니다. 그 결과 전 세계적으로 달러가 증발하기 시작했습니다. 높은 이자수익을 보장하게 된 미국의 각종 금융 상품으로 달러가 몰렸기 때문입니다. 결국 달러의 가치가 치솟으며, 상대적으로 다른 화폐들의 가치가 하락했습니다. 특히 '슈퍼 엔저'라고 불릴 만큼 엔화의 가치가 크게 떨어졌습니다. 게다가 일본은 1990년 이후로 저금리를, 저금리를 넘어 제로 금리를, 제로 금리를 넘어 마이너스 금리를 유지했습니다. 미일 간의 금리 차이가 이토록 크게 나는 상황에서는 달러를 일본에 묶어둘 방법이 없

> **교양이 키워드**
>
> ● 금리: 각국의 중앙은행은 물가, 경기, 환율 등을 종합적으로 고려해 기준금리를 정하고, 이를 시중은행이 참고해 각종 금융 상품의 금리를 정한다. 이때 기준금리가 1퍼센트대에 진입하면 저금리, 0~1퍼센트 사이면 제로 금리, 0퍼센트 이하면 마이너스 금리라 한다. 마이너스 금리일 때 은행에 돈을 넣어두면 이론상 원금이 줄어든다. 다만 이는 일반 이용자들이 겪을 일은 아니고, 시중은행이 중앙은행에 돈을 예치할 때 발생하는 상황이다. 이를 회피하고자, 즉 중앙은행에 돈을 예치하지 않고자, 시중은행은 일반 이용자들에게 최대한 저렴한 이율로 돈을 빌려준다. 사람들이 시장에서 돈을 쓰도록 유도하기 위한 극약 처방이다.

습니다. 점점 더 많은 달러가 일본을 떠나 미국으로 돌아가면서, 달러는 강해지고 엔화는 약해지며 그만큼 물가는 오르는 악순환이 반복되고 있습니다. (2024년 9월 미국이 금리 인하를 단행했지만, 너무 높은 곳에서 이제 막 내려오기 시작했을 뿐으로, '강한 달러와 약한 엔화' 기조는 당분간 계속될 전망입니다.)

투기 세력 또한 문제입니다. 그들은 웬만한 통화라면 같은 액수라도 이전보다 더 많은 엔화로 환전할 수 있게 된 현재 상황을 아주 잘 악용하고 있습니다. 쉽게 말해 엄청난 양의 외국 통화를 더 엄청난 양의 엔화로 환전한 다음 투자 명목으로 일본에 살포하고 있는 것입니다. 당연히 시장에 엔화가 많아질수록 화폐가치는 떨어지고 물가는 상승합니다. 그 피해는 오롯이 서민들의 몫이지요. 들고 있는 엔화의 양에는 변화가 없는데, 구매력이 떨어지니, '벼락 거지'가 된 셈입니다.

엔 캐리 트레이드라는 변수

일본 정부도 이 복잡한 문제를 해결하고자 고심 중인데, 일각에서는 외환시장에 직접 개입해야 한다고 목소리를 높이고 있지요. 가령 일본은행이 보유한 달러를 써 엔화를 사들이는 방법이 있습니다. 하지만 당연하게도 일본은 달러를 찍을 수 없습니다. 즉 '총

알'로 쓸 달러가 한정적입니다. 180조 엔 정도를 사들일 만큼의 달러가 있다고 하는데, 그 이후에는 마땅한 방법이 없습니다. 만약 저 달러가 전부 소진된 뒤에 투기 세력이 엔화를 쏟아부으면 어떻게 될까요? 그날로 엔화는 휴지 조각이 될 것입니다. 하여 이는 매우 제한적으로만 쓸 수 있는 방법입니다. 제한적인 만큼 사실 그렇게 효과가 크지도 않습니다. 그런데도 2024년 4월 말과 5월 초에 달러를 풀어 10조 엔 정도를 사들였으니, 그만큼 급박한 상황이라는 방증입니다.

결국 궁극적으로는 미국과의 금리 차이를 줄여야 합니다. 실제로 2024년 들어 일본은 17년 만에 금리를 인상했습니다. 원래 마이너스 0.1퍼센트였는데, 3월에는 0~0.1퍼센트로, 7월에는 0.25퍼센트로 올렸지요. 그런데 이 정도로는 효과를 거두기가 쉽지 않습니다. 5.5퍼센트까지 치솟았던 미국 금리와의 여전한 격차 때문입니다. 많은 전문가가 금리 인상의 시점과 폭이 모두 아쉽다고 평가한 이유입니다.

그런데도 아주 제한적으로만 금리를 올린 데는 일본 경제의 취약성이 영향을 미쳤습니다. 경제가 성장 중이라면, 쉽게 말해 개인이나 기업이 더 많은 돈을 벌고 있다면, 금리를 올려도 소비나 투자가 크게 위축되지 않습니다. 하지만 그러지 못한 상황에서 금리만 무턱대고 올리면 개인은 지갑을 닫고, 기업은 고용을 포기하고, 심지어 도산하게 됩니다. 이렇게 되면 가뜩이나 매력 없는 일본의

가계 부채 증가로 소비 위축 / 기업 부채 증가로 투자 위축

소비와 투자가 모두 위축되면 / 피할 수 없는 경기 침체의 늪

내수 시장이 더욱 빈곤해질 수밖에 없습니다. 이처럼 금리를 올릴 수도 없고, 안 올릴 수도 없는 난감한 상황 탓에, 인상 시점과 폭이 애매해졌던 것입니다.

일본 밖에도 이유가 있었습니다. 세계 각국의 금융시장에는 '엔 캐리 트레이드Yen carry trade'로 마련된 자금이 대거 스며들어 있습니다. 엔 캐리 트레이드란 금리가 낮은 엔화를 빌려 금리가 높은 국가의 자산에 투자하는 행위입니다. 엔화는 아무리 빌려도 이자가 별로 붙지 않기 때문에 대출이 부담스럽지 않습니다. 이렇게 마련한 엔화를 퍼부어 뉴욕의 멋진 빌딩을 샀다고 해봅시다. 물론 엄청난 액수의 엔화가 필요하겠지만, 이자 부담이 없는 만큼 상관없

엔 캐리 청산 시기별 코스피 하락 폭

청산 유형	급진적 청산			완만한 청산	
청산 구간	1차	3차	5차	2차	4차
시기	1998년 10월	2008년 8월	2020년 6월	2002년 2월	2016년 1월
코스피 하락 폭	-38.9	-56.7	-35.7	-15.9	-10.9

출처 : 교보증권 / 단위 : %

습니다. 얼마 안 가 빌딩의 값이 뛰면 그 상승분이 모두 이익입니다. 또는 대출받은 엔화를 (쪼그라들긴 하겠지만) 그대로 달러로 바꿔 미국 은행에 넣어둬도 됩니다. 최소한 2025년까지 미국은 금리가 4퍼센트 아래로 떨어지지 않을 테니, 그 이자만 받아도 이득이기 때문입니다.

이런 상황에서 일본이 금리를 큰 폭으로 올린다면, 아니 올린다는 시늉이라도 한다면 어떻게 될까요? 당연히 세계 각국의 금융시장에서 엔화가 모두 빠져나와 일본으로 돌아가려 할 것입니다. 그 속도가 미처 대응하지 못할 정도로 지나치게 빠르다면, 전 세계적인 규모의 금융 위기를 피할 수 없습니다. (특히 일본 자본이 많이 진출해 있는 한국 금융시장의 피해가 매우 클 것입니다.) 이 때문에 세계

각국, 특히 미국이 외교 채널을 통해 일본에 압박을 가하고 있습니다. 금리를 높이지 말라는 것이 그 요지이지요.

일본 총리의 부탁

이처럼 금리마저 마음대로 할 수 없는 상황에서 일본이 보여줄 '신의 한 수'는 과연 무엇일까요?

"꼭 물가 상승률을 넘는 임금 인상을 부탁드립니다."

2023년 1월 기시다 후미오^{岸田文雄} 총리는 재계 인사들을 만나 이렇게 '간곡히' 부탁했습니다. 바로 이것, 즉 임금 인상이 아베노믹스 이후 대외적으로는 부자지만 대내적으로는 거지인 일본 경제의 모순된 상황을 바로잡을 유일하고도 현실적인 방법입니다.

기시다 | 일본 총리 | 2023년 1월 8일
"꼭 물가 상승률을 넘는 임금 인상을 부탁드립니다"

　일본은 매년 2~4월에 사용자와 노동자가 임금 협상을 벌이는데, 이를 '춘계생활투쟁(춘투)'이라고 부릅니다. 부탁을 빙자한 일본 정부의 압력 때문에 2023년 춘투에서 대기업의 임금 인상률은 3.58퍼센트로 결정되었습니다. 당시 2퍼센트대였던 물가 상승률보다 높았지요. 하지만 중소기업의 경우 2퍼센트대에 머물렀습니다. 일본의 근로자 중에 대기업에 다니는 사람은 30퍼센트에 불과해, 그들만 혜택을 받는다면 거시경제 차원에서는 큰 효과를 거두기 어렵습니다. 하여 일본 정부의 요청이 거듭되었고, 결국 2024년 춘투에서 대기업의 임금은 5.28퍼센트, 중소기업의 임금은 4.42퍼센트 인상되었습니다. 1992년 이후 32년 만에 가장 큰 폭으로 인상한 것이었지요. (사실 여기에 기대를 품고, 하지만 여전히 조심하면서 금리를 0~0.1퍼센트에서 0.25퍼센트로 올렸던 것입니다.)

임금 인상이란 수가 효과를 제대로 발휘해야만, 그래서 서민들까지 경제가 좋아지고 있음을 체감해야만, 일본 정부는 물가를 잡고 더 이상의 엔저를 막고자 좀 더 과감하게 금리를 올릴 수 있을 것입니다. 그때가 되어서야 비로소 일본 경제가 정말 회복 중이라고 말할 수 있겠지요. 과연 일본은 그 반전의 순간을 맞이할 수 있을까요?

아직은 제자리걸음 중

사실 극적인 변화는 어려우리라는 게 중론입니다. 이는 수치로도 잘 드러납니다. 앞서 일본의 경제성장률이 2023년에 한국을 앞섰다고 설명했습니다. 일본의 한국 역전은, 일본이 잘해서이기도 하지만, 한국이 못한 게 더 컸습니다. 특히 2023년에는 전 세계적으로 반도체 산업이 하락세에 접어들며, 수출액의 20퍼센트 정도를 반도체에 의지하는 한국이 크게 휘청거렸습니다. 그러면서 상대적으로 일본이 잘한 것처럼 보였을 뿐이죠.

좀 더 자세히 뜯어보면 이런 사실이 극명하게 드러납니다. 일본의 경제성장률은 2023년 3분기에는 마이너스 0.9퍼센트, 4분기에는 0퍼센트, 2024년 1분기에는 다시 마이너스 0.5퍼센트를 기록했습니다. 즉 올라갔다가 내려갔다가 다시 올라갔다가 내려가는, 전

분기별 실질 GDP 성장률

출처 : 일본 내각부 / 연율 환산 전 수치

형적인 '더블 딥double deep' 모양을 그렸지요. 이는 불황에서 잠시 벗
어났다가 곧바로 다시 불황에 빠지는 전형적인 추세입니다.

다음으로 1인당 GDP를 보면, 이 부분에서는 오히려 한국이 일
본을 역전했습니다. 2024년 전망치를 보면, 3만 4,653달러의 한국
이 3만 4,554달러의 일본을 근소한 차이로 따돌리지요. 엔화의 가
치가 하락한 탓에 일본의 GDP를 달러로 환산하면 확 쪼그라들
기 때문입니다.

좀 더 미래를 내다볼 수 있는 수치를 살펴볼까요? 노동과 자본
이라는 생산요소를 최대한 활용했을 때 현재 기술 수준으로 특정
시점에 달성할 수 있는 GDP의 성장률을 잠재성장률이라고 합니
다. 거시경제적 차원의 '영끌'이라고 할까요? 그리고 일본의 잠재성

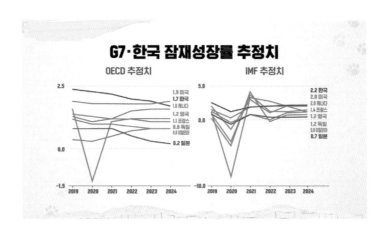

G7·한국 잠재성장률 추정치

OECD 추정치

2.5

1.9 미국
1.7 한국
1.6 캐나다
1.2 영국
1.1 프랑스
0.8 독일
0.3 이탈리아

0.0

0.2 일본

-1.5

2019 2020 2021 2022 2023 2024

IMF 추정치

5.0

2.2 한국
2.0 미국
2.0 캐나다
1.4 프랑스
1.2 영국

0.0

1.2 독일
0.8 이탈리아
0.7 일본

-10.0

2019 2020 2021 2022 2023 2024

장률은 매우 박하게 평가받고 있어, OECD와 IMF의 추정치 모두 2010년대부터 0퍼센트대에 머무는 중입니다. 반면에 한국의 경우 2010년대에 3퍼센트대를 유지했고, 2020년대 들어 2퍼센트대로 하락했습니다. 빠르면 2025년, 늦으면 2030년대에 1퍼센트대에 진입할 것으로 예측되고요. 이처럼 한국의 성장 여력은 일본에 비해 양호한 수준입니다.

지금까지 살펴본 것처럼 일본 경제는 여전히 '잃어버린' 쪽에 가깝습니다. 아베노믹스 이후에도 경제 상황이 크게 바뀌지 않은 데는 여러 이유가 있습니다. 그리고 이는 드디어 일본을 따라잡았다고, 아니 넘어섰다고 자축하는 한국에도 시사하는 바가 큽니다.

장기 저성장 시대가 도래하다

사실 경제 선진국 중 일본과 한국처럼 빠른 속도로, 또 큰 폭으로 잠재성장률이 떨어지는 나라는 찾아보기 어렵습니다. G7으로 불리는 미국, 일본, 독일, 영국, 프랑스, 이탈리아, 캐나다 중 일본과 독일을 제외하고는 2010년보다 2025년의 잠재성장률이 높지요. (독일은 1퍼센트에서 0.9퍼센트로, 0.1퍼센트포인트 떨어진 수준이라, 추세를 좀 더 지켜봐야 합니다.) OECD 회원국들의 잠재성장률 평균도 2010년 1.4퍼센트에서 2025년 1.8퍼센트로 0.4퍼센트포인트 높아지는 것으로 나타났습니다. 한마디로 일본과 한국만 성장 동력이 식고 있는 것입니다.

가장 큰 이유는 인구 감소입니다. 일본과 한국의 인구 구조는 매우 흡사한데, 전 세계에서 일본은 65세 이상의 고령 인구 비율이 가장 높고, 한국은 고령화 속도가 가장 빠릅니다. 2025년에 고령 인구 비율이 일본은 30퍼센트 이상, 한국은 20퍼센트 이상 될 것으로 점쳐집니다. 두 국가의 출생률도 매우 낮은데, 2023년 기준 일본은 1.21명, 한국은 0.72명입니다. 역사상 유례를 찾아보기 힘든 수준이지요.

일할 사람은 고사하고, 애초에 사람 자체가 없으면 경제의 두 축인 생산과 소비가 모두 무너집니다. 그런 점에서 일본이든 한국이든 1년에 4~5퍼센트씩 성장하던 고성장기로 돌아갈 방법은 없어 보입니다. 진문사들은 이러한 경제 상황을 불황이라고 부르지 않습니다. 불황이 있으면 호황도 있어야 하는데, 그러한 변화 자체가 예상되지 않기 때문입니다. 경제 주기의 진폭이 그리 크지 않다는 것이지요. 이를 가리켜 경제가 성숙기에 도달했다고 합니다. 사람을 예로 들어보면, 성인이 된 후에는 수술하거나 사고당하지 않는 한 키가 크게 자라거나 줄어들지 않지요. 경제도 마찬가지입니다. 성장할 만큼 성장해 특정 규모에 도달하면 크게 변화하지 않습니다. 다만 발전하는 기술 덕분에 생산성은 계속해서 높아지므로, 현상 유지나, 조금씩 성장하는 정도는 기대해볼 수 있지요. 하지만 이것조차 어려운 상황, 즉 일본과 한국처럼 사람 자체가 사라지는 경우에는 장기 저성장을 피하기 어렵습니다.

장기 저성장 시대의 주요 현상 중 하나가 세대 간 빈부 격차입니다. 일본은행이 금리를 올리자 시중은행들도 금리를 따라 올렸는데, 그러면서 주택담보대출의 이자가 크게 늘었습니다. 평균적으로 1년에 5~6만 엔의 이자를 추가 부담하게 되었다고 하는데, 임금이 따라 늘지 않는다면 부담스러울 수 있습니다. 이에 대해 시중은행들은 은행에 맡겨놓은 예금에 대한 이자도 높아졌으니, 서로 상쇄되지 않겠냐는 입장이지만, 여기에는 함정이 있습니다. 간단히 생각해, 누가 주택담보대출의 주 이용자일까요? 한창 경제활동을 하는 30~50대일 것입니다. 반대로 예금을 포함한 금융자산의 70퍼센트는 60대 이상의 고령자들 소유입니다. 즉 이자 부담은 젊은이들이 지고, 이자 혜택은 노인들이 누리는 구조이지요. 이는 세대 갈등의 불씨가 되는 데다가, 젊은이들의 경제활동을 저해해 장기 저성장의 늪을 벗어나지 못하게 합니다.

일본을 참고해야 하는 이유

일본은 이미 장기 저성장 시대에 진입한 지 오래되었지만, 한국은 그 초입에 있으므로 아직 기회가 있습니다. 경제가 성숙기라는 현실은 받아들이되, 앞으로의 10년, 20년을 잃어버릴 필요는 없다는 것입니다.

이때 핵심이 되는 것이 바로 생산성입니다. 생산성은 기술을 개발하거나 규제를 철폐하거나 인적 자원의 경쟁력을 키움으로써 높일 수 있습니다. 가령 20세기 초만 하더라도 자동차 한 대를 만들려면, 노동자들이 계속해서 움직여야 했습니다. 온갖 창고에서 문짝, 바퀴 등 부품들을 찾아 자동차 뼈대가 놓인 곳으로 가져와서 조립해야 했지요. 하지만 컨베이어벨트의 개발로 상황이 달라졌습니다. 노동자가 아니라 자동차 뼈대가 움직이게 되면서 자연스레 노동자가 부품을 지고 나르던 시간이 사라졌고, 그 결과 생산성이 크게 향상되었습니다. 1913년 컨베이어벨트를 처음 도입한 포드의 경우, 자동차 한 대당 생산 시간은 5시간 50분에서

생산성을 높인 우머노믹스

1시간 38분으로 줄고, 전체 자동차 생산량은 1만 9,000대에서 27만 대로 늘었습니다. 컨베이어벨트에 로봇까지 더해진 뒤로는 더 적은 노동자로도 더 빠르고 더 많이 생산할 수 있게 되었지요.

이와 관련해 다음과 같은 의문이 제기될 수 있습니다. 생산성이 높아지는 속도보다 인구가 줄어드는 속도가 빠르면, 어찌해야 할까요? 인구가 엄청난 속도로 줄어드는 한국이 꼭 풀어야 하는 문제인데, 일본에서 답을 찾을 수 있습니다. 일본은 생산가능인구[*]와 경제활동인구[*]를 분리해 다루는 '발상의 전환'에 성공했습니다. 그 결과 총인구는 물론이고 생산가능인구까지

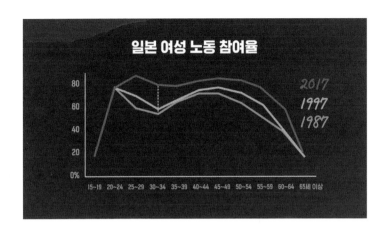

일본 여성 노동 참여율

2017
1997
1987

80
60
40
20
0%

15~19 20~24 25~29 30~34 35~39 40~44 45~49 50~54 55~59 60~64 65세 이상

줄어드는 상황에서 경제활동인구를 크게 늘릴 수 있었습니다. 놀랍게도 근 10년간 500만 명이 증가했으니, 일본은 이런 마법 같은 일을 어떻게 해냈을까요?

보통 생산가능인구 대비 경제활동인구의 비율은 60퍼센트 정도에 불과합니다. 나머지 40퍼센트는 대개 학생이나 전업주부이지요. 이 점에 주목한 일본은 여성이 수월하게 일할 수 있는 환경을 조성하는 데 총력을 기울였습니다. 잠시 여성의 노동 참여율을 살펴보면, 이 또한 일본과 한국이 매우 비슷합니다. M자 곡선을 그리는데, 25세까지는 노동 참여율이 높아지다가 이후 결혼, 임신, 출산, 육아 등으로 뚝 떨어집니다. 아이를 어느 정도 키운 후인 40세가 되어서야 다시 높아지지요. 일본은 이 M자의 움푹 꺼진 부분을 높이고자 여성의 경제활동 전반을 지원하는 '우머노믹스

Womanomics' 정책을 시행했고, 실제로 괄목할 만한 성과를 냈습니다.

일본은 정년 연장도 적극적으로 추진했습니다. 기존 65세에서 지금은 사실상 70세로 정년이 굳어지는 분위기입니다. 노동자가 원한다면 70세까지 일할 수 있도록 회사에 강력히 요구할 수 있는 제도를 마련했기 때문이지요. 연장선에서 일본은 외국인 노동자들을 열심히 받아들이고 있습니다. 2019년에는 '특정 기능 1호', '특정 기능 2호'라는 체류 자격을 신설했는데, 저항감이 큰 '이민'이라는 단어만 안 썼을 뿐, 사실상 이민의 문턱을 매우 낮추는 조치였습니다. 그 내용을 살펴보면, 인력이 부족한 특정 산업군 14개, 특정 업종 두 개에 취업할 시 일본어를 못 해도 체류할 수 있고, 가족도 동반할 수 있습니다. 특히 특정 기능 2호는 무제한으로 자격 갱신이 가능합니다. 영주권이라고 할 만하지요.

한국도 일본처럼 발상의 전환이 필요합니다. 우선 여성이 마음 놓고 경제활동에 참여할 수 있는 환경을 조성해야 합니다. 한국의 경우 생산가능인구에 속하는 여성 중 실제 경제활동에 참여하는 비율이 여전히 50퍼센트대에 불과합니다. 80퍼센트 안팎인 남성의 경우와 차이가 크지요. 아울러 한국인끼리 무언가를 이룰 시기가 지났음을 받아들여야 합니다. 좋고 나쁘고를 떠나 그것이 현실입니다. 한국만큼 일본도 외국인에게 아주 관대한 사회는 아니지만, 그래도 변화를 택했습니다. 한국도 절실히 고민해봐야 하는 지점입니다.

04

한국의 전략
:생산성에 집중하라

한국 경제의
결정적 장면
1

**한국 반도체 산업의 두 거인
삼성전자와 SK하이닉스**

한국 수출액의 20퍼센트를 책임지는 반도체,
생산성의 위기를 넘어야만 초격차를 유지할 수 있다!

한국 경제의
결정적 장면
2

**미국 소비자의 입과 지갑을
모두 사로잡은 KIMBAP**

노래부터 음식까지, 문화 강국으로 도약한 한국!
그다음 대전환을 어떻게 준비할 것인가?

*

2024년 1월 모로코의 천년 고도이자 주요 상업 도시인 마라케시에서 IMF가 세계 각국의 경제성장률을 점검하고 전망하는 기자회견을 열었습니다. 팬데믹 이후의 세계경제 향방을 가늠할 수 있는 자리였기에 관심이 뜨거웠는데, 특히 아시아에서 온 기자들의 시선이 단 한 사람에게로 향했습니다. 그 주인공은 IMF의 아시아태평양 국장인 크리슈나 스리니바산Krishna Srinivasan으로, 곧 그의 입이 열렸습니다.

"한국의 2.3퍼센트 경제성장률은 꽤 양호한 수치라고 말하고 싶습니다."

1년 전에는 한국의 2023년 경제성장률을 무려 네 차례 연속 하향 조정해 1.5퍼센트로 전망한 그였기에, 이러한 평가는 큰 반전으로 여겨졌습니다.

실제로 팬데믹 이후, 특히 미국이 금리를 크게 올리면서 한국 경제는 롤러코스터를 타기 시작했습니다. 한편에서는 한국 경제가 끝 모를 터널에 진입했다고 평가했지요. 그도 그럴 것이 2023년부터 '강달러'를 넘은 '킹달러'의 영향으로 치솟는 물가, 혼란한 주식 및 부동산 시장, 몰락하는 자영업 등으로 정부 부채와 가계 부채가 역사상 최고 수준에 달했습니다. 다른 한편에서는 한국 경제가 위기를 아슬아슬하게 비껴가며 완만히 회복 중이라고 기대를 품었습니다. 2024년 들어 수출이 크게 늘었고, 각종 고용 및 소비지표가 회복되었기 때문입니다.

과연 어느 쪽의 말이 맞을까요? 한국 경제는 천천히 몰락하고 있을까요, 아니면 느리지만 확실하게 살아나고 있을까요? 이번 장에서는 한국 경제의 현 상황은 어떠한지, 앞으로 무엇에 집중해야 할지 짚어보겠습니다.

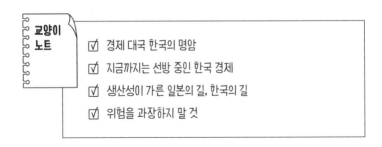

교양이
노트

☑ 경제 대국 한국의 명암
☑ 지금까지는 선방 중인 한국 경제
☑ 생산성이 가른 일본의 길, 한국의 길
☑ 위험을 과장하지 말 것

1퍼센트포인트가 열어젖힌 지옥문

3장에서 한국의 잠재성장률이 곧 1퍼센트대에 진입할 것이라고 설명했습니다. 기존의 2퍼센트대에서 1퍼센트포인트 낮아지는 것인데, 수치만 놓고 보면 하락 폭이 그리 크지 않지만, 한국 경제에 타격을 입히기에는 충분한 수준입니다. 한국의 GDP는 2023년 기준 1조 7,000억 달러로, 세계 14위 규모입니다. 2020년의 10위에서 네 계단 하락했지만, 여전히 무시 못 할 체급이지요. 이처럼 모수 자체가 워낙 크다 보니, 단 1퍼센트라도 가볍게 볼 수 없습니다. 단순하게 계산해 1조 7,000억 달러의 1퍼센트면 170억 달러, 한화로 환산하면 약 23조 원에 달합니다. 경제에 이처럼 거대한 구멍이 뚫리기 시작한다면, 메우기가 쉽지 않을 것입니다.

더 큰 문제는 이로써 양극화가 더욱 심해지리라는 것입니다. 잠재성장률 2퍼센트대를 유지하고 있는 지금도 부자들은 더 부자가 되고, 빈자들은 더 빈자가 되는 게 한국의 현실입니다. 가령 한국의 수입차 시장은, (인구가 세 배 많은) 일본보다 세 배 큽니다. 반면에 서민들의 대출 연체율과 회생 신청률은 역대 최고치를 기록 중이지요. 기업의 경우를 살펴볼까요? 팬데믹 이후 빅테크 분야를 선두로 대기업들의 매출과 이익은 날로 좋아지고 있습니다. 하지만 중소기업들의 임금 체불 규모와 파산 신청 건수는 줄어들 기미가 보이지 않습니다.

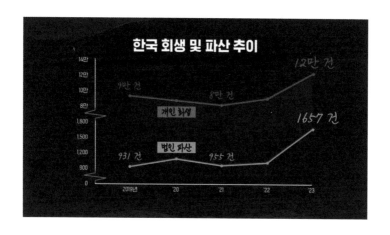

한국 회생 및 파산 추이

실제로 경제성장률이 1퍼센트대를 기록한 2023년에 이러한 경향이 눈에 띄게 두드러졌습니다. 일단 파산을 신청한 중소기업들의 수가 전년 대비 60퍼센트 이상 늘었습니다. 그러자 제조업 생산지수는 25년 만에, (물가까지 고려한 '진짜' 임금인) 실질임금은 17년 만에 최대 낙폭을 기록했습니다. 자연스레 소비가 줄었고, 그 결과 소매업 매출액이 근 20년간 가장 많이 감소했습니다. 고작 1퍼센트포인트가 이런 '지옥'을 만든 것입니다.

소니 회장의 절규

결국 한국 경제의 최우선 목표는 경제성장률을 어떻게든 2퍼센

"일본은 미국에 'NO'해야 한다!"

트대로 회복하고 유지하는 것이어야 합니다. 위기를 겪는 경제가 V자를 그리며 반등하지 못하면, L자를 그리며 장기 저성장에 빠지게 됩니다. 이제껏 한국 경제는 외환 위기 때도, 팬데믹 때도 V자 반등에 성공했습니다. 바로 지금 그때의 저력을 발휘하지 못한다면, 일본처럼 앞으로의 10년, 20년을 '잃어버릴지' 모릅니다.

이와 관련해 한국은 일본의 사례를 적극적으로 참고해야 합니다. 일본은 두 가지 장애물을 극복하지 못하며 장기 저성장의 늪에 빠졌습니다. 첫 번째 장애물은 플라자합의였습니다. 미국이 처음 엔화 절상을 요구했을 때, 수출로 먹고살던 일본 재계는 크게 우려를 표했습니다. 엔화의 가치가 올라가면 세계시장에서 가격 경쟁력을 잃을 것이 뻔했으니까요. 실제로 당시 소니 회장이었던 모리타 아키오盛田昭夫는 이렇게 절규했습니다.

"제발 그 요구를 듣지 마십시오. 일본은 무조건 'No'라고 외쳐야 합니다!"

그런데 일본 정부는 너무나 순순히 플라자합의를 받아들였습니다. 그렇게 장기 저성장을 향한 첫발을 내디뎠지요.

물론 오늘날 미국이 한국에 원화 절상을 요구할 일은 없어 보입니다. 다만 플라자합의는 미국발 위기였다는 점에서 한국에 시사하는 바가 적지 않습니다. 오늘날 미국은 중국과 패권 다툼을 벌이며, 진영 논리를 강화하고 있지요. 한마디로 내 편 아니면 모두 적이라는 것입니다. 한국에도 누구와 함께할지 잘 선택하라며 유·무언의 압박을 가하고 있습니다. (사실 중국의 태도도 별반 다르지 않습니다.)

한국으로서야 미국과도, 중국과도 잘 지내는 게 최고이지만, 힘의 논리가 강하게 작용하는 문제인 만큼 풀어내기가 쉽지 않습니다. 다만 경제에서는 너무 과했던 중국 의존도를 줄이고, 동시에 정치에서는 미국과 동맹 관계를 유지하되 종속되지 않도록 균형을 지키는 정도가 적절해 보입니다. 쉽진 않겠지만, 가장 현실적인 대안이지요. 이 정도로만 처신해도 일본이 플라자합의로 감내해야 했던 후과는 피할 수 있을 것입니다.

내수 시장을 지켜라

일본이 겪은 두 번째 장애물은 내수 붕괴였습니다. 엔화 절상으로 수출이 어려워지자, 일본 정부는 금리를 크게 낮추는 것으로 대응했습니다. 경제가 쪼그라들지 않도록 돈을 풀어버린 것입니다. 그러자 주식부터 부동산까지 모든 자산의 가격이 치솟기 시작했습니다. 이를 적절히 관리했어야 하지만, 일단 돈이 돌아야 한다고 판단한 일본 정부는 눈을 질끈 감아버렸죠. 결국 1989년과 1990년에 뒤늦게 금리를 인상하자 커질 대로 커져 있던 거품이 터지며 경제가 무너졌습니다. 거품이란 곧 빚입니다. 수많은 사람이 이자 부담 없이 마구 빚을 내 여기저기에 투자한 결과 모든 자산의 값이 천정부지로 높아진 상황에서, 갑자기 금리가 인상되면 어떻게 될까요? 사람들이 대출을 꺼리게 되고, 그만큼 비싼 자산을 살 여력이 없어지게 되면서 모든 자산의 가격이 폭락합니다. (누군가가 더 비싸게 사주리라 기대하고) 대출받아 해당 자산을 샀던 사람은 이익은 고사하고 빚을 갚을 방법마저 요원해지지요. 결국 개인은 물론이고, 법인과 은행까지 줄줄이 파산하며 내수 시장과 금융 시장이 모두 얼어붙게 됩니다. 이것이 일본에서 벌어졌던 일입니다. 이처럼 충격적인 과정을 겪으며 '돈을 쓰지 않고 은행에 쌓아 놓는 일본인'의 이미지가 만들어졌지요.

한국 경제도 최근 들어 부실한 PF^{Project Financing} 대출 때문에 큰

위기를 겪었습니다. PF 대출이란 담보 없이 사업 계획과 현금 흐름, 미래 가치와 리스크 등을 종합적으로 고려해 돈을 빌려주는 금융 상품입니다. 미래를 예견해야 하므로 고도의 전문성이 필요한데, 한국의 PF 대출은 바로 이 지점이 약하다고 평가받습니다. 즉 정말 전문적으로 따져보고 돈을 빌려준다기보다는 '하이 리스크 하이 리턴'을 노린 투기에 가깝다는 것이지요. 특히 부동산 개발에 PF 대출이 몰려 있어 관련 경기가 안 좋아지면, 거액의 대출금을 돌려받지 못하게 될 가능성이 커집니다. 이 일이 2023년 한국에서 벌어지며 대규모 뱅크런bank-run• 사태까지 예견되었죠. 다만 정부가 예금자 보호에 적극적으로 나선 끝에 최악의 사태는 피할 수 있었습니다. 과거 일본의 사례와 달리 정부가 신속히 개입함으로써 내수 시장과 금융시장을 지켜냈던 것입니다.

> **교양이 키워드**
>
> ● 뱅크런: 단기간에 대규모로 은행 예금을 인출하거나, 인출을 요구하는 사태를 가리킨다. 과거에는 주로 '지급준비율', 즉 은행이 보유 중인 현금이 부족하다고 판단될 경우 벌어졌는데, 현대에는 주로 '자기자본비율', 즉 은행의 자본금이 너무 부족하다거나 위험 자산이 너무 많다고 판단될 경우 벌어진다.

두 마리 토끼를 모두 잡은 한국

이처럼 한국은 위기의 순간을 아슬아슬하게 넘어가고 있습니다. 이와 관련해 결정적 한 방이 부족하단 인상을 지울 수 없지요.

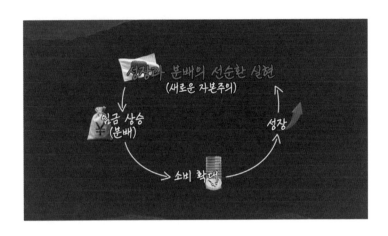

그 한 방이란 3장에서도 언급했던 생산성입니다. 생산성이란 무엇일까요? 더 적게 투입해 더 많이 산출하는 것, 즉 부가가치를 높이는 것입니다. 사실 한국 같은 경제 선진국, 좀 더 정확히 말해 경제가 성숙기에 진입한 나라에서는 '인풋'이 크게 중요하지 않습니다. 이미 투입할 것은 다 투입했다고 봐야 하기 때문입니다. 따라서 얼마나 더 많이, 얼마나 더 좋게 산출하는지가 훨씬 중요합니다. 아날로그 문화로 유명한 일본이 최근 디지털청을 신설하고, 반도체나 신재생에너지 산업에 적극적으로 투자하는 이유입니다.

일본 이야기를 좀 더 해볼까요? 사실 일본이 수십 년 만에 대대적인 임금 인상을 추진한 데도 비슷한 목적이 있습니다. 물론 일차적으로는 고물가에 신음하는 서민들의 주머니 사정을 개선하고,

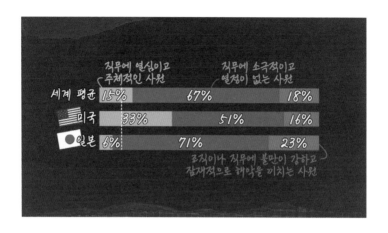

이로써 소비를 진작해 경제 회복의 마중물로 삼겠다는 것이지만, 근로자들의 자기계발을 독려하겠다는 취지 또한 내포하고 있습니다. 근로자 개개인의 능력이 좋아진다면, 더 적은 인력으로도 더 좋은 결과를 낼 수 있을 테니까요. 이는 인구가 줄어드는 상황에서 생산성을 높이는 효과적인 방안이 될 수 있습니다.

연장선에서 일본 기업들은 조직 구조와 문화를 크게 손보고 있습니다. 경제 성숙기, 또는 장기 저성장기에 기업들은 '10 대 90' 현상에 시달립니다. 매출이나 이익이 크게 개선되지 않으니, 임금이 잘 오르지 않고, 그러다 보면 일할 맛이 뚝 떨어져 결국 조직 구성원의 10퍼센트만이 열심히 일하고 나머지 90퍼센트는 의욕을 잃어버리는 것이지요. 이런 문제를 해결하고자, 일본 기업들은 일 잘하는 10퍼센트가 핵심에 놓이도록 조직을 개편하는 동시에, 나머

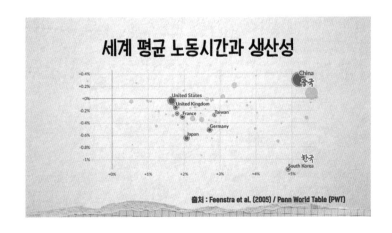

세계 평균 노동시간과 생산성

출처 : Feenstra et al. (2005) / Penn World Table (PWT)

지 90퍼센트의 의욕을 고취할 다양한 프로그램을 개발하는 중입니다. 이런 부분까지 챙겨야 생산성을 높일 수 있습니다.

그렇다면 한국의 상황은 어떨까요? 생산성을 가늠할 수 있는 지표 중 하나가 노동시간입니다. 즉 노동시간이 줄어드는데도 GDP가 증가한다면, 그 나라는 생산성이 매우 높은 것이겠지요. 실제로 경제 선진국들의 노동시간은 대개 줄어드는 추세입니다. 예외적인 나라들이 아시아에 있는데, 바로 타이완과 싱가포르입니다. 유교 문화가 강한 이 두 나라는 여전히 근면과 성실을 최고의 가치로 삼고 있지요. 당연히 오랫동안 일하는 것을 미덕으로 여깁니다. 하여 GDP가 증가한 만큼 노동시간도 늘었습니다.

이 부분에서 고개를 갸웃하는 사람들이 많을 겁니다. 노동시간이 길기로 유명한 한국이 언급되지 않았으니까요. 그런데 놀랍게도 한국은 (여전히 노동시간이 길긴 하지만) 노동시간을 많이 줄인 쪽에 가깝습니다. 과거 산업화 시기에 한국은 전성기의 중국 이상으로 경제를 성장시키면서도, 중국과는 달리 노동시간을 줄이는 데 성공했습니다. 그 정도가 서구의 경제 선진국에 도달하지 못했을 뿐, 중진국인 중국은 물론이고 아시아의 경제 선진국인 타이완이나 싱가포르와도 확실히 다른 길을 걸어왔던 것입니다.

한마디로 한국은 경제성장과 더불어 생산성을 높이는 데도 줄곧 소기의 성과를 내왔습니다. 다만 팬데믹 이후의 뉴노멀 시대에도, 즉 공급망이 재편되고 인구가 감소하는 새로운 환경에서도 그러한 기조를 이어갈 수 있을지가 관건입니다.

인터넷과 팩스

결국 중요한 것은 '미래'입니다. 미래에도 계속해서 생산성을 높여나가기 위해 필요한 것으로 많은 사람이 기술 혁신을 꼽습니다. 뛰어난 기술은 분명 생산성을 높일 새로운 기회를 제공합니다. 그런데 일반적으로 생각하는 것만큼 극적인 효과를 내기에는 여러 어려움이 따릅니다. 가령 아무리 좋은 기술이 개발되었다고 한들, 모든 산업 분야에 적용되기까지는 오랜 시간이 걸립니다. 관련 인프라를 새로 마련해야 하고 분야별 특성에 맞춰 조정해야 하며,

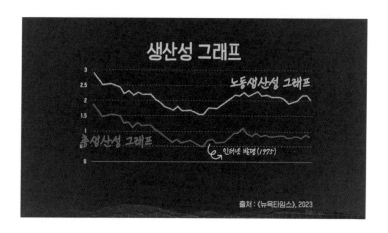

출처 : 《뉴욕타임스》, 2023

법과 정책을 조정해야 하고 사람들을 교육해야 하니까요. 이런 이유로 18세기 후반 증기기관이 개발되며 불붙은 제1차 산업혁명 이후 지금까지 네 번의 산업혁명이 이어졌지만, 신기술이 등장해 인류의 삶을 송두리째 바꾼 일은 점점 줄어들고 있습니다.

> "2005년이 되면 인터넷이 경제에 미치는 영향이 팩스보다 덜하면 덜했지, 더하지는 않을 것이다."

노벨경제학상을 받은 세계적인 경제학자 크루그먼이 1998년 《뉴욕타임스》에 기고한 글의 일부입니다. 지금은 물론이고, 2005년에도 이 말에 동의하는 사람은 없었을 겁니다. 그렇다면 크리그먼이 틀렸던 것일까요? 사실 크리그먼이 정말 '인터넷'과 '팩스'를 비교하는 데 관심을 두었던 것은 아닙니다. 핵심은 인터넷이 개발되기 전이든 후든 생산성의 증가량 자체에는 큰 변화가 없으리라는 것이었죠. 인간은 일의 효율성을 높이고자 끊임없이 고민하므로, 생산성은 계속해서 증가하고 있습니다. 이 과정에서 수많은 기술이 개발되는데, 그중 극소수만이 선택되어 다음 단계의 생산성 증가에 이바지하지요. 즉 기술 자체보다 중요한 것은 그 기술의 쓰임입니다. 따라서 어떤 기술이 혜성같이 등장하더라도, 그것이 정말 일반적으로 받아들여지고 활용될지, 그럴 환경이 마련될지, 그래서 인간 삶에 실질적이고도 근본적인 변화를 일으킬지는 다른 문제입니다.

대전환을 준비하라

제조업과 중공업을 기반으로 산업화에 성공한 한국은 오늘날 기술 강국으로 자리매김하고 있습니다. 특히 반도체 산업의 핵심 플레이어로 활약하고 있지요. 그 덕분에 연관 분야이자 미래 먹거리로 주목받는 인공지능 산업에서도 착실히 존재감을 키워가고 있습니다. 배터리 산업 또한 한국이 주도하는 분야입니다. 기술 수준이 높고 완벽한 공급망을 구축해 시장을 선점한 중국과 치열한 선두 싸움을 벌이는 중입니다.

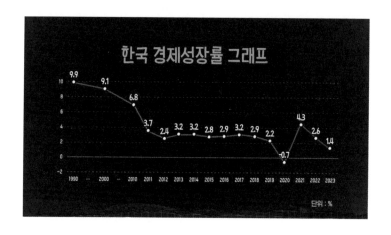

한국 경제성장률 그래프

단위 : %

한국이 반도체와 배터리 산업에서 두각을 나타내는 것은 단순히 기술 수준이 높기 때문만은 아닙니다. 정말 기술 수준으로만 모든 것이 결정되었다면, 오늘날 반도체 산업과 배터리 산업에서 한국의 위상은 그리 높지 않았을 겁니다. 그런데 한국은 기술만큼 중요한 요소, 즉 생산성을 놓치지 않았습니다. 반도체와 배터리가 인류 문명을 크게 전환할 시기에 맞춰, 관련 기술뿐 아니라 알맞은 품질과 가격, 양과 질을 담보할 생산성까지 갖추는 데 성공했던 것이지요. 이를 위해 법과 제도를 손질하고, 인프라를 마련하며, 인적 자원의 수준을 높였습니다. 그 결과 반도체 산업에서 일본을 제치고, 배터리 산업에서 중국을 위협할 수 있게 된 것입니다.

앞으로 한국은 반도체와 배터리 산업 외 분야에서도 생산성을 높여야만, 1퍼센트대 경제성장률을 피할 수 있을 것입니다. 안타깝게도 최근 발표되는 각종 경제 전망은 한국의 장기 저성장을 예고하고 있지만, 한 가지 희망은 미래란 열려 있다는 것입니다. 각종 전망은 과거에서 현재로 이어지는 추세를 참고해 도출되는데, 따라서 맹신할 필요가 없습니다. 모종의 사건이나 변수로 추세가 바뀌면 전망도 달라지기 마련입니다. 가령 제2차 세계대전에 따른 전쟁 특수가 끝나고 기계화가 본격적으로 진행되며 노동시장 참여율●이 뚝 떨어지던 1960년대에 미국인들은 10년 후의 경제 상황을 매우 암울하게 전망했습니다. 하지만 정작 1970년대가 되자 3차산업●을 중심으로 경제구조가 재편되며 노동시장 참여율이 치솟았고, 그러면서 장밋빛 전망이 넘쳐나게 되었지요. 이처럼 전망은 상황에 따라 크게 달라집니다.

한국은 '대전환'에 강한 나라입니다. 이제는 흐릿해진 기억이지만, 한국은 '한강의 기적'을 일군 나라입니다. 동시에 성공적으로 '민주화'에 성공한 나라이기도 하지요. 한마디로 경제와 정치 분야 모두에서 생산성을 높인 것인데, 이 어려운 일에 성공한 나라는 한국이 유일합니다. 과장이 아니라, 학계에서도 예외적인 경우로 평가하지요.

> **교양이 키워드**
>
> ● **노동시장 참여율:** 노동시장에 노동을 공급함으로써 경제활동에 실제로 이바지하는 인구의 비율을 말한다. 보통 '생산가능인구(15세 이상, 64세 이하 인구)' 중 '경제활동인구(직장을 가지고 있거나 구직 중인 인구)'가 차지하는 비율로 계산한다. 노동 참여율이라고도 부른다.
>
> ● **3차산업:** 서비스를 제공하는 산업이다. 교통, 통신, 금융, 보험, 유통, 외식 산업 등이 여기에 속한다. 그 외 1차산업은 농업, 임업, 어업처럼 천연자원을 생산하는 산업이고, 2차산업은 제조업, 중공업처럼 1차산업의 생산물을 가져와 실용적인 제품을 제조하는 산업이다. 4차산업은 정보·지식 산업이다.

여러 경제성장 사례 중에서도

한국의 성취는 독보적!

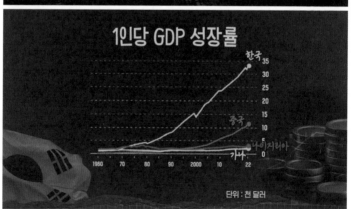

1인당 GDP 성장률

한국 35
30
25
20
15
중국 10
5
나이지리아 0
가나

1960 70 80 90 2000 10 22

단위 : 천 달러

온갖 갈등과 상충하는 이해관계를 조정하고 풀어내면서 자신만의
길을 개척하는 것, 이것이 바로 한국의 저력 아닐까요? 여러 분야
에서 생산성을 끌어올리며 한국 경제가 다시 한번 V자 반등에 성
공하는 미래를 기대하는 이유입니다.

2부

전쟁

적대적 공생관계로
불붙는 세계

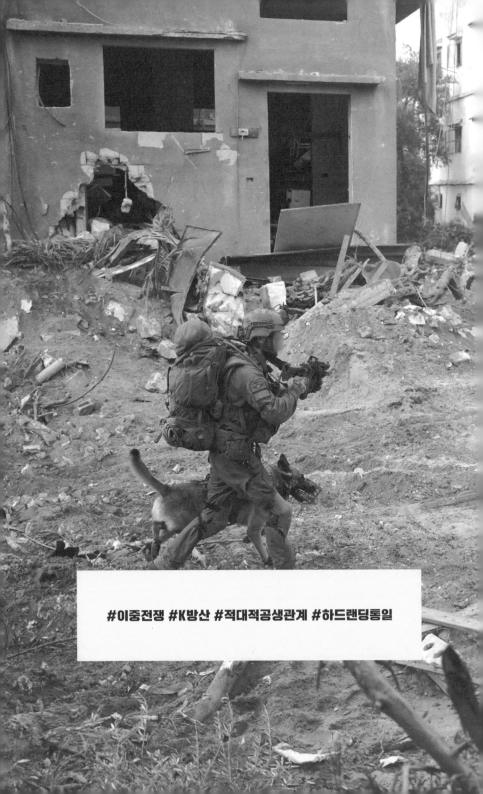

#이중전쟁 #K방산 #적대적공생관계 #하드랜딩통일

적대적 공생관계로 엮인 국가들은 늘 상대보다 더 큰 힘을 쥐려 하기 때문에, 군비경쟁이 치열해집니다. 그러다 보니 일단 한번 충돌하면 공멸을 피할 수 없습니다.

러우전쟁부터 한반도 위기까지,
세계 각지의 격전지를 누비는
전쟁-컨트리뷰터

전쟁의 새로운 차원을 밝혀내는 저널리스트

김태훈 SBS 국방전문기자

러우전쟁이 본격화되며 북유럽 국가들이 한국 무기 체계에 열광하는 이유
를 깊이 있게 분석합니다. 경기대학교 정치전문대학원에서 박사학위를 받았
습니다.

아랍의 새로운 질서를 꿰뚫는 중동 전문가

박현도 서강대학교 유로메나연구소 교수

중동에서 힘의 균형이 어떻게 달라지고 있는지 살펴봅니다. 특히 사우디아라비
아의 행보에 주목합니다. 이란 테헤란대학교에서 이슬람학 박사학위를 받았습
니다.

전쟁의 설계자들을 추적하는 중동 전문가

성일광 서강대학교 유로메나연구소 연구교수

하마스-이스라엘전쟁에 영향을 미치고 있는 이란과 미국의 속내를 밝히고, 출구 전략을 예상해봅니다. 이스라엘 텔아비브대학교에서 중동학 박사학위를 받았습니다.

통일의 새로운 패러다임을 제시하는 저널리스트

안정식 SBS 북한전문기자

북러 동맹의 의미를 분석하고, 북한 급변 사태에 맞춘 새로운 통일 방안을 제시합니다. 경남대학교 북한대학원에서 박사학위를 받았습니다.

● **이현식** SBS D콘텐츠제작위원

05

러우전쟁의
오랜 역사

러우전쟁의
결정적 장면
1

**1987년 NATO의 대규모 군사훈련 와중에
공중에서 뒤엉킨 소련군 핵 폭격기와 미군 전투기**

러우전쟁의 씨앗은 냉전기에 뿌려졌다?
러시아와 유럽 모두 우크라이나를 포기하지 못하는 이유는?

러우전쟁의
결정적 장면
2

K방산이 왜 거기서 나와?
러우전쟁으로 뜻밖의 기회를 얻은 한국

핀란드에 수출된 K-9 자주포의 위용!
오늘날 북유럽 국가들은 어째서 K방산을 찾는가?

*

2022년 2월 4일 《블룸버그》 통신의 홈페이지에 전 세계를 강타할 만한 속보가 게시되었습니다.

Live: Russia Invades Ukraine

'러시아의 우크라이나 침공'이라는 짧고 굵직한 속보가 곧 전 세계 언론의 헤드라인을 장식하기 시작했습니다. 2014년 러시아가 흑해에 접한 우크라이나 영토인 크림반도를 점령한 이래 긴장감이 최고조에 달했던 시점이라, 터질 게 터졌다는 분위기였죠. 하지만 불과 30분 만에 해당 속보는 오보였음이 밝혀졌습니다. 혹시 모를 사태에 대비해 미리 준비해놓은 기사가 전산상 오류로 게시된 해프닝이었지요. 러시아는 서구 언론이 자신들을 침략자 취급한다며 강력히 항의했습니다.

그런데 채 3주가 지나지 않은 2월 24일, 그 일이 실제로 벌어졌습니다. 러시아가 우크라이나의 수도 키이우와 돈바스라 불리는 동부 지역 일대를 전격적으로 침공하며 러우전쟁의 막을 열어젖힌 것입니다. 이 전쟁은 왜 시작되었고, 어떻게 끝날까요? 또 러우전쟁은 한국에 어떤 영향을 미치고 있을까요?

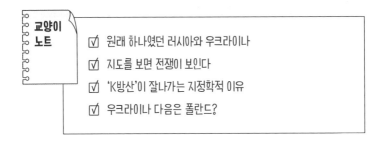

교양이 노트
- ☑ 원래 하나였던 러시아와 우크라이나
- ☑ 지도를 보면 전쟁이 보인다
- ☑ 'K방산'이 잘나가는 지정학적 이유
- ☑ 우크라이나 다음은 폴란드?

키예프 루스의 망령

여느 전쟁이 그러하듯 러우전쟁 또한 복잡한 배경을 가지고 있습니다. '오랜 전쟁'이라 불릴 정도로 수십 년간 축적된 문제가 폭발한 것이기 때문에, 폭넓은 시야로 봐야만 전체적인 맥락을 이해할 수 있지요. 러우전쟁이라는 거대한 퍼즐을 완성하기 위해, 가장 단순한 꼴의 조각부터 맞춰보겠습니다. 바로 전쟁을 결심하는 지

"우리는 한 민족이야!"

도자의 성향입니다.

2014년에도, 2022년에도 먼저 무력을 행사한 러시아의 최고 지도자 블라디미르 푸틴Vladimir Putin은 애초에 우크라이나를 독립국가로 인정하지 않았습니다. 이는 러시아 극우 민족주의자들의 공통된 생각인데, 러시아와 우크라이나 모두 키예프 루스Kievan Rus라는 중세 동유럽 국가에서 유래한 만큼 다시 하나가 되어야 한다는 것이지요. 또한 푸틴은 냉전기에 악명 높던 국가보안위원회, 즉 KGB 요원이었습니다. 동독에서 활동하던 그는 소련이 붕괴하자 동유럽 국가들이 앞다투어 러시아를 저버리고 서방의 품에 안기던 과정을 제일선에서 목격했습니다. 그때의 굴욕을 뼛속 깊이 새겼던 것으로 보입니다. 여기에 더해 자신의 종신 집권 체제를 강화할 결정적 한 방이 필요한 상황이기도 했지요. 이런 푸틴에게 우크라이나

소련 해체 후 이어진 동유럽 국가들의 탈출 러시

를 점령하는 것은 좋은 선택지로 여겨졌을 것입니다.

물론 고대나 중세라면 모를까, 현대에 지도자 개인의 성향만으로 전쟁이 일어나기란 불가능에 가깝습니다. 경제적으로는 세계 각국의 이해관계가 복잡하게 얽히고설켜 있고, 정치적으로는 제아무리 독재자라도 국민 여론을 신경 쓰지 않을 수 없기 때문입니다. 이런 상황에서 전쟁을 일으킨다면 국가로서도, 정권으로서도, 지도자 개인으로서도 큰 타격을 입을 수밖에 없지요. 그렇다면 러시아는 푸틴 개인의 성향 외에 어떤 이유로 전쟁이라는 극단적인 수를 두었던 것일까요?

우크라이나라는 관문

세계지도를 펼쳐서 우크라이나를 찾아봅시다. 동쪽에는 러시아를, 서쪽에는 유럽을, 남쪽에는 지중해로 이어지는 흑해를 두고 있

마지막 완충지대 우크라이나

습니다. 한마디로 러시아에도 유럽에도 포기할 수 없는 지정학적
요충지입니다. 유럽에는 러시아로 향하는 관문이자, 러시아에도
유럽으로 향하는 관문이 바로 우크라이나인 것입니다. 바로 이러한
우크라이나의 지정학적 특수성이 러우전쟁의 불씨를 댕겼습니다.

냉전기에 우크라이나와 그 일대의 동유럽 국가들은 모두 소련
의 차지였습니다. 소련의 세력 확장에 공포를 느낀 미국과 서유럽
국가들은 북대서양조약기구NATO를 구성해 집단 안보 체제를 마련
했습니다. 혹시라도 소련이 계속해서 서쪽으로 진출하려 한다면,
결사 항전으로 막아내겠다는 의지의 표명이었지요. 그런데 소련이
무너지면서 상황이 달라졌습니다. 그간 소련의 압제와 빈곤에 시
달렸던 동유럽 국가들이 이빨 빠진 호랑이, 러시아를 떠나 서방과
손잡았던 것입니다. 러시아로서는 매우 뼈아픈 일이었지만, 제 코

가 석 자였던지라 붙잡을 방법이 없었습니다. 다만 단 한 가지만은 냉전의 승자 미국에 '구두로나마' 약속받았는데, NATO의 세력 유지였습니다. 어차피 러시아는 서쪽으로 확장할 힘도 의지도 잃었으니, 동유럽 국가들을 완충지대 삼아 불필요한 충돌을 피하자는 것이었지요.

미국이 정말 구두 약속을 했는지는 지금으로선 알 수 없습니다. 이에 대해 오늘날 러시아와 미국의 입장이 완전히 다릅니다. 다음은 푸틴과 토니 블링컨Tony Blinken 미국 국무부 장관이 각각 2021년 12월과 2022년 2월에 기자들을 만나 했던 말입니다.

> "그들(미국)이 우리를 속였습니다. NATO는 단호하고 뻔뻔하게 확장되고 있어요."

"NATO는 새로운 회원국을 받아들이지 않겠다고 약속한 적이 없고, 그럴 수도 없고, 그래서도 안 됩니다."

둘 중 하나는 거짓말일 텐데, 다만 1990년대 내내 미국과 러시아가 군사 협력까지 추진하며 우호적인 관계를 유지했고, NATO 또한 회원국을 늘리지 않았던 것은 사실입니다. 반면에 물밑에서는 또 다른 움직임이 존재했습니다. 하루라도 빨리 서방과 정치적·경제적 협력 관계를 다져야 했던 동유럽 국가들이 자발적으로, 또 적극적으로 EU 및 NATO 가입을 추진했던 것입니다. 결국 미국은 NATO 확장을 공식화했고, 그리하여 1999년 폴란드를 시작으로 2023년 핀란드까지 새로운 회원국들을 받아들였습니다. 이제 러시아와 유럽 사이에 남은 완충지대라고는 우크라이나와 벨라루스뿐이지요.

유로마이단부터 돈바스전쟁까지

러시아로서는 애탈 수밖에 없는 상황인데, 소련 해체 직후부터 줄곧 친러 노선을 걸어온 벨라루스와 달리, 2013년 유로마이단Euromaidan을 경험한 우크라이나는 점점 친서방 쪽으로 기울기 시작했습니다. 유로마이단이란 시민들이 직접 친러 성향의 대통령 빅

토르 야누코비치Viktor Yanukovych를 끌어냈던 사건입니다. 당시 우크라이나는 경제 위기를 겪고 있었는데, EU와 러시아가 모두 도움의 손길을 건넸습니다. 이때 시민 다수는 전자에, 야누코비치는 자신의 권위주의적 정치체제와 정적 탄압, 부정부패 등을 용인해줄 후자에 기대를 걸었습니다. 결국 야누코비치가 오랜 EU 가입 논의를 백지화하며 친러 노선을 굳히자, 실망한 시민들이 강력하게 저항했고, 내전에 가까운 소란 끝에 2014년 2월 대통령이 야반도주하는 것으로 사태가 마무리되었습니다.

여기까지 보면 여느 민주화 운동과 크게 다를 바 없는데, 한 꺼풀 벗겨 보면 사정이 꽤 복잡합니다. 일단 우크라이나는 서부와 동부의 인구 구성이 크게 다릅니다. 동부의 경우 언어와 혈연관계, 문화와 경제 등이 러시아와 매우 가깝지요. 특히 크림반도나 돈바스의 경우 러시아어를 모국어로 쓰는 인구 비율이 50퍼센트를 넘습니다. 사실상 작은 러시아라 할 만합니다. 이들이 과연 유로마이단에 전적으로 동조했을까요?

한편 친서방 세력이 우크라이나에 집권할 것이 기정사실화된 상황에서, 러시아로서도 무언가 승부수를 던져야 했습니다. 그리하여 야누코비치가 대통령궁을 빠져나가고 얼마 뒤인 2월 말 소속을 알 순 없지만 러시아어를 쓰는 병사들이 크림반도에 들이닥쳤습니다. 그와 동시에 크림반도에 친러 자치공화국이 들어섰고, 3월에는 '공식적으로' 러시아군이 크림반도에 상륙했습니다. 이후

지중해와 연결된 크림반도

크림반도의 러시아 편입에 대한 찬반을 묻는 주민 투표가 진행되었는데, 96퍼센트의 찬성률로 통과되었습니다. (물론 저 찬성률은 크게 논란이 되었습니다.)

한편 역시 친러 성향이 강했던 돈바스 지역에서는 분리주의 세력이 무장투쟁에 나섰습니다. 그러자 이들을 보호한다는 명목하에 4월 러시아군이 돈바스 지역에도 진입하며 사태가 악화했습니다. 이로써 돈바스 전쟁이 발발, 1년 만에 우크라이나와 분리주의 세력 간에 휴전협정이 체결되었지만, 그 뒤로도 크고 작은 교전이 끊이지 않았습니다. 이런 상황에서 2019년 우크라이나 대통령으로 선출된 볼로디미르 젤렌스키

교양이 키워드

● **볼로디미르 젤렌스키**: 우크라이나의 제6대 대통령이다. 원래 직업은 코미디언이었다. 2015년 자신이 제작한 시트콤 〈국민의 일꾼〉에서 대통령 역을 맡으며 일약 스타덤에 올랐다. 2018년 시트콤과 동명의 정당을 창당, 대선 후보로 나섰고, 2019년 대선에서 압도적인 표차로 당선되었다.

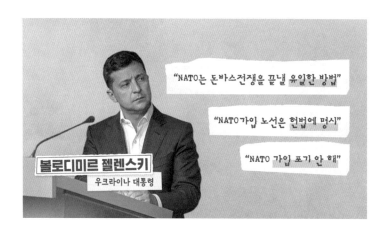

Volodymyr Zelenskyy가 NATO 가입을 부르짖으며 러우전쟁의 불씨가 본격적으로 타오르기 시작했습니다.

한국 경제에 미치는 영향

결국 러시아와 우크라이나 간의 전면전은 현실이 되었습니다. 2022년 2월 이후 지금까지 돈바스와 크림반도를 연결하는 긴 회랑 지대에서는 포화가 그치지 않고 있지요. 전쟁이 벌어지기 전까지만 해도 우크라이나군 사망자는 5,000명에서 2만 5,000명, 러시아군 사망자는 3,000명에서 1만 명 정도로 예상되었지만, 현재 도합 10만 명은 우습게 넘을 것으로 추산되고 있습니다. 현대사에 남을 큰 비극인 셈입니다.

1장에서 살펴본 것처럼 러우전쟁은 세계경제에도 악영향을 끼쳤습니다. 러시아와 우크라이나 모두 밀과 옥수수의 주요 생산국인 만큼, 곡물 가격이 폭등하며 물가 상승이 촉발되었고, 특히 러시아에서 막대한 석유를 수입하던 유럽 국가들은 에너지난까지 겪어야 했습니다. 미국 주도의 대러 제재에 동참한 데 앙심을 품은 러시아가 송유관을 잠가버렸기 때문입니다. 유럽 국가들은 부족한 에너지를 벌충하기 위해 중동산 석유를 사들였고, 자연스레 유가마저 치솟으며 물가 상승에 '기름'을 부었습니다.

이로써 여러 원자재를 수입하는 한국 경제가 큰 타격을 입었습니다. 동시에 생각 못 한 기회가 찾아오기도 했습니다. 러우전쟁을 계기로 'K방산', 즉 한국의 방위산업이 세계 각국에서, 특히 콧대 높은 유럽 국가들에서 러브 콜을 받게 되었던 것입니다. 유럽 국

K방산의 수출 경쟁력

① 기술력, 즉 성능

② 저렴한 가격

③ 생산력 등 한국 방산 기업들의 기초 체력

가들이 한국이 개발하고 생산하는 각종 무기 체계에 주목하는 데는 여러 이유가 있습니다. 우수한 기술 수준과 품질은 물론이고, 달라지는 현대전의 양상과 지정학적 질서에도 한국산 무기 체계가 딱 맞춤하기 때문입니다.

K-9의 북벌

유럽 시장에서 한국 방산의 선전은 2010년대 중반부터 시작되었습니다. 한국 방산의 '특산품'이라 할 수 있는 K-9 자주포의 활약이 그것이지요. 자주포란 말 그대로 '자주적으로' 움직이는 '포'입니다. 과거에는 포탄 발사 시 충격을 완화할 기술이 부족해 포의 파괴력이 클수록 지면에 고정해서 사용했는데, 그러다 보니 적에게 감지되어도 제때 후퇴하기 어려워 생존성이 크게 떨어졌습니다. 이후 기술 발전으로 강력한 포도 안정적으로 운용할 수 있게 되면서, 바퀴나 무한궤도를 부착해 움직일 수 있도록 한 것이 바로 자주포입니다.

21세기 초까지 자주포의 최강자 자리는 독일의 Pzh2000이 독점하고 있었습니다. 외계인이 개발했다는 우스갯소리가 있을 정도로, 비싼 가격을 제외하고는 단점을 찾아볼 수 없는 자주포였지요. 그런데 2016년 K-9이 Pzh2000을 꺾는 대이변이 벌어졌습니

다. 당시 자주포 구매 국가는 노르웨이였는데, 한겨울에 진행된 성능 시험에서 한국의 혹독한 겨울에 단련된 K-9이 Pzh2000을 압도했던 것입니다. Pzh2000은 시동도 제대로 걸지 못하는 상황에서 K-9은 설원을 펄펄 날아다녔으니, 애초에 경쟁이 안 되었지요.

한편 그 현장에 핀란드와 에스토니아 군인들도 있었는데, 그들이 본국으로 돌아가 강력히 건의한 끝에, 두 국가 모두 연달아 K-9 도입을 결정했습니다. 친구 따라 아이쇼핑에 나섰다가, K-9의 압도적인 성능에 반해 충동 구매한 꼴이었지요. K-9은 가격마저 Pzh2000의 절반에 불과합니다. 게다가 '로켓 배송'이 가능합니다. 휴전 국가인 한국의 특성상 무기 공장이 쉬지 않고 돌아가기 때문입니다. 그런즉 도저히 사지 않을 수 없었던 것입니다.

그런데 전문가들은 K-9의 '북벌'이 성공한 데 더욱 근본적인 이유가 있었다고 진단합니다. 한국과 별 이해관계가 없었던 북유럽 국가들은 어째서 K-9을 도입했을까요? 아니, 그 이전에 왜 하필 자주포여야 했을까요?

폴란드가 긴장하는 이유

전차가 빠르게 돌진해 적진을 휘젓는 무기 체계라면, 자주포란 먼 거리에서 화력을 퍼부으며 아군의 공격을 지원하거나, 적이 접근하지 못하게 막는 무기 체계입니다. 그래서 전차는 공격에, 자주포는 방어에 주로 쓰이죠. 바꿔 말해 노르웨이와 폴란드, 에스토니아가 자주포를 새로 들였다는 것은, 방어할 일이 생겼다는 뜻입니다. 일단 이들 세 국가는 러시아와 바로 접해 있으며, 특히 K-9을 수입할 때는 돈바스전쟁 직후였습니다. 즉 냉전 이후 최고치에 달한 유럽 국가들과 러시아의 갈등이 한국 방산에 새로운 기회가 되었던 것입니다.

실제로 폴란드는 이후 계속해서 한국산 무기 체계를 사들였습니다. 지금까지 구매한 K-9만 672대에 달하지요. 아울러 자주포처럼 장거리에서, 다만 포 대신 로켓을 대량으로 쏘아대는 다연장로켓 K-239를 288대나 구매했습니다.

유독 폴란드가 방어에 특화된 한국산 무기 체계를 도입하는 데는 그 나름의 이유가 있습니다. 크림반도가 우크라이나에 그런 것처럼 폴란드에도 '손톱 밑의 가시' 같은 지역이 있기 때문입니다. 바로 칼리닌그라드Kaliningrad로, 본국과 떨어져 폴란드에 붙어 있는 러시아의 영토이지요. 문제는 그곳이 러시아의 동맹국인 벨라루스에서 100킬로미터 정도밖에 떨어져 있지 않다는 것입니다. 중간에

리투아니아와 폴란드가 껴 있긴 하지만, 그 둘의 국경이 맞닿는 좁은 육로인 수바우키회랑^{Suwałki Gap}을 통하면, 러시아로서는 크게 힘들이지 않고 칼리닌그라드까지 (정규군이든 용병이든) 대군을 밀어 넣을 수 있습니다. 우크라이나를 전면적으로 침공하기에 앞서 크림반도와 돈바스를 먼저 장악했을 때처럼 말입니다.

이 때문에 만약 러시아가 우크라이나 점령을 순식간에 해치웠다면, 그다음에는 칼리닌그라드를 이용해 북유럽에서도 분쟁을 일으켰으리라는 게 많은 전문가의 공통된 의견입니다. 칼리닌그라드는 발트해에 접해 있으므로, 러시아가 그곳에 기습적으로 병력을 배치한다면 스칸디나비아삼국은 물론이고, 독일까지 사정권에 들어옵니다. 폴란드로서도, NATO로서도 필사적으로 칼리닌그라드와의 접경 지역을 방어해야만 하는 이유이지요.

마지막으로 재래식 무기의 화려한 복귀 또한 폴란드가 한국산 무기 체계를 선택하는 데 영향을 미쳤습니다. 많은 전문가가 21세기에는 전쟁 또한 첨단화될 것으로 예상했는데, 러우전쟁은 정반대의 양상을 띠었죠. 참호가 미로처럼 연결되고, 콘크리트 벙커가 성벽처럼 솟은 러우전쟁의 최전선은 제1~2차 세계대전의 격전지와 그리 달라 보이지 않습니다. 크고 작은 드론*들이 공중을 날아다니지만, 결국 적을 제거하는 것은 대검과 소총, 수류탄과 박격포, 전차와 자주포이지요. 이를 바로 옆에서 보고 있는 국가라면, 비싼 데다가 운용마저 까다로운 첨단 무기보다는 싼 데다가 사용하기 쉬운 재래식 무기를 더 선호

> **교양이 키워드**
>
> ● **드론:** 무인항공기다. 말 그대로 사람이 타서 조종하지 않는 항공기로, 지상에서 원격으로 조정한다. 아주 간단한 기술만으로, 또 아주 저렴하게 제작할 수 있어 여러 용도로 쓰인다. 러우전쟁에서는 공중에서 전황을 파악하거나, 적군의 머리 위로 작은 폭발물을 떨어뜨리는 데 주로 쓰이고 있다.

하지 않을까요? 이때 성능 좋은 재래식 무기를 구할 곳으로 휴전 국가인 한국은 최고의 선택지일 수밖에 없습니다.

이러한 이유로 폴란드는 한국 방산 업계의 큰손이 되었습니다. 지금까지 쓴 돈만 25조 원에 달합니다. 사실 폴란드 외에도 한국 방산 업계는 좋은 고객들을 많이 확보한 상태입니다. 가깝게는 동남아시아의 필리핀부터 멀게는 중동의 이집트까지 세계 각국에서 한국산 무기 체계를 운용 중이지요. 그 결과 한국은 세계 방산 시장에서 그 어느 때보다 강력한 존재감을 뽐내고 있습니다. 2019년부터 2023년까지 5년간의 실적을 기준으로 추린 세계 10대 무기 수출국에 이름을 올렸을 정도입니다.

우리의 일이 된 러우전쟁

이처럼 러우전쟁은 전 세계의 지정학적 질서를 재편하는 동시에 한국 경제에도 큰 영향을 미치는 중입니다. 강 건너 불구경하듯 여길 일이 아니라는 것이지요. 뒤에서 자세히 다루겠지만, 러우전쟁으로 북한의 활동 반경이 늘어난 결과, 동아시아 정세도 꿈틀거리고 있습니다. 즉 러우전쟁은 바로 우리의 일입니다.

사실 러시아는 러우전쟁을 단기간에 끝낼 계획이었습니다. 미사일 등으로 우크라이나 내 주요 군사시설 및 인프라를 타격하고, 크림반도와 돈바스에 러시아군을 전진 배치하는 한편, 공수부대를 수도 키이우에 침투시켜 대통령을 비롯한 주요 정부 요인들을 납치 및 암살해 우크라이나를 무력화하려 했지요. 러시아는 이 모든 과정이 마무리되는 데 며칠밖에 걸리지 않을 것으로 예상했기에 처음에는 아예 '전쟁'이라고 부르지도 않았습니다. 대신 '특수 군사 작전'이란 용어를 썼습니다.

하지만 우크라이나가 기적적으로 키이우 방어에 성공하고 반격을 개시하며, 말 그대로 '전쟁'이 되었습니다. 현재 러시아는 우크라이나의 동부와 남부를 야금야금 점령하는 중입니다. 우크라이나는 이를 필사적으로 막아내는 한편, 전황을 뒤집으려 러시아 본토를 공격하고 있습니다. 2024년 8월에는 우크라이나가 자국 영토에서는 100킬로미터, 모스크바에서는 500킬로미터 떨어진 러시아 도시 쿠르스크Kursk까지 진격하는 기염을 토했지요. 다만 누구 하나 확실한 승기를 잡지 못한 상황에서 지지부진한 소모전이 2년 넘게 이어지고 있습니다.

미국과 유럽 국가들의 지원을 등에 업은 우크라이나와 물량으로 밀어붙이는 러시아. 빼앗긴 영토를 포기할 수 없는 우크라이나와 빼앗은 영토를 돌려줄 수 없는 러시아. 둘 다 멈출 명분이 없으므로, 이 힘겨운 전쟁은 앞으로도 계속되며, 세계경제와 정치의 핵으로 작용할 것입니다. 직간접적인 당사국이 된 한국 또한 러우전쟁에 계속해서 관심을 기울여야 되겠습니다.

06

제5차
중동전쟁의 서막

중동전쟁의
결정적 장면
1

**하마스만큼이나 이스라엘과
날카롭게 대립각을 세우고 있는 헤즈볼라**

이스라엘은 현재 두 개의 전선에서 싸우는 중!
과연 제5차 중동전쟁이 시작될 것인가?

중동전쟁의
결정적 장면
2

"팔레스타인에 자유를, 이스라엘과 미국에 죽음을!"
반이·반미 시위를 벌이는 이란 사람들

복잡하게 얽히고설킨 중동 정세,
이 모든 사태의 배후는 정말 이란일까?

＊

팬데믹의 그림자가 전 세계에 짙게 드리우던 2020년 9월, 백악관에서 오랜만에 희망 섞인 메시지를 내놓았습니다. 획기적인 코로나19 백신이 개발되었다거나 하는 소식은 아니었지만, 그만큼 놀라운 일이긴 했습니다. 코로나19보다 오래 인류를 괴롭혀온 어떤 문제에서 일보 전진을 이루었기 때문입니다. 당시 백악관의 주인이었던 트럼프 대통령은 그 성과를 이렇게 강조했습니다.

> "우리는 역사의 흐름을 바꾸기 위해 이곳에 왔습니다. 우리는 새로운 중동의 여명을 맞이할 것입니다."

이때 언급된 "우리"란 트럼프 본인을 포함해 이스라엘 총리, 아랍에미리트 외무부 장관, 바레인 외무부 장관을 가리킵니다. 참으로 이질적인 조합인데, 그간 서로를 적대시해왔던 이스라엘과 주변 아랍 국가들 간의 평화협정에 서명하고자 모인 것이었습니다. 협정의 별칭마저 '아브라함협정'으로, 기독교(미국)와 유대교(이스라엘), 이슬람교(아랍에미리트와 바레인)의 공통 조상에게서 이름을 따왔을 만큼, 중동 각국의 공존과 평화를 간절히 바라고, 또 구체화하는 자리였지요. 정말 "역사의 흐름"을 바꿀 만한 일이었습니다.

이후에도 반가운 소식들이 이어졌습니다. 2023년에는 이슬람 세계의 두 맹주로 으르렁거리기 바빴던 사우디아라비아와 이란의 관계가 정상화되었습니다. 같은 해에 사우디아라비아와 이스라엘의 관계 정상화 또한 추진되면서, 넉넉잡고 1년 안에 가시적인 성과가 나오리라고 기대되었죠. 이로써 세계의 화약고 중 하나로 평가받던 중동에 평화가 깃드는 것은 시간문제로 여겨졌습니다. 2023년 10월 7일이 오기 전까지는 말입니다.

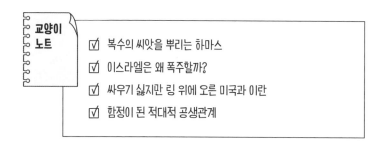

교양이
노트

☑ 복수의 씨앗을 뿌리는 하마스
☑ 이스라엘은 왜 폭주할까?
☑ 싸우기 싫지만 링 위에 오른 미국과 이란
☑ 함정이 된 적대적 공생관계

손톱 밑의 가시

    그날은 토요일이었습니다. 사람들이 늦잠에 빠져 있을 이른 아침, 수천 발의 수제 로켓이 이스라엘 곳곳을 강타했습니다. 한편 각종 SNS에는 충격적인 영상과 사진들이 게시되고, 퍼져나갔습니다. 온갖 화기로 무장한 사람들이 이스라엘 외곽의 크고 작은 마을과 축제 현장 등을 습격해 민간인들을 닥치는 대로 붙잡아 어딘가로 끌고 가는 장면이었지요. 이는 팔레스타인의 무장 정파 하마스가 이스라엘인들을 대상으로 벌인 '인간 사냥'이었습니다. 전혀 과장된 표현이 아닌 것이 그날 하루에만 이스라엘인 1,300여 명이 살해당했습니다. 하마스는 왜 이렇게까지 잔혹한 일을 저질렀을까요?

    사건의 배경을 이해하기 위해, 이스라엘과 팔레스타인의 역사

하마스의 인간 사냥

생중계된 인질들의 모습

를 간단하게나마 살펴볼 필요가 있습니다. 수천 년간 세계 곳곳에 흩어져 살던 유대인들은 20세기 중반 요르단강 유역과 지중해 연안 일대의 '팔레스타인'이라 불리던 땅으로 이주해 이스라엘을 건국했습니다. 그러면서 원래 그곳에 거주하던 아랍인들을 몇 개 구역으로 몰아넣고 통제, 관리하기 시작했지요. 이에 아랍인들은 자신들이 살던 땅의 이름을 딴 나라를 세우고 인티파다^{Intifada}라 불린 독립운동을 전개했습니다. 전차에 돌팔매질로 맞서는 처절한 몸부림과 미국의 중재로, 1993년 팔레스타인은 이스라엘과 평화협정을 체결했습니다. 이듬해에는 이스라엘 내 아랍인 구역이었던 가자 지구^{Gaza Strip}와 요르단강 서안 지구를 영토로 하는 자치정부 수립에 성공했지요.

문제는 이스라엘과 팔레스타인이 진정으로 평화적인 공존에 합의하지 않았다는 것입니다. 양측의 극단주의자들은 평화협정 자체를 인정하지 않았습니다. 그러면서 이스라엘은 이전보다 더 과격하게 팔레스타인을 탄압했고, 팔레스타인은 다시 한번 인티파다에 돌입하며 자살 폭탄 테러까지 서슴지 않았지요. 이때 급속하게 세를 불린 것이 바로 하마스였습니다. 하마스는 누구보다 격렬하게 이스라엘에 저항했고, 이에 많은 팔레스타인 사람에게 지지받았습니다. 결국 투표를 통해 가자 지구의 통치권을 얻기에 이르렀지요. 2008년에는 이스라엘이 하마스를 완전히 뿌리 뽑고자 가자 지구를 공격하며 제1차 가자전쟁이 벌어지기도 했습니다. 물론 목표를 달성하지 못했고, 이후에도 제2차, 제3차 가자전쟁이 벌어졌지만, 하마스는 계속해서 살아남았습니다. 이스라엘에는 '손톱 밑의 가시' 같은 존재가 바로 하마스인 것이지요.

악인과 의인의 구도

그 결과 2023년에 다시 한번 이스라엘-하마스전쟁이 발발했습니다. '제4차 가자전쟁'이라 하지 않는 것은 전쟁의 범위가 가자 지구를 넘어 확대될 것으로 보이기 때문입니다. 이는 뒤에서 설명하기로 하고, 우선 하마스가 왜 하필 이 시점에 이스라엘을 공격했는지부터 살펴보겠습니다.

사실 '전쟁'으로 불리기는 하지만, 하마스와 이스라엘의 충돌은 다윗과 골리앗의 싸움에 가깝습니다. 물론 성경 속 이야기에서는 다윗이 골리앗을 무찌르지요. 하지만 현실에서는 불가능에 가까운 일입니다. 이스라엘의 군사력은 세계 20위권으로, 이란과 비등한 수준입니다. 그에 반해 하마스는 일개 무장 단체에 지나지 않지요. 이러한 전력 차를 하마스라고 모르진 않습니다. 하여 지금까지 하마스는 가자 지구 밖에서는 테러를, 안에서는 게릴라전을 수행하며 전면전을 피해왔습니다. 그런데 2023년에 그 '교전 수칙'을 깨고 정면으로 이스라엘을 들이받았으니, 하마스는 왜 이런 무모한 짓을 저질렀을까요?

우선 자신들의 존재감을 키우기 위해서였습니다. 팔레스타인을 구성하는 두 지구 중 '알짜'인 곳은 가자 지구가 아니라 이스라엘 중심부와 더 가까운 요르단강 서안 지구입니다. 이곳은 팔레스타인의 최대 정파인 파타Fatha가 다스리고 있지요. 꽤 세속적인 데다가 온건한 편이기 때문에, 무엇보다 팔레스타인의 집권 여당이기 때문에 국제사회에서 팔레스타인의 대표로 인정받는 것은 파타뿐입니다. 이런 상황에서 점점 존재감이 희미해지는 데 불안감을 느끼던 하마스로서는 이스라엘 공격이 돌파구로 여겨졌을 것입니다.

연장선에서 이스라엘의 잔혹성을 끌어올리는 것 또한 하마스의 목표였습니다. 이스라엘이 잔혹해질수록 하마스에는 손해일 텐데, 대체 무슨 속셈이었을까요? 가자 지구는 한국의 세종시와 비슷한 면적에 200만 명이 넘게 살 정도로 인구 밀도가 매우 높습니다. 이런 곳에 이스라엘이 화력을 퍼붓는다면, 수많은 민간인이 목

잔혹한 이스라엘의 보복

악마의 무기 '백린탄' 사용

숨을 잃을 수밖에 없습니다. 폭격당한 건물 잔해에 깔린 채 피 흘리는 아이와 그 곁에 엎드려 통곡하는 어머니. 이러한 장면이 도처에서 끊임없이 재현되는 것입니다. 당연히 전 세계적으로 이스라엘을 향한 여론이 나빠질 것이고, 팔레스타인 내부적으로는 '악인 이스라엘과 의인 하마스'라는 구도가 강해질 것입니다. 물론 이를 뒤집어도 정확히 말이 됩니다. 죄 없는 민간인을 납치하고 살해한 하마스와 용감하게 정의를 실현하는 이스라엘.

결국 이스라엘과 하마스는 서로의 잔혹성에서 각자의 존재 의의를 찾는 것인데, 이를 가리켜 '적대적 공생관계'라고 합니다. 실제로 이번 전쟁 직전에 팔레스타인에서 진행된 여론 조사를 보면, 가상의 선거에서 하마스와 라파 중 누구를 뽑겠냐는 물음에, 과반이 하마스를 선택했습니다. 최소한 가자 지구 내에서는 적대적 공생관계가 하마스에 유리한 방향으로 작동 중인 것이지요.

평화의 이면

하마스의 선제공격을 이끈 더욱 결정적인 계기는 급변하는 중동 정세였습니다. 앞서 설명한 것처럼 이번 전쟁 직전까지 중동에는 평화 무드가 감돌았습니다. 단순히 유혈 사태가 벌어지고 있지 않다는 수준이 아니라, 이스라엘과 아랍 국가들의 관계가 정상화되며 정치적·경제적으로 가까워지는 놀라운 일이 벌어졌지요. 이면에는 중국의 영향력 확대와 사우디아라비아의 독자 행보 같은 복잡한 지정학적 맥락이 얽히고설켜 있었지만, 어쨌든 결과적으로 그 어느 때보다 평화로운 시기를 보내고 있었습니다.

그런데 이것이 하마스의 심기를 매우 불편하게 했습니다. 이스라엘 건국 직후부터 아랍 국가들은 한 곳도 빠짐없이 '타도 이스라엘'을 외쳐왔습니다. 역사적으로 자신들을 식민지 삼고 탄압했던 서구 열강에 비호받으며, 자신들의 땅을 차지한 이스라엘의 존재 자체를 견딜 수 없었던 것입니다. 하여 1948년부터 1973년까지 아랍 국가들은 네 차례나 이스라엘에 싸움을 걸었는데, 이를 '중동전쟁'이라 합니다. 아직 이스라엘이 멀쩡한 것을 보면 알 수 있듯 모두 아랍 국가들의 패배로 끝났지요. 그만큼 이스라엘을 향한 아랍 국가들의 악감정이 상당했는데, 어차피 전면전으로는 상대가 안 되니, 핍박받는 무슬림 형제인 팔레스타인을 원조하는 것으로 전략을 바꾸었습니다. 이 덕분에 팔레스타인, 특히 하마스는 절체

절명의 위기에서도 매번 생존할 수 있었습니다. 그런즉 이스라엘과 아랍 국가들의 관계가 정상화된다는 것은 하마스에 재앙과도 같은 일입니다. 곧바로 아랍 국가들의 지원이 시들해질 테니까요.

2015년의 이란핵협정[●]을 통해 이란과 미국의 관계가 정상화될 뻔한 일로 가슴을 쓸어내린 경험이 있는 하마스로서는 아브라함협정을 곱게 볼 수 없었을 것입니다. 이후 미국은 계속해서 이란과의 관계 정상화를 시도 중이고, 사우디아라비아는 자발적으로 이스라엘과의 관계 정상화에 나섰습니다. 정말 그리된다면 하마스는 형들을 대신해 용감히 싸우는 아우가 아니라, 괜

교양이 키워드

● **이란핵협정**: 정식 명칭은 '포괄적 공동행동계획(JCPOA)'이다. 이란은 1990년대부터 본격적으로 핵무기 개발에 나섰는데, 이것이 중동 정세에 악영향을 끼친다고 판단한 미국이 2014년 2월 비밀리에 접촉, 이후 1년이 넘도록 비핵화 협상을 벌였다. 2015년 2월 미국과 이란이 비핵화에 합의하고, 이를 국제연합(UN)의 상임이사국들이 받아들이며, 이란핵협정이 최종 타결되었다. 하지만 2017년 미국 대통령이 된 트럼프가 이를 백지화하며 허무하게 파기되었다.

히 말썽을 일으키며 집안 망신시키는 천덕꾸러기로 전락할 것이 뻔합니다. 결국 판을 깰 거대한 한 방이 필요했으니, 전쟁만큼 좋은 선택지를 떠올리기란 어려웠을 겁니다.

하마스는 죽지 않는다

이런 이유로 하마스는 전쟁의 불씨를 댕겼습니다. 과연 그들의 운명은 어떻게 될까요? 우선 이스라엘은 공격당한 10월 7일 곧바로 전쟁을 선포하고, 하마스 침입자들을 사살하는 한편, 가자 지구를 쉴 틈 없이 공습했습니다. 27일부터는 대규모 지상군을 가자 지구에 투입해 본격적인 소탕 작전을 전개, 한 달 만에 하마스의 근거지였던 가자 지구 북부를 점령했습니다. 이후에는 가자 지구 중부와 남부에 대규모 공습을 가하는 한편, 주요 거점들을 차례대로 점령 중입니다. 이 과정에서 최소 4만 명의 팔레스타인 민간인이 목숨을 잃었는데, 그중 33퍼센트는 어린아이와 청소년이었습니다. 이 생지옥을 겪는다면 누구라도 복수를 꿈꾸게 되지 않을까요? 이스라엘이 잔혹해질수록 복수의 씨앗이 많이 뿌려질 테고, 그만큼 하마스의 미래는 건재하겠지요.

물론 현재 시점을 기준으로, 가자 지구 내의 하마스는 사실상 궤멸한 상태입니다. 이스라엘은 북한에서 전수한 기술로 팠다는

민간인 피해 → 상대 비난   상대 비난 → 지지 강화

지지 강화 → 조직원 충원   민간인 피해 = 하마스의 이익

복잡한 땅굴까지 구석구석 뒤져가며 하마스를 섬멸하는 데 총력을 기울이고 있습니다. 이 때문에 하마스의 패배는 시간문제인 것처럼 보입니다. 그렇다면 전쟁이 곧 끝나게 될까요? 사실 전망은 그리 밝지 않습니다. 하마스의 특수성 때문인데, 일단 지도부에 해당하는 정치국의 핵심 요인들이 주변 아랍 국가들의 5성급 호텔을 옮겨 다니며 활동 중입니다. 이들을 모두 제거하지 않는 한 하마스는 사라지지 않습니다. 아울러 하마스를 향한 민심이 여전히 좋습니다. 그간 하마스는 군사 활동만큼이나 대민 활동에도 적극적이었습니다. 힘없는 정부를 대신해 교육부터 의료까지 다양한 공적 서비스를 무상으로 제공했지요. (물론 이때 필요한 돈과 자원은

주변 아랍 국가들에서 지원받은 것이었고요.) 이런 이유로 하마스는 어디에도 없지만, 어디에나 있는 조직이 되었습니다.

마지막으로 하마스의 호전성은 상상을 초월합니다. 그들에게 저항은 신념이자 신앙입니다. 어떤 합리적인 이유 때문이 아니라, 단지 싸워야 하기 때문에 싸우지요. 일반적인 상식으로 판단할 수준을 아득히 넘어섰달까요? 이처럼 가자 지구 밖에서는 정치부가 아랍 국가들에 원조받은 것을 계속해서 보내주고, 가자 지구 안에서는 불타는 복수심과 좋은 민심을 바탕으로 끊임없이 인력이 보충되며, 그 의지와 목표마저 절대 꺾이지 않기 때문에 하마스는 결코 죽지 않습니다. 아니, 죽더라도 반드시 부활합니다.

대선에 손발이 묶인 미국

하마스든 이스라엘이든 어느 일방이 지구상에서 사라지기 힘들다면, 남은 선택지는 휴전일 텐데, 이마저도 쉬워 보이지 않습니다. 실제로 2024년 3월 휴전 협상이 겨우 운을 뗐지만, 너무나 지지부진하지요. 여기에는 몇 가지 이유가 있습니다.

우선 앞서 설명한 것처럼 이스라엘과 하마스는 적대적 공생관계로 묶인 탓에 싸울수록 원원입니다. 하마스가 무엇을 얻는지는 이미 살펴봤으니, 이스라엘의 경우를 들여다보죠. 그 수장인 베냐민 네타냐후^{Benjamin Netanyahu} 총리는 전쟁 직전까지 영 좋지 못한 평가를 받고 있었습니다. 벌써 세 번째로 이스라엘을 이끌고 있는 그는 부정부패와 독재자 같은 면모로 입방아에 오르기 일쑤였습니다. 한편 요르단강 서안 지구에 대규모 유대인 정착촌을 건설하며 팔레스타인을 불필요하게 자극했습니다. 그러면서도 하마스를 그리 경계하지 않았습니다. 아랍 국가들의 하마스 지원을 묵인했고, 그들이 대규모 공격을 준비하고 있다는 여러 신호도 무시했지요. 이런 이유로 전쟁 초기에는 네타냐후가 자신의 권력을 강화하고자 일부러 전쟁을 유도했다는 음모론이 퍼졌습니다. 설마 그것이 사실은 아니겠지만, 이번 전쟁이 그의 정치적 입지를 강화했다는 것만큼은 사실입니다. 따라서 무언가 굉장한 보상이 주어지지 않는 한 굳이 전쟁을 멈추려 하지 않을 것입니다.

하여 전쟁은 확전 양상을 띠고 있습니다. 개전 시부터 미국이

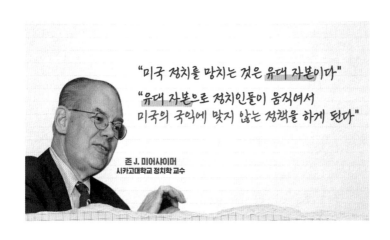

"미국 정치를 망치는 것은 유대 자본이다"

"유대 자본으로 정치인들이 움직여서 미국의 국익에 맞지 않는 정책을 하게 된다"

존 J. 미어샤이머
시카고대학교 정치학 교수

중재에 나섰지만, 유의미한 변화를 끌어내지 못하고 있지요. 전쟁이 장기화할 조짐을 보이던 2024년 초, 미국 정치권은 1년도 남지 않은 대선 준비에 박차를 가하고 있었습니다. 정권을 이어나가야 하는 민주당 처지에서는 유대인들의 표와 후원금을 의식하지 않을 수 없었지요. 세계적인 시사지《가디언》의 탐사 보도에 따르면, 1990년대 이래로 (미국 대통령이 되기 전의) 조 바이든^{Joe Biden} 혼자서만 유대인들에게 받았던 후원금이 400만 달러를 넘는다고 합니다. 이 때문에라도 미국은 전쟁을 멈추라고 호소하면서도 이스라엘에 무기를 지원하는 모순된 행보를 보일 수밖에 없었습니다.

"미국은 이스라엘을 지지합니다. 미국은 반드시 이스라엘의 뒤를 지킬 것입니다."

"저는 이스라엘 정부가 가자 지구에서 병력을 줄이고 의미 있는 철수를 하도록 조용히 노력해왔습니다."

이 말들은 상호 모순되어 보이지만, 모두 단 한 사람, 바이든 대통령의 입에서 나왔습니다. 늘 네타냐후를 탐탁지 않아 했던 바이든이지만, 대선 때문에라도 무언가 뾰족한 메시지를 내기가 힘들었던 것으로 보입니다. 최소한 대선이 끝날 때까지는 이런 양상이 계속될 듯합니다.

그나마 주변 아랍 국가들이 단체 행동에 나서지 않고 있다는 게 다행입니다. 사실 20세기였다면 곧바로 제5차 중동전쟁이 벌어졌을지 모릅니다. 다만 그때는 종교적·이념적 이해관계를 중시했던 반면에, 지금은 세속의 정치적·경제적 이해관계를 중시하는지라 다들 참고 있을 뿐이지요. 하지만 여전히 변수는 남아 있습니다. 바로 이란과 이란의 지원을 받는 레바논의 무장 정파인 헤즈볼라Hezbollah입니다.

난감한 이란

그간 이란은 돈부터 식량, 무기까지 물심양면으로 하마스를 지원했습니다. 심지어 이번 전쟁에서 하마스의 전략·전술을 분석한 전문가들은 이란에서 훈련받은 것으로 보인다고 강조했지요. 또한 이란은 이스라엘과 레바논의 국경 지대에서 활동하는 헤즈볼라에도 지원을 아끼지 않았습니다. 그 이유는 간단합니다. 이스라엘을 무너뜨리고 팔레스타인 독립국가를 건설, 궁극적으로는 전 아랍 국가를 아우르는 이슬람 신정국가를 세우기 위해서입니다. 이 원대한 계획을 실현하기 위한 장기짝으로 하마스와 헤즈볼라를 둔 것이지요.

다만 오해하지 말아야 할 것이 하마스와 헤즈볼라가 이란의 명령을 따르는 부하는 아니라는 점입니다. 지원도 받고, 소통도 하되 행동은 독자적으로 한다는 게 하마스와 헤즈볼라의 방침입니다. 즉 이번 전쟁을 이란이 계획하고 실행했다고 보긴 어렵습니다. 무엇보다 앞뒤 상황을 고려하면, 이란에 이스라엘과의 전면전은 무리수 그 자체입니다. 역내에서 이란의 가장 강력한 경쟁자는 이슬

교양이 키워드

● **수니파와 시아파:** 이슬람을 대표하는 두 최대 종파로, 무슬림의 85퍼센트가 수니파, 15퍼센트가 시아파다. 이슬람의 창시자 무함마드의 계승자를 누구로 보는지에 따라 나뉜다. 수니파 국가로는 사우디아라비아, 이집트, 아랍에미리트, 튀르키예, 파키스탄 등이 있고, 시아파 국가로는 이란, 이라크, 바레인, 시리아 등이 있다.

● **메카와 메디나:** 메카는 무함마드가 탄생한 곳으로, 이슬람의 가장 중요한 성지다. 무슬림이라면 죽기 전에 한 번은 메카에 방문해야 하며, 자신이 어디에 있든 매일 메카를 향해 예배드려야 한다. 메디나는 무함마드가 숨을 거둔 곳으로, 두 번째로 중요한 성지다.

람 종파가 다르고, 성지 메카와 메디나가 있으며, 세계 최대 산유국인 사우디아라비아입니다. 그런데 최근 사우디아라비아의 행보가 심상치 않지요. 이스라엘과의 관계 정상화를 시도하며 중동 정세를 주도하고, 한발 더 나아가 세계 패권의 한 축으로 발돋움하려 하는 중입니다.

이런 상황에서 이란에는 두 가지 선택지가 있습니다. 이슬람 근본주의를 꼬장꼬장하게 고집하거나, 아니면 그 흐름에 동참하는 것입니다. 대부분의 아랍 국가가 후자의 길을 걸어가고 있는 상황에서 이란도 예전보다는 좀 더 열린 태도를 보이고 있지요. 즉 (친)서구 세력에 여전히 날카롭게 각을 세우면서도, 고립을 피하고자 역내에서만큼은 대화와 협력에 나서고 있습니다. 실제로 2023년 이란은 사우디아라비아와 7년 만에 관계를 정상화했지요. 이런 이란이 사우디아라비아를 포함한 아랍 국가들과 차근차근 우호적인 관계를 맺고 있는 이스라엘에 싸움을 건다는 것은 앞뒤가 맞지 않습니다.

그런데, 이란으로서는 당혹스럽겠지만, 결국 전쟁이 벌어졌습니다. 하필 (말은 잘 안 듣지만) 형제로 여기던 하마스가 그 원인을 제공했으니, 아예 모른 척할 수도 없다는 게 이란의 처지입니다. 일단 이란은 자신들이 공들여 키운 하마스 편을 들었습니다. 당시 이란 대통령이었던 에브라힘 라이시Ebrahim Raisi는 하마스의 이스라엘 공격 직후 이런 성명을 발표했지요.

> "모든 팔레스타인 민족과 병사 그리고 무슬림 형제는 이 승리를 축하해야 합니다."

원래대로라면 정말 '축하'만 하고 끝나야 했는데, 헤즈볼라마저 이스라엘을 툭툭 건들기 시작하더니, 결국 이스라엘이 '급발진'하며 상황이 꼬이기 시작했습니다.

제5차 중동전쟁의 서막일까

가자 지구는 이집트와 국경을 마주한 이스라엘 최남단에 있습니다. 그리고 헤즈볼라는 이스라엘 최북단 근처에서 활동하지요. 상식적으로 전선을 늘리면 안 되는 상황에서, 이스라엘은 무슨 생각인지 둘 다 죽이겠다며 달려들고 있습니다. 실제로 네타냐후는 2024년 1월 헤즈볼라의 최정예 부대 사령관을 제거한 직후 기자들을 만나 이렇게 다짐했습니다.

이란이 이스라엘을 공격해

전쟁이 확대된다면

"우리는 그들(헤즈볼라)에게 남쪽의 친구들(하마스)이 무슨 일을 겪고 있는지 보여줬습니다. 북쪽에도 똑같은 일이 벌어질 겁니다. 안보를 위해 모든 것을 할 작정입니다."

이후 4월에는 시리아의 수도 다마스쿠스에 있는 이란 영사관을 폭격하고, 7월에는 이란의 수도 테헤란에서 폭발물을 활용해 하마스 지도자 이스마일 하니예Ismail Haniyeh를 암살하기까지 했습니다. 사실상 이란에 대한 선전포고였던 셈인데, 이스라엘은 목줄이 끊어진 투견처럼 마구 날뛰고 있습니다.

4월 공격에 대해 이란은 이스라엘의 군사시설을 향해 350여 발의 미사일을 날려 반격했고, 7월 공격에 대해서는 엄중하고 신랄한 경고 외에 구체적인 행동을 취하지 않았습니다. 미국이 확전을 막고자 급하게 항공모함 전단을 중동에 추가 배치했기 때문인데, 만약 이란이 보복에 나선다면, 가만두지 않겠다는 경고였지요. 하지만 이는 임시방편에 불과하다는 게 전문가들의 공통된 의견입

결정적인 순간에 미국이
이스라엘을 도우러 올 것

니다. 한 번 참은 이란이 두 번도 참으리란 보장은 없습니다. 역내 패권을 지키기 위해서라도 계속해서 꼬리 내리는 모습을 보여줄 순 없지요. 이스라엘이 또 자극한다면, 최소한 받은 만큼은 돌려 주려 할 것입니다.

원래도 이스라엘과 이란의 관계는 불구대천의 원수 사이였습니다. 이란은 핵무기를 개발하거나 크고 작은 이슬람 무장 단체를 지원하며 이스라엘을 위협했고, 이스라엘은 주요 요인 암살부터 시설 폭파까지 이란에 대해 크고 작은 테러를 저질렀지요. 이런 상황에서 이스라엘이 이란을 계속 자극한다면 어떻게 될까요? 바로 이때 하마스와 헤즈볼라, 이란의 뜻이 완전히 일치하게 될 것입니다. 무언가 하긴 해야 하는데, 미국의 압박이나 변화하는 중동 정세 때문에 대대적으로 이스라엘을 치기 부담스러운 이란으로서는 하마스나 헤즈볼라를 이용하는 것만큼 좋은 선택지가 없습니다. 실제로 휴전 협상이 지지부진하게 이어지던 8월 말 헤즈볼라와 이스라엘이 크게 충돌했습니다. 헤즈볼라가 300여 발의 로켓을 발사하자, 이스라엘은 전투기 100여 대를 동원해 반격에 나섰지요. 이를 이란이 사주했다는 증거는 없습니다. 이란의 공식 입장 또한 확전에 반대한다는 것이었고요. 다만 어떻게 보느냐에 따라 이란이 배후에 있다고 볼 여지도 충분합니다. 이스라엘이 이를 기정사실화해 다시 한번 이란을 때린다면, 제5차 중동전쟁의 서막이 시작될지 모릅니다.

적대적 공생관계라는 함정

지금까지 살펴본 것처럼, 이스라엘이 폭주하는 배경에는 정치생명을 조금이라도 연장하려는 네타냐후의 검은 속내, 미국은 결국 이스라엘을 도울 수밖에 없다는 확고한 믿음, 아랍 국가들의 셈법을 복잡하게 하고 미국의 중동 내 유일한 파트너로서 이스라엘의 입지를 강화하려는 음흉한 계략 등이 혼재합니다. 이것들이 얽히고설키며 판을 점점 키워가고 있지요.

다만 아직 확전으로 치닫지는 않고 있습니다. 이란과 헤즈볼라가 각각 4월과 8월에 감행한 반격이 '천만다행'으로 별 효과를 거두지 못했기 때문입니다. 이스라엘의 강력한 방공망과 미국의 지원 덕분인데, 다만 한 가지 눈여겨볼 지점이 있습니다. 이란이 4년 만에 이스라엘 본토를 공격했다는 사실입니다. 그간의 '전략적 인내'를 접고 직접 선수로 링 위에 오른 이란의 행보에 따라 확전 여부가 결정될 것입니다.

사실 이란의 출전 자체는 이스라엘도 환영하는 일입니다. 이스라엘은 철천지원수 이란을 늘 혼내주고 싶어 했는데, 혼자서는 엄두가 안 나니, 미국이 대신 나서주기를 바라고 있었지요. 그래서일까요? 2024년 9월 이스라엘은 헤즈볼라 지휘부를 타격한다는 명목으로 레바논 남부에 융단 폭격을 가했습니다. 사망자만 500명 가까이 나왔는데, 그중 50여 명이 어린아이였습니다. 누가 봐도 확전을 의도한 공격이었기에 전 세계가 경악을 금치 못했지요. 당연히 레바논은 난리가 났고 이란도 불편한 속내를 감추지 않았습니다. 그런데도 이스라엘은 보란 듯이 100여 발의 폭탄을 추가로 퍼부으며 헤즈볼라 지휘부를 일망타진하는 데 성공했습니다.

이후 굉장히 혼란한 상황이 이어지고 있습니다. 이스라엘은 헤즈볼라 소탕을 이유로 레바논의 수도 베이루트^{Beirut}를 공습하는 한편, 지상군까지 밀어 넣는 중입니다. 레바논과의 전면전으로 비화해도 이상하지 않은 상황이지요. 이 모든 상황을 더는 묵과할 수 없다고 판단한 이란은 10월이 되자마자 180여 발의 미사일을 날려 이스라엘을 공격했습니다. 거의 모든 미사일이 공중에서 격추된 4월의 경우와 달리, 이번에는 이스라엘의 군사시설과 민간인 거주지에 제한적으로나마 타격을 가하는 데 성공했습니다. 이에 대한 반격으로 이스라엘이 이란의 석유 시설을 공격하리라는 전망이 제기되자, 유가가 치솟기도 했습니다. 이처럼 위기감이 한창 고조되는 와중에 이스라엘 군인들이 탱크를 앞세워 레바논의 UN 평화유지군 기지를 무단으로 점거, 철수를 요구하며 국제사회의 공분을 불러일으키기도 했지요.

이처럼 제5차 중동전쟁의 모양새가 슬슬 잡혀가고 있는데, 사실 이는 이스라엘에도 굉장한 도박입니다. 이란이 정말 죽음을 각오하고 덤빈다면 아무리 미국이 보호해준다고 하더라도 이스라엘이 멀쩡하긴 어려울 테니까요. 이런 외줄타기와 같은 상황이 바로 현재 전황입니다.

싸울 수도, 싸우지 않을 수도 없는 지금과 같은 상황은 결국 적대적 공생관계에서 비롯된 것입니다. 적대적 공생관계로 엮인 국가들은 늘 상대보다 더 큰 힘을 쥐려 하기 때문에, 군비경쟁이 치열해집니다. 그러다 보니 일단 한번 충돌하면 공멸을 피할 수 없습니다. 이를 뻔히 알면서도 적대적 공생관계가 주는 눈앞의 이익 때문에 서로 적대시하는 것을 그만두지 못하죠. 이처럼 적대적 공생관계는 결국 파멸로 이어진다는 것이 이스라엘-하마스전쟁의 생생한 교훈입니다. 지구 반대편에서 또 다른 적대적 공생관계를 유지해온 한국이 이 전쟁에 주목해야 하는 이유이기도 하지요.

07

전쟁을
준비하는 북한

한반도 위기의
결정적 장면
1

정찰위성일까, 핵탄두일까?
쉬지 않고 발사체를 날려대는 북한

2022년부터 매년 정찰위성을 날리고 있는 북한,
그 배후에 러시아의 그림자가 어른거린다!

**파주부터 포항까지,
남한 곳곳을 공습 중인 북한발 오물풍선들**

왜 하필 오물풍선일까?
오물은 북한 인민의 삶에 대해 무엇을 알려주는가?

*

평양 외곽에는 흰색으로 칠해진 단아한 건물이 하나 있습니다. 보통 백화원百花園으로 불리는데, 외국 귀빈을 접대하는 영빈관입니다. 김대중, 노무현, 문재인 등 지금까지 북한을 방문했던 한국 대통령들도 모두 이곳에 머물렀지요.

2024년 6월 백화원에 전장 6.6미터의 거대한 검은색 차량이 우렁찬 엔진 소리와 함께 나타났습니다. 운전석에는 김정은 국무위원장이, 조수석에는 푸틴 대통령이 타 있었죠. 두 사람은 새 장난감을 가지고 노는 아이들처럼 만면에 미소를 띤 채 번갈아 차를 몰았습니다.

해당 차량은 푸틴이 방북하며 김정은에게 선물한 것으로, 러시아가 1,700억 원을 들여 개발한 아우루스Aurus의 최고급 사양이었습니다. 2023년 9월 러시아를 방문한 김정은은 처음 이 차를 타

보고 꽤 만족했다고 하지요. 이를 기억한 푸틴이 2024년 2월에 한 대를 보낸 데 이어, 6월에는 아예 직접 가져온 것이었습니다.

"푸틴 동지와 270여 일 만에 평양에서 또다시 만나게 된 기쁨과 반가움을 금치 못하면서 굳은 악수를 나누고 뜨겁게 포옹하시었습니다."

조선중앙통신의 표현처럼 김정은은 푸틴의 방북과 자동차 선물에 모두 크게 만족했습니다. 아무리 정상회담에서 선물을 주고받는 것이 관례라지만, 자동차를 선물하는 경우는 극히 드뭅니다. 게다가 UN 안전보장이사회(안보리)가 결의한 대북 제재에는 고급 자동차의 북한 수출을 금지한다는 내용이 포함되어 있습니다. 이를 어기면서까지 아우루스를 선물한 것이니, 푸틴의 진심에 김정은도 기뻐하지 않을 수 없었겠지요.

교양이 노트

☑ 중국과 러시아 사이에서 활동 반경을 넓혀가는 북한
☑ 김정은의 북한도 '정상국가'가 되지 못하는 이유
☑ 싸울 수도, 싸우지 않을 수도 없는 북한
☑ 결국 제2의 한국전쟁이 벌어질 것인가?

비밀번호 '7271953'

사실 러시아 정상의 방북은 24년 만의 일로, 그 자체로 큰 의미가 있습니다. 이는 아우루스의 번호판에 새겨진 숫자 '7271953'에서도 잘 드러납니다. 무작위로 나열된 것처럼 보이지만, 한국전쟁의 정전협정이 체결된 '1953년 7월 27일'을 가리킵니다. 북한은 정전이 아니라, 미국 제국주의자들에게 승전한 날이라며 '전승절'로 부릅니다. 매년 대규모 열병식을 거행할 정도로 중요하게 여기지요. 러시아가 바로 이날을 기념했다는 데서 북한을 찾은 의도가 선명히 드러납니다. 즉 앞으로 두 나라가 연대해 미국에 맞서자는 것입니다.

실제로 푸틴의 방북 중에 북한과 러시아는 '포괄적인 전략적 동반자 관계 조약'을 체결했습니다. 이로써 두 나라는 경제부터 안보

북러가 연대해 반미 결전

까지 모든 분야에서(포괄적), 또 장기적으로(전략적) 협력해나갈 것을 천명했습니다. 참고로 한러 관계는 이보다 한 단계 낮은 '전략적 협력 동반자 관계'이고, 중러 관계는 이보다 한 단계 높은 '신시대 전면적·전략적 협력 동반자 관계'입니다. 북한과 러시아는 어째서 이토록 밀착하는 것일까요?

이유는 간단합니다. 국제사회에서 고립된 국가끼리 상부상조하는 것이지요. 러시아는 러우전쟁을 일으킨 '죄'로, 북한은 핵실험과 미사일 발사, 불법 밀수를 저지른 '죄'로 각종 경제제재에 시달리고 있습니다. 그나마 러시아는 내수 시장이 크고, 식량의 자급자족이 가능한 데다가, 제재에 동참하지 않는 국가들에 지하자원을 팔아 버티고 있지만, 북한은 사실상 망한 수준이지요. 이런 부분에서 러시아는 북한에 동아줄이 되어줄 수 있습니다. 한편 러시

북한은 러시아에 포탄 지원

러시아는 북한에 석유와 식량

그리고 미사일 개발 지원

북러는 어느 때보다 밀착 중!

아는 원래 계획보다 러우전쟁이 길어지며 각종 군수물자가 바닥 난 상황입니다. 이런 러시아에 북한이 쌓아놓은 전쟁예비물자는 단비가 될 것입니다. 이처럼 서로가 서로에게 절실하기에, 북러 관계는 갑작스러운 만큼 끈끈하게 결속되고 있습니다.

새로운 혈맹의 탄생?

특히 눈여겨보아야 할 대목은 자동 군사개입 조항이 복원되었다는 것입니다. 말 그대로 어느 한쪽이 무력 충돌 상황에 놓이면,

자동적으로 다른 한쪽이 군사적 지원에 나선다는 약속이지요. 북한과 러시아는 과거 같은 공산 진영이었던 데다가 지리적으로 가까운 만큼 이미 합의했을 법한 내용이지만, 두 국가의 외교사를 살펴보면 매우 이례적인 일임을 알 수 있습니다.

우선 1961년 북한과 소련이 맺은 동맹조약에는 해당 조항이 포함되어 있었습니다. 그런데 소련 붕괴 후인 1996년 동맹조약이 폐기되고, 2000년 북한과 러시아가 새로 친선·선린조약을 맺는 과정에서 그 내용이 달라졌습니다. "위기가 발생하면 즉각 접촉한다"라고 새로 규정했는데, 사실상 아무것도 안 하겠다는 뜻이었지요. 그런데 이번 관계 격상을 계기로 북한과 러시아는 "(어느 한쪽이 전쟁 상태에 놓이면) 지체 없이 보유하고 있는 모든 수단으로 군사적 및 기타 원조를 제공한다"라고 약속했습니다. 러우전쟁과 한반도 상황을 고려했을 때, 매우 의미심장한 내용입니다.

당장 북한은 러시아에 포탄을 수출하기 시작했습니다. 모두 우크라이나 전선에서 쓰일 것들로, 정확한 양은 알려지지 않았지만, 수백만 발에 달할 것으로 보입니다. 한편 러시아는 북한에 석유와 식량을 보내주는 데서 한발 더 나아가 미사일 기술까지 전수하고 있습니다. 북한은 2023년 11월과 2024년 5월에 정찰위성*을 쏘아 올렸는데,

교양이 키워드

● **정찰위성**: 군사적 목적에서 온갖 관측 장비를 달고 목표를 '정찰'하는 위성이다. 북한은 2023년 11월 '만리경-1호' 정찰위성을 우주 궤도에 올려놓는 데 성공했다. 2024년 5월에는 새로운 정찰위성을 쏘았으나 공중에서 폭발하고 말았다. 북한의 정찰위성 발사 실험은 핵무기 개발과 연계되어 있어 UN 안보리의 대북 제재 대상이다.

분석 결과 사용된 로켓이 각각 달랐습니다. 특히 후자의 경우 북한이 가지지 못했던 신기술이 대거 적용되어 있었지요. 이 기술들을 누가 전수했을지는 두말하면 잔소리입니다. 이에 대한 보답인지, 북한은 러시아에 포탄뿐 아니라 군인까지 보내고 있습니다. 실제로 2024년 10월 1만 2,000여 명의 북한군이 러시아에 도착, 곧 러우전쟁에 투입되리라는 소식이 전해졌습니다. 새로운 혈맹의 탄생인 것이지요.

한미상호방위조약의 역사

북한이 러시아를 등에 업고 경제를 회복할 뿐 아니라 군사력까지 강화하는 모습은 충분히 위협적입니다. 물론 한국에는 미국이라는 동맹국이 있지요. 1953년 체결되어 지금까지 유지 중인 한미상호방위조약은 그 자체로 강력한 전쟁 억지력이 됩니다. 그런데 놀랍게도 해당 조약에는 자동 군사개입 조항이 존재하지 않습니다. 이런 구멍이 뚫린 이유를 알려면, 조약이 맺어졌던 1953년의 상황을 먼저 살펴볼 필요가 있습니다.

당시 미국은 휴전을 통해 한국전쟁을 끝내려 했지요. 하지만 남한의 이승만 대통령이 거세게 반발했습니다. 이승만은 북한이 힘을 회복해 언젠가 다시 남침할 것이라며 휴전을 한사코 거부했습니다. 오히려 남한군 단독으로라도 북진 통일하겠다고 으름장을 놓았지요. 이런 이승만을 달래고자 미국이 제시한 것이 바로 한미상호방위조약입니다. 일단 휴전하되, 혹시 남한이 다시 공격당한 다면, 미국이 또 도와주겠다는 약속이었습니다. 다만 자동 군사개입 조항을 넣으면 남한이 일부러 전쟁을 일으키거나 유도해 미국을 끌어들일 위험이 있다고 판단, 애매한 표현으로 대신했습니다.

> **"공통한 위험에 대처하기 위하여 각자의 헌법상의 수속에 따라 행동할 것을 선언한다."**

이는 한미상호방위조약 제3조의 일부로, "헌법상의 수속"이라는 것은 의회 동의를 가리킵니다. 즉 한국이 공격당하더라도 미국 의회가 승인하지 않으면, 미군이 도우러 올 수 없다는 것이지요. 이 때문에 이후 '인계철선'이라는 개념이 등장했습니다. 미군이나 미군 시설이 공격받을 때 미국 대통령은 의회의 동의 없이도 90일까지 군사력을 사용할 수 있습니다. 이 점에 착안해 주한 미군을 휴전선 인근에 배치함으로써, 두 번째 한국전쟁 발발 시 자동적으로 미국이 휘말리도록 했던 것입니다.

물론 현재 인계철선은 한물간 개념입니다. 그런 극단적인 방법을 쓰지 않더라도, 미국은 자신들의 패권 전략상 기꺼이 한국을 수호하려 하지요. 어떤 미국 대통령도 이러한 '책임'을 부인하지 않

오바마 | 미국 대통령 | 2010년

"한국은 우리의 변함없는 우방입니다"

았습니다. 하지만 이를 강제할 조약이 없는 것 또한 사실입니다. 주한 미군의 존재는 한국에 사활이 걸린 문제입니다. 미국에도 중요한 문제이기는 하나, 목숨을 걸 정도는 아니지요. 이런 상황에서 미국에 한국의 방위보다 더 중요한 문제가 생긴다면, 어떤 일이 벌어질지는 너무나 뻔합니다. 한국이 미국 대통령이 새로 선출될 때마다, 주한 미군 사령관이 새로 부임할 때마다 한미 동맹에 관해 어떤 메시지를 던지는지 주목하는 이유이지요.

정상국가의 꿈을 저버리다

북한은 한미상호방위조약의 약한 고리를 잘 알고 있습니다. 그런 점에서 미국이 동아시아보다는 러시아(러우전쟁)나 중동(이스라엘-하마스전쟁)에 관심을 쏟는 이때, 또 하필 대선까지 치르는 이때 모종의 도발을 감행할 가능성이 큽니다. 수위를 높여 대륙간탄도미사일^{ICBM}을 날린다거나, 심지어 핵실험에 나설지도 모르지요.

많은 사람이 기억하겠지만, 평창 동계올림픽에 북한 선수단이 파견되고, 남북 정상회담과 북미 정상회담, 남북미 정상회동이 숨가쁘게 이어지던 2018년과 2019년만 해도 분위기가 전혀 달랐습니다. 2년 남짓한 해빙기에 북한의 젊은 지도자는 변화를 열망하는 듯 보였고, 이를 바라보는 국제사회의 시선은 놀라움으로 가득했습니다. 하지만 딱 거기까지였습니다. 결국 북핵 문제가 해결되지 않자 김정은은 다시 모두를 적으로 돌리기 시작했습니다. 이후 선대만큼, 아니 선대보다 더 폭정을 휘두르며 북한을 고립의 길로 내몰고 있지요.

세계화와 자유 시장을 기본으로 하는 오늘날의 세계경제에서 고립은 곧 죽음을 의미합니다. 그래서 많은 사람이 북한의 붕괴를 예상했지요. 굶어 죽기 직전인 주민들이 들고일어나든, 삶의 질이 하락한 지도부가 쿠데타를 일으키든 북한에서 곧 '급변 사태'가 벌어지리라고 말입니다. 사실 북한 경제가 본격적으로 고꾸라지기 시작한 1990년대 이후로 이런 전망은 늘 반복되었지만, 단 한 번도 현실화되지 못했습니다. 동아시아 정세상 북한이란 장기짝이 꼭 필요한 중국이 뒷배를 자처해왔기 때문인데, 최근에는 러시아

에서도 지원받는 만큼 북한 붕괴는 여전히 요원한 일입니다.

이에 자신감을 얻은 것인지 최근 들어 김정은은 독재 체제 강화에 부쩍 열을 올리고 있습니다. 사실 이는 권좌에 앉은 2011년 이후 언제나 김정은의 최대 관심사였습니다. 많은 사람이 그의 집권 초기를 파격의 연속으로 기억합니다. 선대 때는 사례가 없었던 대중 연설, K팝 아이돌처럼 차려입고 디즈니 애니메이션의 주제곡을 연주하는 모란봉악단, 화려하게 연출된 텔레비전 프로그램, 해외의 유명 스포츠 스타를 초청해 벌인 문화 행사, 배우자 리설주의 공개 행보 등은 북한이 드디어 '정상국가'를 지향한다고 생각하게 했지요. 하지만 그 이면에서는 새 독재자의 '잡도리'가 잔혹하게 이어졌습니다.

김정은은 집권 6개월 만에 한국의 합동참모의장에 해당하는 총

김정은 집권 이후 간부 처형
2012년   3명
2013년   30여 명
2014년   31명
2015년   8명
          70여 명

참모장이자, 한때 자신의 후견인이었던 리영호를 숙청했습니다. 한국의 국방부 장관에 해당하는 인민무력부장 현영철은 아예 공개 총살했지요. 일반적인 총살이 아니라 전투기를 격추하는 데 사용하는 대구경의 고사포를 쏘아 걸레처럼 만들어버린 다음, 그 파편은 화염 방사기로 태워 없앴습니다. 일련의 피바람 중에서도 하이라이트는 고모부이자 김정은 집권 초기에 사실상 실세로 군림했던 장성택을 사형시킨 일이었습니다. 2013년 12월 8일 국가 전복을 꾀했다는 죄로 체포된 장성택은 나흘 만에 유죄를 선고받고 곧바로 사형장으로 끌려갔지요. 김정은이 집권하고 2015년까지 이렇게 처형된 고위 간부만 70여 명에 달했다고 합니다. 이를 참관해야 했던 사람들이 무슨 생각을 했을지는 명확합니다. '김정은 눈밖에 나면 죽는다.'

북한이 핵무기를 포기하지 못하는 이유

그렇다면 과연 무엇이 김정은의, 또 북한의 변화를 막았을까요? 결론부터 말해 세습되는 절대 권력을 유지하는 일과 국제사회에 문호를 여는 일은 애초에 양립할 수 없습니다. 김씨 일가의 통치는 세뇌에 가까운 우상화와 과격한 공포정치로 지탱되어왔는데, 그만큼 정당성이 부족하다는 뜻이기도 합니다. 이런 상황에서 주민들이 외부 세계와 교류하며 북한의 상황이 비정상이라는 것을 알게 된다면 저항의 불길이 번져나갈지 모릅니다. 이런 이유로 북한의 최고 지도자와 그 주변의 집권 세력은 변화를 꺼려왔습니다. 3대 세습의 당사자인 김정은이 북한의 변화를 이끈다는 것 자체가 어불성설인 셈이지요.

사실상 전력화를 마친 핵무기도 북한을 점점 더 고립시키고 있습니다. 핵무기 개발이 본격화된 1990년대부터 북한은 끊임없이 온갖 제재에 시달렸습니다. 1996년에는 식량난까지 겹치며 '고난의 행군'에 나서기도 했습니다. 당시 북한에서는 피죽조차 없어 먼저 굶어 죽은 사람의 인육까지 먹었다고 합니다. 그처럼 혹독한 시기를 지나 드디어 핵무기를 손에 넣었으니, 인민의 피땀으로 만들었다고 해도 과언이 아니지요.

사실 이는 국가적으로 굉장한 손해입니다. 통치 체제의 정상화는 차치하고, 경제 발전에 힘썼어야 할 지난 30년을 낭비한 것이기 때문입니다. 북한이 이토록 많은 것을 희생하며 집요하게 핵무기를 개발한 데는 그 나름의 이유가 있습니다. 북한은 자신들을 향한 미국의 군사적 위협이 상존한다고 믿는데, 이런 상황에서 안전을 보장받으려면 핵무기밖에 선택지가 없다는 것입니다. 북한이 주한 미군 철수를 끈질기게 외치는 것과 같은 맥락입니다.

만약 북한에 안전을 보장하면 핵무기를 포기할까요? 지금의 휴전협정을 정전협정으로 바꾸고, 미국이 북한과 정식으로 수교하더라도, 100퍼센트 안전 보장이란 있을 수 없습니다. 미국은 20세기 내내 이라크와 외교 관계를 유지했고, 1984년 정식으로 수교를 맺은 후에는 막대한 자금을 지원하기도 했습니다. 심지어 이라크가 이란과의 전쟁 중에 생물학무기를 사용하는 것마저 묵인했지요. 그런데 2001년 이라크가 쿠웨이트를 침공*하자, 자신들의 핵심 이익(석유)이 침해받았다고 생각한 미국은 태도를 180도 바꾸었습니다. 이후에 벌어진 일들은 너무나 유명하기에 굳이 언급하지 않겠습니다. 이런 '전력'이 있는 미국을 북한이 100퍼센트 신뢰할 리 없지요.

역설적이게도 북한이 가장 확실하게 안전을 보장받으려면 국제사회에 완전히 녹아드는 방법밖에 없습니다. 세계 각국과 정치적·경제적으로 관계를 맺고 상호 협력하면, 자연스레 전쟁의 위험에서 멀어지게 되

> **교양이 키워드**
>
> ● **걸프전쟁**: 이란-이라크전쟁으로 정치적·경제적 어려움을 겪던 이라크가 더 넓은 유전 지대와 영토를 차지하기 위해 쿠웨이트를 침략하며 벌어진 전쟁이다. 쿠웨이트는 전통적으로 친미 국가였으므로, 미국을 중심으로 한 다국적군이 곧바로 참전, 한 달여 만에 이라크에 대승을 거두었다.

지요. 하지만 이러려면 북한이 문호를 개방해야 하는데, 앞서 설명한 것처럼 지금의 통치 체제에서는 불가능한 일입니다. 북한이 핵무기를 포기하지 못하는 이유입니다.

전쟁 직전에나 벌어질 법한 일

문제는 북한이 점점 더 보수화·과격화되고 있다는 것입니다. 김정은이 통치한 지도 어느새 10년이 훌쩍 지났는데, 해가 갈수록 결속과 대결을 부르짖는 목소리가 점점 커지고 있습니다. 가령 2020년 12월에는 남한에서 제작된 영상물의 유포를 금하는 반동사상문화배격법을, 2021년 9월에는 젊은이들의 생활 방식과 사상을 단속하는 청년교양보장법을, 2024년 1월에는 남한 말투 사용을 막는 평양문화어보호법을 제정했습니다. 북한 이탈 주민들의 증언에 따르면, 이 법들을 어겼다가 공개 처형당하는 일들이 벌어지고 있다고 합니다. 이것만 보아도 외부 정보가 들어오는 것을 막겠다는 북한의 의지가 얼마나 강한지 알 수 있지요.

연장선에서 2023년 12월에는 남한을 "적대적 교전국"으로 지목하며, "대남 노선의 근본적 전환"을 선언했습니다. 2024년 1월에는 김정은 본인이 직접 나서서 다음과 같이 강조했습니다.

"대한민국을 철두철미 제1의 적대국으로, 불변의 주적으로 확고히 간주하도록 교육·교양 사업을 강화한다는 것을 (헌법의) 해당 조문에 명기하는 것이 옳다고 생각합니다. (…) 우리 공화국의 민족 역사에서 통일, 화해, 동족이라는 개념 자체를 완전히 제거해버려야 합니다."

　최고 지도자의 말대로 북한은 곧 휴전선 곳곳에 지뢰를 매설하기 시작했습니다. 2018년 한반도에 평화 분위기가 무르익었을 때 파괴했던 비무장지대 내 초소들을 다시 복원하기도 했고요. 무엇보다 2024년 10월 남북을 잇는 크고 작은 육로와 경의선 및 동해선 철로를 완전히 폭파해버렸습니다. 평양 상공에 정체불명의 무인기가 나타나 체제 비난 전단을 살포한 직후로, 북한은 이것이

DMZ에서 북한군 활동 증가

초소 증축

도로와 철도 폭파

가로등 제거

남한의 명백한 도발이라며 길길이 날뛰었지요. 그러면서 길을 끊었다는 것은 다시는 남한과 교류하지 않겠다는 결연한 의지의 표명입니다. 모두 전쟁 직전에나 벌어질 법한 일들이지요.

외교 부문에서도 전쟁을 준비하는 듯한 움직임이 포착되고 있습니다. 일단 여러 대남 기구를 정리 중입니다. 우선 조선노동당 내에서 대남 관계를 전담하던 통일전선부가 외무성 산하로 편입될 전망입니다. 한국으로 치면 통일부가 통일청이나 통일국이 되어 외교부 밑으로 들어가는 꼴이지요. 그 밖에 민간 교류를 담당해온 민족화해협의회, 6·15공동선언실천 북측위원회, 조국통일범민족연합 북측본부, 단군민족통일협의회 등이 하루아침에 사라졌습니다. 심지어 남한 내 간첩들에게 암호문으로 비밀 지령을 전달하던 평양방송마저 중단되었습니다. 교류는 물론이거니와 공작마저 일절 안 하겠다는, 즉 남한과 관련된 일은 정말 아무것도 하지 않겠다는 뜻입니다.

한편 북한은 2024년 5월부터 '오물풍선'을 남쪽으로 날려 보내고 있습니다. 소형 폭발물이나 생물학무기를 달아 보낼 수 있는 만큼, 가볍게 볼 수 없는 도발이지요. 다만 아직은 오물 수준이라 심리전의 성격이 강해 보입니다. 위험한 물질이 실려 있을지 모를 풍선에 시도 때도 없이 '공습'당한다면, 일반 시민들은 불안에 떨 수밖에 없으니까요.

그런데 풍선에 실린 오물을 살펴보면 북한의 경제 사정이 여전히 어렵다는 것을 알 수 있습니다. 수십 번을 꿰매 입은 흔적이 있는 남루한 옷가지, 질이 너무 떨어지는 종이, 화학 비료가 부족해 인분을 섞어 만든 퇴비 등이 검출되었는데, 북한 주민들의 고달픈 삶이 여실히 드러나지요. 다만 이는 우리의 생각이고, 정작 김정은은 2024년 들어 경제 사정이 점점 좋아지고 있다고 여기는 듯합니다. 군사 분야뿐 아니라 대민 분야에서도 공개 활동을 대폭 늘렸고, 6월에는 경제가 계획대로 성장하고 있다며 크게 만족해했습니다. 러시아와의 관계가 개선되며 사실상 대북 제재가 무력화되었기 때문입니다. 당장 다른 나라들만큼 먹고살 순 없더라도, 최소한 굶어 죽을 걱정은 피하게 되었다는 것이지요.

'최고 령도자'는 전쟁을 꿈꾸는가

지금까지 살펴본 것처럼 김정은은 내부적으로 사회통제와 경제 성장에 소기의 목적을 달성했습니다. 외부적으로는 적대 세력과의 대결 준비도 착착 진행 중이지요. 무력화된 대북 제재, 날로 강력해지는 핵전력, 극에 달한 폭압에 납작 엎드린 주민들을 보며 김정은은 대단한 자신감을 얻은 것처럼 보입니다. 실제로 최근 북한에서는 김정은을 '태양'으로 떠받들고 있습니다. 이는 그가 선대처럼 '령도자'의 반열에 올랐다는 것을 뜻합니다.

북한 같은 폐쇄적인 사회에서는 지도자가 기행을 벌이거나 오판을 내릴 가능성이 큽니다. 주변에 '예스맨'들밖에 없기 때문이지요. 하물며 신처럼 추앙하는 분위기에서는 그 누구도 지도자를 막을 수 없습니다. 바로 이 점이 북한이 위험한 진짜 이유입니다. 상식적으로 판단하면 김정은은 절대 전쟁을 일으킬 수 없습니다. 그의 궁극적인 목표는 안전 보장일 텐데, 이를 위해 남한과 미국을 상대로 전쟁을 벌인다는 것은 말이 안 되지요.

하지만 그렇게 말이 안 되는 판단을 내려 수많은 사람의 목숨을 빼앗고 본인마저 비참한 최후를 맞은 독재자들을 떠올리기란 쉬운 일입니다. 이라크의 사담 후세인Saddam Hussein이, 루마니아의 니콜라에 차우셰스쿠Nicolae Ceausescu가, 리비아의 무아마르 카다피Muammar Gaddafi가, 세르비아의 슬로보단 밀로셰비치Slobodan Milosevic가 모두 그

조선중앙TV | 2020년 10월 10일

"주체 조선의 태양 김정은 장군 만세!"

러했지요. 아주 작은 불씨도 순식간에 대형 화마가 될 수 있는 한반도의 특성상 그런 일이 벌어졌을 때 치러야 할 비용은 가늠하기조차 어렵습니다. 똑같은 이유로 한국 또한 힘으로만 김정은을 상대할 순 없습니다. 그렇다고 평화를 빙자해 가만히 있어서도 안 됩니다. 전자는 당연히 한반도의 긴장감을 고조시킬 것이고, 후자는 북한의 자신감만 키워줄 것입니다. 이런 상황에서 필요한 것은 새로운 지혜입니다. 이를 위해 북한을 대하는 태도와 전략을 핵심에서부터 재점검해야 하지요. 네, 바로 통일 문제입니다.

08

한국의 전략
:하드랜딩 통일에
대비하라

**2000년 6월, 첫 번째 남북 정상회담을 위해
방북한 김대중 대통령을 맞이하는 김정일 국방위원장**

노태우 정부 이후 단 한 번도 수정되지 않은
'소프트랜딩' 통일 방안,
우리가 놓치고 있는 것은 없을까?

**북한의 최신형 ICBM인 화성-18형,
미국 전역을 사정권 안에 두다!**

북한은 왜 핵 개발을 포기하지 못하는가?
달라진 남북 상황과 동아시아 정세에 알맞은
통일 방안은 과연 무엇일까?

＊

아직 겨울의 서늘함이 채 가시지 않은 2024년 3월, 김정은이 북한 모처의 항공육전대 부대에 나타났습니다. 전쟁 준비를 독려하기 위한 방문이었는데, 사실 특별한 일은 아니었습니다. 최고 지도자가 틈나는 대로 군부대나 민생 현장을 시찰하며 무언가 지시를 내리거나, 어려운 사정을 위무하는 일은 북한의 전통적인 통치 방식입니다. 아울러 최고 지도자가 군인들 앞에서 '전쟁' 운운하는 것도 북한에서는 너무나 당연한 일입니다.

다만 한 가지 눈에 띄는 점이 있었습니다. 김정은 옆에 그의 2013년생 어린 딸 김주애가 찰싹 붙어 있었던 것입니다. 김정은과 김주애는 북한군 장성들을 병풍처럼 세워놓은 채 항공육전대의 훈련 모습을 참관했지요. 직후에는 부녀가 나란히 비닐하우스 농업 지대 착공식에 참석해 '일꾼'들의 보고를 받았습니다.

"향도의 위대한 분들께서 당과 정부, 군부의 간부들과 함께 강동종합온실을 돌아보셨습니다."

북한의 국영방송사인 조선중앙TV의 그날 보도를 보면 "향도의 위대한 분들"이라는 표현이 눈에 띕니다. 북한이라는 특수한 환경을 고려하면, 최고 지도자와 그 자녀를 가리켜 '위대한 분들'이라고 한 것이 그리 어색하게 들리진 않습니다. 그보다 눈여겨보아야 할 것은 '향도의'라는 수식입니다. '길을 이끈다'는 뜻의 이 표현은 북한에서 오직 최고 지도자에게만 쓸 수 있습니다. 바꿔 말해 김정은 다음의 최고 지도자가 곧 김주애임을 방증하는 것이지요.

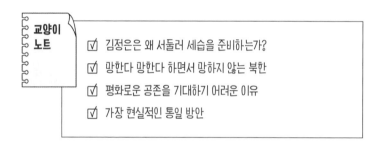

교양이 노트
- ☑ 김정은은 왜 서둘러 세습을 준비하는가?
- ☑ 망한다 망한다 하면서 망하지 않는 북한
- ☑ 평화로운 공존을 기대하기 어려운 이유
- ☑ 가장 현실적인 통일 방안

ICBM 옆의 어린 소녀

이는 북한이 전시에 준할 수준으로 긴장감을 높이는 이유이기

도 합니다. 즉 김주애※를 내세우는 과정에서 불거질 수 있는 반발을 최소화하고자, 최대한 권력을 중앙에 집중하고 내부를 단속할 요량으로, 전쟁 분위기를 고조시키는 것이지요.

김주애의 공식 데뷔 무대가 2022년 11월 진행된 신형 ICBM의 시험 발사 현장이었다는 것도 이러한 분석에 힘을 보탭니다. 당시 북한이 쏘아 올린 '화성-17'은 미국 전역에 가닿을 수 있는 성능을 과시하며, 전 세계를 충격에 빠뜨렸습니다. 바로 이 거침없는 도발의 현장에 김주애가 있었던 것입니다.

화성-17은 이듬해 2월 진행된 '조선인민군 창건 75주년 기념 열병식'에 등장하며

1. 망원경으로 훈련 참관

2. '향도'라는 극존칭 예우

다시 한번 위용을 뽐냈습니다. 그날 김주애는 김정은과 함께 레드 카펫을 밟으며 군인들의 사열을 받았지요. 어느 나라 군대든 사열이란 지휘관에게 훈련 상태를 점검받는 일입니다. 즉 사열을 받는다는 것 자체가 굉장한 권력과 권위, 권한을 가지고 있음을 뜻합니다. 북한에서 열 살 남짓한 김주애의 위상이 어떠한지 짐작할 수 있는 대목입니다.

한 가지 흥미로운 점은 군인들이 "김정은 결사옹위, 백두혈통 결사보위"를 외쳤다는 것입니다. 전자야 늘 외치던 구호이지만, 후자는 그날 처음 나온 구호입니다. 이때 '백두혈통'은 김정은 일가를 가리키므로, 최고 지도자의 가족까지 지키겠다는 뜻이지요. 그런데 열병식에 참석한 이들 중 우리에게 가장 익숙한 김정은의 가족이자, 한때 이인자로 평가받던 여동생 김여정은 모습을 찾아보기가 어려웠습니다. 이런 점에서 오직 김주애만이 '결사보위'의 대상임을 알 수 있습니다. 그렇다면 김정은은 왜 하필 지금 김주애를 내세우고 있는 것일까요?

김정은은 1984년생으로 한창 활동할 나이입니다. 세계 각국의 지도자 중에서도 굉장히 젊은 축에 속하지요. 한편 이제 갓 열 살이 넘은 김주애는 후계자 수업을 받기에 지나치게 어립니다. 한국에서 태어났다면 초등학교 고학년 정도 되었을 어린 소녀에게 할아버지뻘 되는 장성들과 고위 관리들이 연신 허리를 굽혀대는 모습은 아무리 북한이라도 낯선 풍경일 것입니다. 사실 북한의 최고 지도자가 자신의 후계자를 이렇게 빨리 내세운 것 자체가 처음 있는 일입니다. 김정은 본인도 20대 후반이 되어서야 아버지 김정일의 뒤를 이을 차기 지도자로 두각을 나타냈으니까요. 한마디로 무언가 전례 없는 일이 북한에서 벌어지고 있는 것입니다.

북한이 무너진다는 헛소리?

그 일이 무엇인지 어렵게 생각할 필요는 없습니다. 보통 북한의 통치 체제를 왕조에 비유하는데, 왕조에서 가장 중요한 일은 왕의 대를 잇는 것입니다. 그래야 권력 이양을 통해 왕조가 유지되지요. 즉 지금 북한은 김씨 일가라는 왕조를 유지하기 위해 서둘러 대를 잇는 중입니다. 이때 후계자가 빨리 등장했다는 것은, 현재 지도자가 그만큼 빨리 물러나는 상황, 즉 급변 사태를 염두에 두었다는 뜻입니다. 정말 그런 일이 벌어졌을 때 후계자가 준비되지 않

쿠데타가 불가능한 북한

았다면, 권력 공백에 따른 혼란상을 피할 수 없겠지요. 그렇다면 북한이 대비하는 급변 사태란 과연 무엇일까요?

급변 사태를 일으킬 만한 북한 내부 요인으로 가장 많이 언급되는 것이 쿠데타입니다. 워낙 군부가 비대한 나라이다 보니, 그중 일부는 김씨 일가의 폭정에 불만을 품고 쿠데타를 일으킬 만하다는 논리이지요. 하지만 이는 불가능에 가까운 일입니다. 조선노동당 중앙위원회의 총정치국● 소속 간부들이 중대 단위까지 모두 파견되어 있기 때문입니다. 그들은 지휘관들의 일거수일투족을 감시하고, 군대에서 벌어지는 모든 일을 당에 보고하는데, 사실상 전군이 당의 통제를 받는 꼴입니다.

> **교양이 키워드**
>
> ● **총정치국:** 중국, 북한 등 공산주의를 표방한 국가들은 옛 소련처럼 행정과 사법보다 정치가 우선한다. 그래서 국가 시스템의 전 분야에 '당의 뜻'을 관철할 조직을 설치한다. 그중 군을 감시하고 통제할 기구로 중국은 중앙군사위원회를, 북한은 총정치국을 둔다.

군을 감시하는 총정치국

훈련까지 허락받는 북한군

심지어 훈련을 위해 병력을 움직이는 것조차 일일이 당의 허락을 구해야 하지요. 이런 상황에서 쿠데타가 가능할까요?

북한 주민들의 반란도 상상하기 어렵습니다. 북한에서 반체제 활동을 하다가 적발되면 오직 죽음뿐입니다. 본인만 죽는 것이 아니라 가족까지 죽습니다. 심하면 이웃들까지 모조리 죽습니다. 바로 죽거나, 아니면 정치범 수용소로 끌려가 천천히 죽는 정도의 차이만 있을 뿐 결국 죽습니다. 이런 상황에서 누가 반란의 선봉에 서려 할까요? 무엇보다 북한 주민들은 민주주의에 대한 인식이 별로 없습니다. 이건 남한의 드라마나 영화를 즐기는 것과는 다른 차원의 문제입니다. 일제강점기가 끝난 후에도 쭉 독재 치하에서 살아왔기 때문에 대표를 자기 손으로 뽑는 등 정치에 참여해본 경험 자체가 없습니다. 당연히 주권에 대한 개념이 뿌리내리지 못했지요. 그러니 먹을 것을 달라고 아우성칠 순 있어도, 그것이 민주화 운동이나 혁명 같은 본격적인 반란으로 번지기란 어려워 보입니다.

북한과 중국의 특수 관계

그렇다면 외부 충격으로 급변 사태가 벌어질 가능성은 없을까요? 가장 먼저 떠오르는 것이 전면전인데, 강대국들의 이해관계가 복잡하게 얽히고설킨 한반도의 지정학적 특성상, 극히 예외적인 경우가 아니라면 걱정하지 않아도 될 듯합니다.

북한의 완전한 고립과 고사가 그나마 가능성을 따져볼 만한데, 이 또한 불가능에 가깝습니다. 온갖 대북 제재에 발목 잡힌 북한에 동아줄 역할을 하는 나라가 두 곳 있습니다. 하나는 최근 들어 급격히 가까워진 러시아이고, 또 다른 하나는 예전부터 뒷배를 자처해온 중국입니다. 이 두 나라와의 관계가 갑자기 단절되면, 북한 경제는 회복 불가능할 정도로 붕괴할 것입니다. 하지만 적어도 당분간 그럴 일은 없을 듯합니다. 러시아의 경우는 앞서 설명했으니, 중국의 경우를 살펴보지요.

사실 최근 들어 북한과 중국의 관계가 심상치 않은 것이 사실입니다. 북한은 2024년 5월 정찰위성 발사를 앞두고 주변국들에 이를 미리 통보했습니다. 어느 나라나 일반적으로 따르는 절차인데, 그 통보 시기가 하필 중국의 리창李强 총리가 한중일 정상회의 참석차 한국을 방문한 5월 27일 새벽이었습니다. 누가 봐도 중국의 입장을 난처하게 하고자 의도한 것이었지요. 북한이 어떤 목적으로든 발사체를 쏘면 UN 안보리의 대북 제재 위반입니다. 이런 상황에서 한중일 정상회의를 취재하는 기자라면, 북한과의 관계를 오래 유지해온 나라이자, UN 안보리의 상임이사국*인 중국의 입장을 당연히 물을 것입니다. 국제적 체면을 생각하자니 북한을 비난해야 마땅하지만, 동아시아 정세상 북한이란 장기짝이 꼭 필요한 중국으로서는 아주 원론적인 말만 되풀이할 수밖에 없었습니다.

> "(한)반도 문제에 관해 중국의 입장은 일관되고, (…) 각 당사자가 이를 (해결하기) 위해 건설적 노력을 하기를 호소한다."

이후 중국은 불편한 기색을 감추지 않았습니다. 북한이 정찰위성을 발사한 직후에 밀수 혐의를 받는 주중 북한 외교관의 자택을 압수 수색했고, 시진핑과 김정은의 정상회담 기념물을 철거했지요. 모두 중국 지도부의 지시와 허가 없이는 이뤄질 수 없는 일들이었습니다.

하지만 북중 관계가 파탄에 이르렀다고 보긴 어렵다는 게 전문가들의 공통된 견해입니다. 북한과 중국은, 북한과 러시아가 그러한 것처럼, 서로가 서로에게 필요한 사이입니다. 우선 북한은 무역의 90퍼센트를 중국에 의존하고 있습니다. 즉 중국이 나 몰라라

대중 무역에 의존하는 북한

중국을 무시할 수 없다

미국 견제가 시급한 중국

북한을 버릴 수 없다

하는 순간 북한은 굶어 죽습니다. 한편 북한은 존재만으로 중국의 국가이익이 됩니다. 만약 북한이 없다면, 미국과 동맹 관계인 한국이 바로 중국과 맞닿게 될 텐데, 이는 중국에 엄청난 군사적 위협이 되지요. 이러한 특수 관계를 북한과 중국 모두 잘 이해하고 있습니다.

햇볕도 압박도 통하지 않은 이유

결국 남은 변수는 딱 한 가지입니다. 그리고 이는 어째서 김정은이 후계자 수업에 열을 올리고 있는지 잘 설명합니다. 바로 김정은 자신의 갑작스러운 죽음입니다.

막 40대에 접어든 김정은은 키 170센티미터에 몸무게 140킬로그램으로 초고도 비만인입니다. 음주도 즐겨하고, 특히 담배는 숨쉬듯이 피우는 데다가, 어쨌든 일국의 통치자인 만큼 스트레스도 상당하다고 합니다. 즉 언제 갑자기 쓰러져 의식을 잃거나 죽어도 전혀 이상하지 않은 상태입니다. 그런 김정은으로서는 하루라도 빨리 김주애를 후계자로 내세우고 싶겠지요.

물론 김주애의 나이가 너무 어리다는 게 변수입니다. 김주애가 성인이 되기 전에 김정은이 갑자기 죽는다면, 어머니 리설주가 수렴청정에 나설 텐데, 김여정이 이를 가만히 두고 볼지 의문입니다. 김정은이 장성택을 잔혹하게 숙청한 것처럼, 또 한 번의 피바람이 불 수밖에 없겠지요. 그런 우여곡절 끝에 김주애의 통치가 시작된다고 해도, 이후 대의 세습 과정에서 비슷한 혼란이 반복된다면,

키 170cm
몸무게 140kg

성인병 환자인 김정은

김정은의 급사는 곧 대혼란

갑작스레 이뤄지는 통일

또 한정된 후보군 안에서 다음 지도자를 뽑는 세습의 특성상 어느 대에서건 후계자의 역량 문제가 발생한다면, 북한은 권력 공백에 따른 혼란을 겪게 될 것입니다.

만약 북한이 어떤 식으로든 변화한다면, 이런 경우일 가능성이 큽니다. 즉 개방을 통해 점진적으로 변화하는 것이 아니라, 최고 권력자의 유고로 갑작스럽게 변화되는 것이지요. 그리고 이는 북한과 맞닿아 있는 한국에도 큰 충격을 안길 것입니다. 준비되지 않은 '하드랜딩hard landing' 통일이 바로 그것입니다.

그간 한국은 하드랜딩 통일을 피하고자 여러모로 애써왔습니다. 냉전이 끝날 조짐이 보이던 1980년대 말 노태우 정부는 대북 포용정책의 큰 틀을 마련했습니다. 이산가족 상봉, 재외 동포의 남북 자유 왕래, 남북 교역 개시, 대결 외교 종결 등 전향적인 내용을 담은 해당 조치는 김대중 정부에 이르러 '햇볕정책'으로 구체화되었습니다. 그 결과 역사에 남을 첫 번째 남북 정상회담이 2000년 평양에서 개최되었습니다. 김대중 대통령이 김정일 국방위원장과

교양이 키워드

● **개성공단**: 정식 명칭은 '개성공업지구'로, 남한과 북한의 경제 교류 활성화를 위해 개성에 설치한 경제특구다. 2003년 6월에 착공해 2004년 12월에 완공했으며, 남한 기업들이 지은 공장에서 북한 주민들이 일하는 꼴로 운영되었다. 애초에 정치적 목적으로 조성된 곳인 만큼, 남북 관계의 변화에 따라 여러 번의 부침을 겪었다. 그러다가 2016년 2월 완전히 폐쇄되었다.

손을 맞잡을 때까지만 해도 통일이 가까워 보였지요. 이후 남북 교류가 본격적으로 진행되었지만, 안타깝게도 북핵 문제라는 큰 산을 넘지 못했고, 2016년 2월 박근혜 정부가 개성공단을 폐쇄하며 결국 파국을 맞았습니다. 당시 박근혜 대통령은 국회에 나가 개성공단을 폐쇄해야만 하는 이유를 이렇게 밝혔습니다.

"지금부터 정부는 북한 정권이 핵(무기) 개발로는 생존할 수 없으며, 오히려 체제 붕괴를 재촉할 뿐이라는 사실을 뼈저리게 깨닫고 스스로 변화할 수밖에 없는 환경을 만들기 위해 더 강력하고 실효적인 조치들을 취해나갈 것입니다."

이후 문재인 정부 들어 각각 두 차례의 남북 정상회담과 북미 정상회담, 한 차례의 남북미 정상회동이 개최되며 새로운 전기가 마련되는 듯 보였지만, UN 안보리의 대북 제재가 워낙 강고했던 탓에 구체적인 결과를 내지 못했습니다.

일련의 과정에서 아쉬운 점은 햇볕정책이든 압박정책이든 꾸준히 이어지지 못했다는 것입니다. 북한에 문호 개방의 인센티브를 주는 햇볕정책과 북한을 철저히 제재하는 압박정책 모두 그

효과는 지속성에 비례합니다. 하지만 한국의 집권 세력은 자기 입맛에 따라 대북 정책을 손바닥 뒤집듯 별 고민 없이 뒤집어왔습니다. 그 결과 북한은 햇볕정책의 진정성도, 압박정책의 심각성도 모두 가벼이 여기게 되었지요. 한마디로 두 정책 모두 실패한 것입니다.

국가 연합의 허와 실

이처럼 '소프트랜딩soft landing' 통일은 이미 불가능해진 상황입니다. 정확히 말해 현실적인 선택지가 아닙니다. 그보다는 하드랜딩 통일이 설사 바람직하진 않더라도 좀 더 현실적인 선택지이지요. 그렇다면 한국은 하드랜딩 통일을 잘 준비하고 있을까요?

결론적으로 한국의 공식적인 통일 방안은 달라진 최신 정세를 반영하지 못하고 있습니다. 여전히 점진적인 소프트랜딩 통일을 지향하지요. 노태우 정부가 처음 고안하고 김영삼 정부가 다듬은 '민족 공동체 통일 방안'이 그것인데, '화해와 협력 → 남북 연합 → 통일국가 실현'의 3단계로 구성됩니다.

남북 연합은 EU 같은 국가연합을 생각하면 됩니다. 자유롭게 국경을 넘나들 수 있고, 동일한 화폐를 쓸 정도로 경제가 통합된 동시에, 외교와 국방, 내치에 관한 사안은 각국이 독자적으로 결정하고 처리하는 형태입니다. EU 정상회의나 유럽의회처럼 전 유럽 단위의 거대한 일을 논의하는 기구가 따로 있지만, 기본적으로 각 국이 고유한 정치체제를 가진 독립국가로서 존재하는 것이지요. 이와 비교되는 연방국가는 미국을 생각하면 됩니다. 여러 주가 법 과 제도의 측면에서 그 나름의 자율성을 누리지만, 하나의 연방 정부 아래 결속되어 있는 형태입니다. 이런 점에서 국가연합의 다 음 단계를 연방국가로 보는 관점도 있습니다.

국가연합이든 연방국가든 둘 이상의 세력이 만나 결합하는 것 인 만큼 갈등이 불거질 수밖에 없습니다. 그리고 이를 조율하는 과정에서 각국에 얼마만큼의 책임과 권한을 부여할지가 쟁점으로 떠오릅니다. 남북 연합과 비슷한 국가연합의 예를 살펴볼까요? EU 는 이 문제를 아주 간단하게 해결했습니다. 각국의 인구수와 GDP 에 비례해 의결권의 무게를 달리한 것이지요. 가령 독일의 한 표와

"재건 비용은 남한이 내는데"

"왜 혜택은 북한이 보느냐?"

몰타의 한 표는 실제로는 각각 29표와 3표로 계산되었습니다. 이런 방식을 '가중다수결'이라고 하는데, 2017년부터는 방식이 바뀌었습니다. 안건이 통과되려면, 전체 회원국 27개국 중 15개국 이상이 찬성해야 하고, 이때 찬성하는 국가들의 인구수가 전체 회원국 인구수의 65퍼센트를 넘어야 합니다. 좀 더 복잡해졌지만, 소국끼리 뭉치더라도 (상대적으로 수가 적은) 대국들이 찬성하지 않으면 안건 통과가 힘들다는 점에서 가중다수결의 원칙에 부합합니다. 각국이 가진 현실에서의 영향력을 반영하는 것이지요.

EU 같은 국가연합 모델은 매우 합리적으로 보이지만, 남한과 북한에 곧바로 적용하기에는 무리가 있습니다. 설사 소프트랜딩 통일에 성공해 남한과 북한이 국가연합 단계에 이른다고 하더라도, 정치, 경제, 사회, 문화 등 전 분야에서 격차가 너무나 벌어져 있기 때문입니다. 남북 연합이 처음 논의된 1980년대 후반과는 비교도 할 수 없을 정도이지요. 당시에는 남한과 북한의 GDP 차이가 10배 안팎이었지만, 지금은 60배 안팎에 달합니다. 이에 근거해 의결권에 차등을 둔다면, 북한으로서는 사실상 아무 말도 못 하는 상황이 계속될 테고, 따라서 국가연합에 참여하지 않을 것입니다. 이를 막고자 의결권을 공평하게 조정한다면, 자기가 낸 세금으로 북한 좋은 일만 하게 된 남한 국민이 가만히 있지 않겠지요. 이런 이유로 남한과 북한 모두에 국가연합은 '그때는 맞고 지금은 틀린' 모델입니다.

하드랜딩 통일에 대비하라

이런 이유로 한국은 하드랜딩 통일을 준비할 필요가 있습니다. 소프트랜딩 통일을 포기하자는 것이 아니라, 둘을 모두 준비하자는 것이지요. 이때 하드랜딩 통일이란, 북한에 급변 사태가 발생하면, 남한이 적극적으로 흡수통일에 나서는 꼴을 상정합니다.

김씨 일가의 통치 체제가 무너지면 북한 내의 누군가가 일단 권력을 잡겠지만, 매우 불안정할 것입니다. 평생 김씨 일가에게 지배당한 북한 주민들 처지에서는 새 지도자의 존재나 정당성을 선뜻 받아들이기 어려울 테니까요. 따라서 그런 정부와 군이 국가연합을 구성하기보다는, 전면적으로 흡수해버리는 것이 현실적일 수 있습니다. 물론 이때도 부작용에 대비해야 합니다. 가령 수많은 북한 주민이 남한으로 물밀듯 내려올 텐데, 당장 이들의 의식주를 마련하는 것부터 문제입니다. 치안 문제도 발생할 테고요.

따라서 통일하되, 일정 기간 실제 왕래를 제한할 필요가 있습니다. 남한 정부의 행정과 복지, 치안 부문만 먼저 북한에 들어가 민생을 돌보는 동시에, 남한 내부에서도 북한 주민들을 맞이할 준비를 하는 것이지요. 동독과 서독이 통일할 때는 이것이 불가능했지만, 남한과 북한이 통일할 때는 가능합니다. 물리적인 경계, 즉 휴전선과 비무장지대가 있기 때문입니다. 이를 활용하면 불필요한 혼란을 피할 수 있습니다.

국민연금이나 국민건강보험 같은 사회보장제도도 단계별로 적용할 필요가 있습니다. 현실적으로 따졌을 때, 해당 제도들을 남한 국민이 누리는 수준으로 북한 주민들에게 처음부터 제공하기란 애초에 불가능합니다. 관련 재원을 부담하는 남한 국민이 동의할 리 없지요. 따라서 점진적으로 수준을 높일 필요가 있습니다. 궁극적으로는 북한 지역에서 쓰일 재원을 북한 주민들이 스스로 부담해야 하겠고요. 그러려면 북한 주민들이 세금을 더 많이 낼 수 있도록, 그들을 위한 일자리가 늘어나야 하는데, 공공사업이 해결책이 될 수 있습니다. 인프라가 매우 부실한 북한 지역에 도로와 상하수도, 항구와 공항 등을 건설하는 것이지요. 남한 건설사들이 북한 주민들을 노동자로 고용해 공공사업을 수행한다면, 남한과 북한 경제 모두에 이익이 될 것입니다.

평화로운 공존이 가능할까

지금까지 하드랜딩 통일 방안에 대해 살펴봤는데, 마지막으로 좀 더 궁극적인 질문을 던져보겠습니다. 남한과 북한은 왜 통일해야 할까요? 굳이 통일하지 않고 이대로 지낼 순 없는 걸까요?

실제로 '평화만 유지된다면' 굳이 통일할 필요는 없다고 생각하는 사람들이 증가하는 추세입니다. 하지만 앞 장에서 살펴본 것처럼, 평화로운 공존은 점점 말장난이 되어가고 있습니다. 일단 북한으로서는 중국과 러시아가 든든히 버티고 있는 한 굳이 문호를 개방할 필요가 없습니다. 오히려 김씨 일가의 통치 체제를 유지하고자 계속해서 전쟁 분위기를 고조시킬 것입니다. 그 와중에 북한에 급변 사태가 벌어진다면, 통일은 '하는 것'이 아니라 '당하는 것'이 될지 모릅니다.

따라서 다각도로 통일을 준비해야 합니다. 한발 더 나아가 반드시 이뤄내야 합니다. 그것이 궁극적으로 평화를 지키는 일입니다. 오늘날 남한과 북한의 분단은 강대국들이 계속해서 한반도 정세에 개입하는 빌미이자 여지로 작용하고 있습니다. 즉 북한과 중국, 러시아의 대륙 세력과 남한과 미국, 일본의 해양 세력이 한반도에서 충돌하는 것이지요. 이런 상황에서는 한국이 제아무리 부국강병을 이루어도 '찍소리'를 내기 어렵습니다. 더 잘살고 강력한 국가들의 입김이 거세게 작용하기 때문입니다.

분단 상황에서 한국은 늘 '을'의 처지에 놓일 수밖에 없습니다. 반대로 통일은 한국이 자기 목소리를 제대로 낼 수 있는 기회, 독립변수로 활동할 수 있는 기회가 됩니다. 다만 현실적으로 통일을 밀어붙이기 어렵다면, 최소한 그 기회가 찾아왔을 때 놓치진 말아야 합니다. 그 준비를 잘하고 있는지가 오늘날 한국 앞에 놓인 중요한 화두입니다.

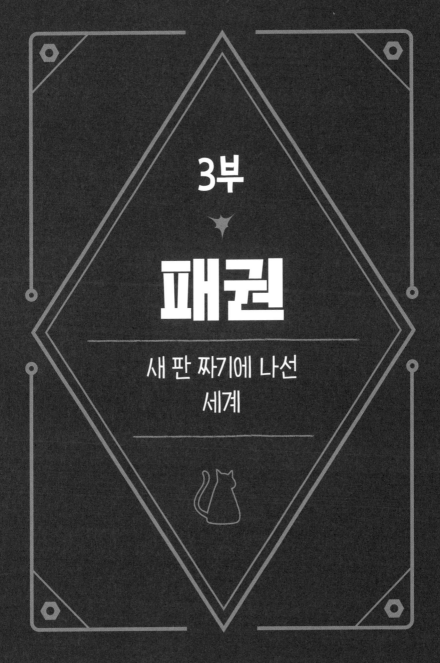

3부

패권

새 판 짜기에 나선
세계

#미국우선주의 #반도체법 #빈살만 #전략적자율성

'달걀을 한 바구니에 몰아넣는 어리석음'을 피해야 합니다. 당장 편하다고 해서 한 나라에 경제적으로 지나치게 의존하는 것은 너무나 위험한 도박입니다.

미중 충돌은 시작에 불과하다!
새로운 국제 질서를 추적하는
패권-컨트리뷰터

세계경제에 숨은 힘의 논리를 파헤치는 저널리스트

권애리 SBS 생활경제부 기자

미국과 중국의 충돌이 세계경제와 정세에 어떤 영향을 미치는지 살펴보고,
그 이면에서 돈은 어디로 흐르고 있는지 추적합니다.

미국의 심장부를 취재한 특파원

김수형 SBS 외교안보팀장

새로운 국제 질서로 자리 잡아가고 있는 '미국 우선주의'의 정체를 밝힙니다.
2019년부터 2022년까지 워싱턴 특파원을 지냈습니다.

기술 패권의 핵심을 꿰뚫는 반도체 산업 전문가

김창욱 보스턴컨설팅그룹 MD 파트너

반도체 산업은 왜 패권 다툼의 중심에 놓였는지, 이 '쩐의 전쟁'에서 결국 누가 웃게 될지 살펴봅니다. 연세대학교 금속공학과를 졸업했습니다.

강소국 한국의 생존법을 모색하는 국가 미래 전략가

김태유 서울대학교 산업공학과 명예교수

반도체 관련 핵심 기업과 원천 기술을 지켜내기 위한 한국의 생존법을 모색합니다. 콜로라도광업대학교에서 자원경제학 박사학위를 받았습니다.

경제의 트렌드를 정확히 짚어내는 애널리스트

박승진 하나증권 리서치센터 글로벌 ETF 팀장

반도체부터 인공지능까지, 세계 각국이 주목하는 미래 먹거리는 무엇이고, 이를 선점하기 위해 얼마나 치열하게 경쟁 중인지 생생히 그려냅니다.

● **김정호** 서강대학교 경제대학원 겸임교수 ● **김현철** 서울대학교 국제대학원 교수
● **박현도** 서강대학교 유로메나연구소 교수 ● **이현식** SBS D콘텐츠제작위원

09

잠에서 깬 사자, 미국

팍스 아메리카나의
결정적 장면
1

"(위대한) 미국이 돌아왔다!"
반도체법에 서명하는 바이든 대통령

엄청난 보조금을 퍼부어 전 세계의 반도체 기업들을
유치하려는 미국의 진짜 의도는 무엇일까?

팍스 아메리카나의
결정적 장면
2

**미국의 다음 지도자를 결정할
제47대 대통령 선거**

트럼프와 해리스, 누가 대통령이 되든
미국 우선주의를 피할 수 없다!

＊

2021년 2월 4일, 선출된 지 막 보름 정도 된 미국의 새 대통령이 국무부를 찾았습니다. 70대 후반으로 백발이 성성한 그는, 느릿한 움직임과는 다르게 꽤 또랑또랑한 목소리로, 미국을 앞으로 어떻게 이끌어갈 것인지 자신의 비전을 제시했습니다. 그의 메시지는 분명했습니다.

"America is back."

미국이 돌아왔다고 단언한 그는 트럼프에 이어 미국의 제46대 대통령이 된 바이든이었습니다. 흥미로운 점은 성향도, 경력도, 정당도 모두 다른 그의 메시지가 트럼프를 상징하는 구호인 "Make America Great Again"과 겹쳐 보인다는 것이었지요. 바이든이 외친 미국 또한 '위대한' 미국일 텐데, 그런 미국이 '다시' 돌아왔다고 했으니 말입니다. 그렇다면 바이든과 트럼프는 결국 똑같은 이야기를 했던 것일까요? 차이가 있다면, 무엇이 달랐던 것일까요?

사실 바이든과 트럼프는 추구하는 바가 완전히 달랐지만, 결과적으로 매우 비슷한 행보를 보였습니다. 우선 바이든은 개입주의자입니다. 미국이 세계의 경찰로서 이런저런 국제 문제에 적절히 개입해야 한다고 보죠. 반면에 트럼프는 고립주의자입니다. 다른 나라에서 무슨 일이 벌어지든, 자신은 오직 미국의 일에만 집중하겠다는 태도죠. 얼핏 매우 달라 보이지만, 그 핵심은 절대 다르지 않습니다. 바이든은 미국에 이익이 되기 때문에 개입을 주장할 뿐이고, 트럼프 또한 미국에 이익이 되기 때문에 고립을 주장할 뿐입니다. 이는 반도체 산업을 대하는 두 사람의 공통된 태도에서 잘 드러납니다.

교양이 노트

- ☑ 미국 우선주의라는 뉴노멀
- ☑ 세계에 온갖 청구서를 내미는 미국
- ☑ 러스트벨트에서 확인한 미국의 밑바닥 민심
- ☑ 골칫거리가 된 방위비 분담금

TSMC를 폭파하라

아시아-태평양 지역은 러우전쟁과 이스라엘-하마스전쟁이 벌어지기 직전까지 전 세계에서 긴장감이 가장 높았던 곳입니다. 일본과 중국, 필리핀과 중국 그리고 타이완과 중국이 끊임없이 충돌했기 때문입니다. 물론 모든 분쟁에는 미국이 개입되어 있었고요. 지금도 비슷한 상황이 이어지고 있습니다.

좀 더 자세히 들여다보면, 일본과 필리핀은 영해를 놓고 중국과 부딪치는 중입니다. 어디까지가 내 바다고 네 바다냐 하는 비교적 단순한 문제이지요. 반면 타이완과 중국의 갈등은 훨씬 본질적이고, 그만큼 해결하기 어려운 문제입니다. 20세기 초 중국을 다스리던 중국국민당은 1927년부터 1950년까지 계속된 국공내전에서 끝내 중국공산당에 패하며 타이완섬으로 근거지를 옮겼습니다. 그러면서 지금의 중국 대 타이완 구도가 만들어졌지요. 이후 중국과 타이완은 '양안관계兩岸關係'라 해 협력과 경쟁을 오가는 특수한 관계를 이어왔습니다. 서로를 언젠가 '하나의 중국'을 이루기 위해 통일해야 할 대상으로 바라보면서도, 당장은 '평화로운 공존'을 추구했달까요? 하지만 2010년대 이후 중국과 타이완 모두에 강경한 지도자가 등장하며 분위기가 험악해지기 시작했습니다. 동시에 미국이 지정학적 측면에서 중국을 압박하고자 타이완에 힘을 실어주며 사태에 기름을 부었습니다. 이로써 타이완은 미중 충돌의 한

파운드리 최강자 TSMC

유사시 폭파하겠다는 미국

복판에 놓이게 되었지요.

그 와중에 반도체 산업이 뜨거운 화두로 떠올랐습니다. 타이완에는 세계 최대 파운드리foundry인 TSMC가 있습니다. 반도체 산업은 워낙 고도의 기술이 집적된 분야여서, 매우 치밀하게 분업화되어 있습니다. 그중 설계를 담당하는 곳을 팹리스fabless, 그 설계대로 실제로 생산하는 곳을 파운드리라고 하지요. (설계와 생산을 모두 하는 곳은 IDMintegrated device manufacture이라고 합니다.) 설계가 더 중요한 것 아니냐고 생각할 수 있지만, 정작 만들지 못하면 말짱 꽝입니다. 따라서 설계 수준이 높아질수록, 그만큼 생산 수준도 높아져야 합니다. 즉 설계도가 아무리 복잡하더라도 실수 없이 잘 따라 만들고, 불량률을 최소화해 이익을 극대화하는 것이 파운드리의 역할입니다. 그 최강자가 바로 TSMC로, 전 세계 파운드리 시장의 60퍼센트 안팎을 차지하지요. (참고로 삼성전자의 점유율은 10퍼센트 안팎입니다.)

이런 상황에서 미국 대통령이 된 트럼프는 TSMC를 견제하기 시작했습니다. 미국 반도체 산업의 먹거리를 뺏어갔다는 이유였지요. 그러면서 타이완에서 제조된 반도체에는 고율의 관세를 부과해야 한다고 주장했습니다. 사실 이치에 맞지 않는 것이, 반도체 설계와 생산의 국가 간 분업 자체가 미국의 작품입니다. 미국은 1980년대 내내 설계는 자국이, 생산은 타이완과 한국이 맡는 식으로 각국의 역할을 조정했지요. 이런 역사적 사실에는 관심이 없었던 것인지, 아니면 몰랐던 것인지, 트럼프는 연신 타이완과 TSMC를 압박했습니다. 심지어 트럼프의 최측근으로 분류되는 로버트 오브라이언^{Robert O'Brien} 당시 국가안보보좌관은 만약 중국이 타이완을 침공한다면, 그들이 TSMC의 첨단 기술을 손에 넣어 궁극적으로 미국 반도체 산업에 위협을 가하는 일을 막고자, 공장을 폭파하겠다는 극언까지 서슴지 않았습니다. 타이완을 보호하려 군대를 파견해 많은 피를 흘리는 것보다는 그게 더 남는 장사라는 판단이었지요.

바이든의 큰 그림

놀라운 점은 바이든 정부 일각에서도 똑같은 논리로 유사시에 TSMC를 폭파해야 한다고 주장하는 목소리가 나왔다는 것입니다. 물론 두 정부 모두 이를 실제 계획으로 구체화하지는 않았습니다. 정말 그렇게까지 한다면, 중국에 잘못된 신호, 즉 미국이 정말 중요하게 생각하는 것은 타이완이 아니라 TSMC라는 신호를 줄 수 있기 때문입니다. 미국의 진의를 그렇게 받아들인다면, 중국으로서는 마음 편히 타이완을 침공할지 모릅니다. 미국은 TSMC만 폭파하는 선에서 개입을 멈출 테니까요.

하여 바이든은 노회한 정치인답게 극단적인 메시지를 계속 떠벌리기보다는 좀 더 수준 높은 묘수를 두었습니다. 2022년 7월 그는 반도체 산업을 중심으로 안보와 경제를 아우르는 새로운 동맹 관계를 제안했습니다. 이를 '칩4 동맹CHIP4'이라 하는데, 설계를 맡은 미국을 중심에 놓고, 생산의 타이완과 한국, 소재의 일본이 손잡는 꼴입니다. 반도체 산업을 미국의 주요한 국가이익이자 미래 먹거리로 선언하고, 안정적인 개발과 생산, 공급을 보장할 가치 사슬을 완성함과 동시에, 중국에 칩4 동맹을 건들지 말라는 확실한 메시지를 던진 셈이었죠.

그렇다면 미국에 선택받아 칩4 동맹에 포함된 나라들은 마음을 놓아도 괜찮을까요? 결론부터 말하자면, 전혀 그렇지 않습니다. 바이든은 칩4 동맹을 제안하고 한 달 뒤 '반도체법CHIPS and Science Act'이라는 또 다른 묘수를 두었습니다. 크게 두 가지 내용으로 구성되었는데, 하나는 미국 반도체 산업에 투자하면 보조금을 준다는 것이었고, 또 다른 하나는 중국 반도체 산업에 투자하면 불이익을 가한다는 것이었습니다. 얼핏 보면 중국을 제외한 나라들은 별

로 손해 볼 것이 없을 듯하지요. 실제로 TSMC, 삼성전자, SK하이닉스 등이 반도체법으로 마련된 70조 원 규모의 보조금을 받고자, 미국 곳곳에 대규모 반도체 공장과 연구소를 짓기 시작했습니다. 하지만 이는 장기적으로 보면 미국을 제외한 다른 나라들의 반도체 산업 경쟁력을 떨어뜨리는 일입니다. 자국의 핵심 반도체 기업들을 모두 미국에 내어주는 꼴이니까요. 만약 삼성전자의 반도체 생산과 판매, 신기술 연구가 모두 미국 영토 안에서 이뤄진다면, 과연 '한국산'이라 할 수 있을까요?

중국 반도체 산업에 투자하지 말라는 것도 큰 문제입니다. 중국의 반도체 자급률은 20퍼센트 안팎에 불과합니다. 그래서 중국은 전 세계 반도체 수요의 40퍼센트 가까이를 빨아들이는데, 미국과 손잡으려면 이 거대한 시장을 못 본 체해야 합니다. 소위 레거시 반도체^{legacy semiconductor}, 즉 첨단 기술 없이도 만들 수 있는 반도체의 경우 중국에 수출해도 상관없지만, 이것은 돈이 되지 않습니다. 정말 돈을 벌려면 인공지능 개발이나 인공위성 제작 등에 쓰이는 첨단 반도체를 중국에 수출해야 하는데, 미국이 이를 철저히 막고 있지요. 심지어 첨단 반도체를 개발하거나 생산하는 데 필요한 첨단 장비조차 중국 반입이 금지된 상황입니다. 만약 미국 몰래 이를 시도하다가 걸리면 어떻게 될까요? 설사 미국 반도체 산업에 투자 중이더라도 보조금이 날아가는 것은 물론이고, 중국과 함께 전체 공급망에서 축출되는 것까지 각오해야 합니다. 결국 반도체 기업이라면, 또한 (꼭 칩4 동맹에 속하지 않더라도) 반도체 산업에 이해관계가 있는 나라라면, 중국 시장을 포기해 발생한 손실을 만회하기 위해서라도 미국의 뜻대로 움직일 수밖에 없습니다.

미국 우선주의의 도래

이처럼 트럼프와 바이든 모두 미국의 이익을 최우선으로 추구해왔습니다. 트럼프는 노골적이고 바이든은 치밀하다는 정도의 차이만 있었을 뿐이죠. 그렇다면 곧 등장할 미국의 새로운 지도자도 이러한 기조를 이어갈까요?

2024년 10월 말 현재 미국 대선 판세를 보면, 현직 부통령인 카

멀라 해리스^{Kamala Harris}와 전직 대통령인 트럼프가 초접전을 벌이고 있습니다. 해리스가 당선된다면, 전반적으로 바이든의 정책 기조를 이어나갈 것으로 보입니다. 반대로 트럼프가 재집권한다면, 지난 4년간 이를 갈아온 만큼 이것저것 뜯어고칠 것이 분명합니다. 이런 이유로 누가 백악관에 입성하는지에 따라 미국의 행보는 크게 달라질 것입니다. 하지만 해리스의 미국이든, 트럼프의 미국이든 국가이익이 걸린 문제와 관련해선 한 치의 양보도 없으리라는 것 또한 분명한 사실입니다. 각론은 다를지라도, 총론은 큰 차이가 없는 셈입니다.

실제로 해리스와 트럼프의 대선 공약을 뜯어본 전문가들은 곳곳에서 미국 우선주의가 드러난다고 설명합니다. 이를 실현할 방법만 다를 뿐이라는 것이지요. 가령 경제 분야에서 해리스는 보조금과 세제 혜택을 퍼부어 미국 기업들을 육성하고, 해외 기업들을 유치하려 합니다. 앞서 설명한 칩4 동맹이나 반도체법과 유사한 전략입니다. 이에 비해 트럼프는 좀 더 공격적입니다. 그의 대선 공약집인 〈어젠다 47^{Agenda 47}〉을 보면, 모든 수입품에 10~20퍼센트의 관세를 부과하되, 중국산에는 무려 60퍼센트의 관세를 부과하겠다고 명시되어 있습니다. 트럼프는 본인 입으로도 저 어마어마한 수치를 몇 번이고 강조했지요. 2024년 4월 미시간주의 유세장에서는 다음과 같이 약속했습니다.

"중국이 관세를 내지 않으려 멕시코에 공장을 지은 뒤 미국에 수출하려 하는데, 그렇게 할 수 없도록 엄청 높은 관세를 부과할 것입니다."

러스트벨트의 반란

미시간주는 전통적으로 중공업과 제조업이 발달한 오대호 연안의 '러스트벨트rust belt' ●에 속한 곳입니다. 당연히 블루칼라들이 많아 친서민을 표방해온 민주당의 텃밭이었지만, 2010년대 들어 분위기가 완전히 달라졌습니다. 한때 은빛 공장들로 가득했던 삶의 터전이 녹슬어 바스러지는 꼴을 더는 두고 볼 수 없던 주민들이 민주당을 향한 지지를 철회하기 시작했던 것입니다. 그 방아쇠를 당긴 사람이 바로 트럼프였고요. 2016년 미국의 제45대 대선에 뛰어든 트럼프는 미국 중공업과 제조업이 몰락한 책임을 (민주당과 공화당을 가리지 않고) 기성 정치 세력 모두에 물으며, 블루칼라들의 마음을 사로잡았습니다.

그때나 지금이나 트럼프의 주장은 자극적인 표현으로 가득하긴 해도, 설득력이 아예 없진 않습니다. 그의 논리는 간단합

> **교양이 키워드**
>
> ● **러스트벨트**: 미국 동북부의 공업 지대를 가리킨다. 20세기 중반까지 '미국 경제의 심장부'로 불렸으나, 독일과 일본의 추격, 높은 달러 가치로 인한 가격 경쟁력 상실, 비싼 인건비 등의 영향으로 쇠락하고 말았다. 녹만 가득 쌓여 있다고 해 러스트벨트로 불린다.

니다. 지금까지 미국은 패권을 유지하기 위해, 또 자유무역에 기반한 세계시장의 기틀을 다지기 위해 수입관세를 일부러 낮게 유지했고, 그 결과 블루칼라들이 피해를 보았다는 것입니다. 가령 미국 본토에서 생산한 텔레비전은 비싼 인건비 때문에 개당 1,000달러, A국에서 생산한 텔레비전은 저렴한 인건비 때문에 개당 900달러라고 칩시다. 미국이 자국 텔레비전의 경쟁력을 지키려면 A국 텔레비전에 최소 12퍼센트의 수입관세를 부과해야 합니다. 그래야만 미국 소비자들이 1,008달러짜리 A국 텔레비전보다는 1,000달러짜리 자국 텔레비전을 택할 테니까요. 하지만 국제무대에서의 리더십이 중요했던 미국에 텔레비전 따위는 그리 중요한 것이 아니었습니다. 이로써 가격 경쟁력을 얻게 된 세계 각국의 상품들이 미국 시장에 쏟아져 들어왔고, 이는 곧 해당 국가들의 경제성장과 미국 중공업 및 제조업의 붕괴로 이어졌습니다.

트럼프는 이 과정에서 가장 크게 피해를 본 블루칼라들의 서러움을 정확히 꿰뚫었습니다. 자기가 대통령이 되면 수입관세를 엄청나게 높여 미국의 중공업과 제조업을 부활시키겠다고 목소리를 높였지요. 이 전략이 정확하게 먹혀들며 트럼프는 모두의 예상을 뒤엎고 백악관을 차지했습니다. 2016년 대선에서 러스트벨트에 속한 위스콘신주, 미시간주, 오하이오주, 펜실베이니아주가 모두 트럼프에게 표를 던졌기 때문입니다. 불과 4년 전만 해도 버락 오바마가 대통령직을 이어갈 수 있게 해준 주들이었기에 거의 '반란'으로 여겨졌습니다. 물론 이번 대선에서도 러스트벨트는 경합 지역으로 분류되고 있습니다. 이곳에서 승리한 자가 제47대 미국 대통령이 될 것입니다.

미국의 회계장부

트럼프는 미국이 패권을 쥐기 전, 그러니까 1816년부터 1947년까지의 시기에 주목합니다. 당시 미국은 평균 37퍼센트의 수입관세를 부과했습니다. 그 결과 자국 산업을 보호하는 동시에, 세수의 80퍼센트를 관세만으로 충당할 수 있었습니다. 자연스레 자국 내 경제주체들의 세금 부담까지 덜어줄 수 있었지요. 이것이 트럼

"전자 제품에서 철강, 제약에 이르기까지
모든 필수 품목에서 중국산 수입품을 단계적으로 몰아내기 위한
4개년 계획을 집행할 것"

프가 되살리고 싶어 하는 '위대한 미국'입니다.

트럼프가 목 놓아 외치는 이러한 몽상, 또는 이상이 블루칼라들의 표를 의식한 정치적 수사에 불과하다고 생각하는 전문가는 없습니다. 사실 해리스도 블루칼라들에 공을 들이기는 마찬가지입니다. 따라서 누가 대통령이 되든, 앞으로 미국은 아주 꼼꼼하게 회계장부를 작성할 것이 분명합니다. 즉 다른 나라들을 위해 더는 양보하지 않고, 손해 보지 않으리라는 것입니다. 미국 우선주의는 이제 뉴노멀입니다.

이와 관련해 가장 곤혹스러워할 나라는 단연 중국입니다. 중국이 G2의 반열에 올라 미국에 도전하기 시작한 것은 오바마 정부 때였지만, 본격적인 경제 전쟁과 패권 다툼으로 비화한 것은 트럼프의 집권 1기 시절이었던 만큼, 그 나름의 트라우마가 있을 테지

"전 세계가 미국을 뜯어먹었다"

"그동안 받은 것 다 토해내!"

요. 실제로 중국과의 '디커플링^{decoupling}'이 필요하다는, 즉 다시는 미국의 이익을 가로채지 못하도록 전체 공급망에서 중국을 아예 제거해야 한다는 트럼프의 소신은 근본주의에 가까운 수준입니다. 〈어젠다 47〉에 중국의 최혜국대우마저 박탈하겠다고 써놓았을 정도니까요. 최혜국대우란 A국이 C국과 새로 조약을 맺을 때, B국과 맺었던 기존 조약보다 조건이 나쁘지 않도록 대우하는 것입니다. 이런 최혜국대우를 없앤다면, 특정 국가만 콕 집어 나쁘게 대우할 수 있지요. 가령 중국에만 60퍼센트의 수입관세를 부과하는 식으로 말입니다.

이 정도로 노골적이진 않지만, 해리스 또한 중국과의 '디리스킹^{derisking}'을 예고하고 있습니다. 디커플링의 '순한 맛'인 디리스킹은 말 그대로 '위험 제거'를 목표로 합니다. 즉 미국을 위험에 빠뜨릴 수 있는 특정 부품이나 기술만 쏙 뺀 채 중국과 무역하겠

> **교양이 키워드**
>
> ● 디커플링: 주로 경제 분야에서 상대국과 동조된 부분을 끊어내는 일이다. 세계 각국은 경제적으로 복잡하고 치밀하게 엮여 있으므로, 비슷한 흐름을 띠게 된다. 이럴 경우 위기를 함께 겪게 될 뿐 아니라, 정치적 이유 등으로 거리를 두어야 할 때 그럴 수 없다. 하여 경제적 의존도를 낮추고자 디커플링을 활용한다.

다는 것입니다. (최신 무기나 인공지능 개발에 쓰일 소지가 다분한) 첨단 반도체의 중국 수출을 막은 반도체법이 좋은 예입니다. 계획대로만 된다면 미국에 도전하는 중국의 기세를 꺾으면서도, 두 나라 간의 무역에서 발생하는 경제적 이익을 포기할 필요가 없어지지요. (중국은 미국에 제품을 수출해 돈을 벌고, 미국은 값싼 중국산 제품 덕분에 물가를 안정적으로 관리할 수 있습니다.)

물론 디커플링이든 디리스킹이든 중국으로서는 좋을 것이 하나 없습니다. 둘 다 미국 주도의 국제 질서를 수용하라는 압박이기 때문입니다. 중국이 완전히 무릎을 꿇지 않는 한 이런 기조가 계속되리라는 것을 전 세계가 알고 있지요.

주한 미군과 핵무기

미국 우선주의에 영향받을 나라가 중국만 있는 것은 아닙니다. 트럼프 집권 1기 때의 일이긴 하지만, 한국 또한 크게 곤욕을 치른 일이 있었습니다. 한국은 주한 미군의 주둔 비용을 일부 부담하는데, 이를 '방위비 분담금'이라고 합니다. 트럼프는 자신의 임기 내내 이를 대폭 인상하려 애썼지요. 사실 이러한 처사는 상식적으로 이해하기 어렵습니다. 휴전 국가라는 특성상 한국의 국방비는 전 세계에서 열 손가락 안에 듭니다. 2023년 기준 GDP의 2.8퍼센

트에 달하며, 미국의 3.3퍼센트와 고작 0.5퍼센트포인트밖에 차이
나지 않습니다. 즉 한국은 이미 알아서 자국의 국방을 책임지고
있습니다.

그런데도 트럼프가 문제를 제기했던 이유는 이렇습니다. 즉 당
장 국방비로 얼마를 쓰는지도 중요하지만, 그간 얼마나 도움받았
는지도 중요하다는 것입니다. 반백 년간 미국이 안보를 책임져준
덕분에 한국 경제가 성장할 수 있었고, 그 결과 미국에 텔레비전
부터 반도체까지 온갖 것을 수출하며 돈을 벌고 있지 않냐는 논
리였지요. 집권 1기 시절에 트럼프는 방위비 분담금으로 50억 달
러를 내놓으라고 요구했는데, 기존보다 다섯 배 이상 큰 금액이었

습니다. 당시 트럼프 정부의 그 누구도 산출 근거를 대지 못했을 만큼 터무니없는 액수였지요. 일단 거액을 '지른' 다음에 상대방의 반응을 살피며 조금씩 깎아주는 트럼프 특유의 협상 방식이 반영되었던 것으로, 한국의 거센 반발만 이끌었을 뿐입니다. 결국 바이든 정부가 들어서고 한 달여가 지난 2021년 3월이 되어서야, 한미 양국은 기존보다 13.9퍼센트 인상한 금액인 1조 2,000억 원으로 최종 합의할 수 있었습니다.

문제는 이 합의가 6년짜리였다는 것입니다. 원래 2020년부터 적용되었어야 할 합의이므로, 2025년 말에는 재협상을 벌여야 한다는 뜻이지요. 만약 그때 미국 대통령이 트럼프라면, 이번에는 50억 달러 이상을 요구할지 모를 일입니다. 정말 그럴 경우를 대비해 한미 양국은 미국 대선 직전인 2024년 10월에 다음 회차의 방위비 분담금을 미리 합의했습니다. 1조 5,192억 원으로, 8.3퍼센트를 인상하는 데 그쳤으니, 한국으로서는 꽤 선방한 셈이었지요. 물론 트럼프는 어디로 튈지 모르는 인물인 만큼, 재집권한다면 한국에 '유리한' 합의를 뒤엎겠다고 트집 잡을지 모릅니다. 실제로 새 합의문이 작성되고 열흘 정도 지났을 때 그럴 뜻을 내비쳤습니다.

"나였다면 100억 달러를 내놓으라고 말했을 겁니다. 한국은 '돈 버는 기계money machine'니까요."

100억 달러면 13조 원이 넘는 돈입니다. 참고로 2024년 한국의 국방비가 59조 4,200억 원입니다. 한마디로 말도 안 되는 요구이지요. 이처럼 계속 시달릴 바에야 주한 미군을 보내주고 대신 핵무기를 보유하자는 목소리가 커질지 모릅니다. 그것의 현실 가능성, 즉 핵무기를 개발하고 유지할 기술과 예산이 있는지, 국제사회에 동의를 구할 수 있는지 등은 차치하고, 이런 여론이 팽배해진다는 것만으로도 동아시아 정세에 큰 파문이 일 수 있지요. 미국 우선주의가 일으킨, 꽤 성가신 나비효과인 셈입니다.

정치인 대 사업가

눈치 빠른 사람이라면 알아차렸겠지만, 이 지점에서 해리스와 트럼프의 미국 우선주의는 궤를 달리합니다. 트럼프를 수식하는 여러 표현 중 가장 많이 쓰이는 것이 '사업가'입니다. 즉 그는 모든 것을 경제 논리로 치환해 바라봅니다. 그런 점에서 트럼프 집권 2기가 시작된다면 가장 크게 달라질 것이 바로 '안보'입니다. 만약 안보에 경제 논리를 적용해 작성한 회계장부가 존재한다면, 온통 손실투성이일 겁니다. 그런데도 대부분의 국가가 또 다른 차원의 가치, 가령 공동체의 생존이나 패권 유지, 동맹 간의 협력 등을 위해 안보에 힘을 쏟습니다. 이러한 가치를 지키기 위해 미국 또한

그 나름의 비용을 치러왔습니다. 바이든이나 해리스 같은 '전통적인' 정치인들은 그러한 비용 덕분에 미국 우선주의의 명분이 강화된다고 생각하지요. 하지만 트럼프는 이러한 이해에 전혀 동의하지 않습니다. 그에게 중요한 것은 경제적 '손익'뿐입니다.

이는 NATO를 대하는 트럼프의 날 선 태도에서도 선명히 드러납니다. 〈어젠다 47〉에서 트럼프는 위기에 빠진 우크라이나를 지원하기 위해 미국이 2,000억 달러를 쏟아부었는데, 정작 유럽 국가들은 자기네 앞마당에서 벌어지는 일인데도 200억 달러밖에 쓰지 않았다며 강력히 규탄합니다. 그러면서 정확한 비용을 NATO에 청구하겠다고 선언하지요. 2024년 2월에는 NATO가 마땅한 비용을 치르지 않으면 더는 도와주지 않을 것은 물론이고, "러시아가 원하는 대로 하라고 부추길 것"이라며 거의 폭언에 가까운 말을 쏟아냈습니다. 반면에 해리스는 NATO를 강력히 지지한다고 줄곧 밝혀왔습니다.

이처럼 우방국들도 트럼프의 사정권 안에 있기는 마찬가지입니다. 아무리 우방국들이라도 각자의 사정이 있기 마련이므로, 무작정 트럼프의 '비위'를 맞출 순 없습니다. 자연스레 크고 작은 갈등이 발생할 테고, 이는 중국에 기회가 됩니다. 가령 EU는 한국이나 일본보다도 중국에 대한 경제적 의존도가 높습니다. 그런 EU가 미국과 불화한다면, 중국이 할 일은 자명합니다. 경제적 인센티브를 활용해 EU를 확 끌어당기려 하겠지요.

비슷한 이유로 가깝게는 중남미, 멀게는 중동과 아프리카에서도 미국의 영향력이 축소될지 모릅니다. 트럼프는 이런 지역의 나라들에 막말을 퍼부어왔습니다. 가령 2018년 1월에는 백악관에서 난민 문제를 논의하며 이런 말을 내뱉었지요.

> "미국이 왜 '거지 소굴shithole' 같은 나라들에서 온 사람들을 받아줘야 하지요?"

중남미와 아프리카에 있는 나라들을 "거지 소굴"이라 부른 것인데, 2024년 4월에도 똑같은 표현을 써 논란을 일으켰습니다. 여기에는 비하의 의미에 더해, 미국이 더는 그런 '거지 같은' 나라들의 일에 개입하지 않겠다는 의지도 포함되어 있습니다. 중국은 이처럼 미국이 손을 뗀 나라들에 파고들어 영향력을 확대하고자 호시탐탐 기회를 엿보고 있지요.

오늘 밤 사자는 잠들지 않는다

지금까지 살펴본 것처럼, 미국 우선주의는 거스를 수 없는 새로운 국제 질서가 되어가고 있습니다. 그런데 흥미롭게도 미국이 이러한 행보를 보인 것이 아주 처음 있는 일은 아닙니다. 미국의 종합무역법 제301조가 좋은 예입니다. '슈퍼 301조'로 불릴 정도로 강력한 이 법은, 특정 국가에서 생산한 특정 제품의 미국 수입을 전면 금지합니다. 하루아침에 미국이라는 거대한 시장을 잃게 되면, 어떤 나라도 버티기 어렵습니다. 그리고 미국은 한국에도 슈퍼 301조를 종종 적용해왔습니다. 1997년에는 자동차 시장을 개방하라며 슈퍼 301조를 발동, 한국산 자동차의 미국 수출길이 완전히 끊길 뻔한 일도 있었지요.

문제는 작금의 미국 우선주의가 슈퍼 301조보다 몇 배는 더 전면적이고 강력하다는 것입니다. 가령 슈퍼 301조는 발동된 후에도 1년 넘게 유예 기간을 주며 어떻게든 '평화적인' 협상에 이르도록 유도했습니다. 또 기본적으로 한 번에 하나의 제품만 목표로 삼았지요. 하지만 중국산 제품의 75퍼센트에 관세장벽을 세운 트럼프의 경우나, 칩4 동맹과 반도체법으로 순식간에 가치 사슬을 재편한 바이든의 경우에서 볼 수 있듯, 오늘날의 미국 우선주의는 빈틈없이, 또 쉴 틈 없이 상대를 몰아붙입니다.

이런 미국을 바라보는 세계 각국의 심정을 한마디로 표현하면, '사자가 잠에서 깨어났구나' 정도일 듯합니다. 그 사자가 날카로운 발톱을 드러내는 순간 세계정세는 그 어느 때보다 크게 뒤흔들릴 것입니다. 경제와 안보 등 거의 모든 분야에서 미국의 행보에 크게 영향받는 한국이 긴장을 늦추지 말고 앞으로 펼쳐질 뉴노멀의 시대에 대비해야 하는 이유입니다.

10

중동의
새로운 주인

중동 패권의
결정적 장면
1

**빈 살만이 왕세자로 즉위하고 4년 뒤인 2021년 3월,
'25년 협력 프로그램'을 맺은 이란과 중국**

미국은 힘을 잃고 중국이 득세하는
새로운 중동 질서의 설계자, 빈 살만을 주목하라!

**이란과의 관계를 회복하고
경제 공동체의 기틀을 마련 중인 사우디아라비아**

성큼 다가온 신재생에너지의 시대,
빈 살만은 어떤 미래를 그리고 있는가?

＊

지난 2022년 6월, 세계의 이목이 독일 남부의 대도시 뮌헨에 집중되었습니다. 국제사회의 각종 현안을 논의하기 위해 G7의 정상들이 모두 모였기 때문입니다. 정상회의는 알프스산맥 기슭의 엘마우성^{Schloss Elmau}에서 열렸는데, 소박하면서도 아름답기로 이름난 고성이지요. 공간이 주는 안락함 덕분인지, 논의해야 할 문제들이 산적한 상황에서도 각국 정상들의 표정은 어느 때보다 편안해 보였습니다.

하지만 프랑스 대통령인 에마뉘엘 마크롱^{Emmanuel Macron}과 바이든만은 예외였습니다. 마크롱이 심각한 표정으로 무언가를 속닥이자, 바이든이 화들짝 놀라는 모습이 눈썰미 좋은 기자들에게 포착되었지요. 당시 마크롱이 바이든에게 한 말을 재구성하면 이렇습니다.

"MBZ와 통화했는데, 자기네 생산량은 이미 최대치라 증산이 어렵고, 사우디아라비아도 하루 15만 배럴 정도만 증산할 수 있다고 하네요. 앞으로 6개월은 변함없을 거랍니다."

암호문 같은 이 말을 찬찬히 뜯어보면, 당시 G7 정상회의의 핵심 의제가 무엇이었을지 짐작할 수 있습니다. 우선 "MBZ"는 아랍에미리트 대통령인 모하메드 빈 자이드 알 나하얀Mohammed bin Zayed Al Nahyan을 가리킵니다. 그가 자국과 사우디아라비아의 사정을 마크롱에게 전달한 것인데, 이때 "생산량"과 "증산"은 모두 석유에 관한 것이지요. 즉 아랍에미리트는 일일 석유 생산량을 더 늘리기 어렵고, 사우디아라비아는 아주 미미한 정도만 더 늘릴 수 있다는 내용입니다. 뭐, 약간 아쉬울 순 있어도 석유가 고갈되었다는 것도 아닌데, 바이든과 마크롱은 무엇이 그리 심각했을까요?

교양이 노트

☑ 사우디아라비아가 달라졌어요!
☑ 뒤통수 맞은 미국과 기회를 잡은 중국
☑ 어부지리를 누리는 한국
☑ 젊은 야심가 빈 살만은 어떤 미래를 그리는가?

자기 발등을 찍은 미국

G7 정상회의가 열리기 넉 달 전인 2022년 2월, 러시아가 우크라
이나를 전면적으로 침공했습니다. 이에 위기감을 느낀 EU는 미국
주도의 대러 제재에 곧바로 동참했지요. 곧이어 5월에는 해가 가
기 전에 러시아산 석유의 수입량을 90퍼센트 이상 줄이겠다고 밝
혔습니다. 그러자 러시아는 기존 1,000만 배럴 안팎의 일일 석유
생산량을 700만 배럴까지 줄여버리는 것으로 대응했습니다. 매일
300만 배럴 분량이 갑자기 사라졌으니, 석유 가격이 치솟으며 세
계경제에 인플레이션의 그림자가 드리우기 시작했지요. 이에 대비
해 미국과 EU가 중동 산유국들에 증산을 부탁했으나, G7 정상회
의 중에 딱 잘라 거절당했던 것입니다.

여기까지는 1장에서도 살펴본 내용입니다. 이번 장에서는 중동
정세에 초점을 맞춰 그 막전 막후를 깊이 들여다보겠습니다. 그 시
작은 세계 최대의 석유 매장국이자 생산국이며 수출국인 사우디
아라비아입니다. (사실 생산량은 미국과 러시아가 좀 더 많습니다. 자국
내에서 소비하는 분량이 많기 때문입니다.) 이토록 '석유 수저'인 사우
디아라비아는 어째서 미국과 EU의 요청에 시큰둥하게 반응했을
까요?

사실 사우디아라비아도 그 나름의 사정이 있었습니다. 석유를
증산하려면 유정과 송유관 등을 추가로 건설해야 하는데, 이 일에

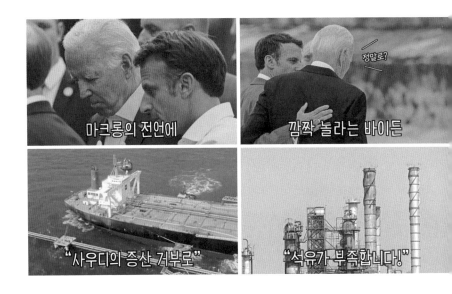

마크롱의 전언에 / 깜짝 놀라는 바이든 / "사우디의 증산 거부로" / "석유가 부족합니다!" / 정말로?

최소 6개월이 필요했던 것이지요. 그 뒤에 어찌 될지 아무도 모르는 상황에서 굳이 증산을 준비하기보다는 미국과 EU의 요구를 거절하는 게 더 합리적으로 여겨졌을 뿐입니다. 석유 생산 시설이야 많을수록 좋은 것 아니냐고 생각할 수 있지만, 산유국 입장에서는 그렇지 않습니다. 사실 2014년 이후 석유 시장은 하락세를 벗어나지 못하고 있습니다. 역설적이게도 그 원인 제공국은 10여 년 후에 석유가 모자라 발을 동동 구르게 될 미국이었습니다.

2014년 미국은 셰일shale이라는 암석에서 기름을 쥐어짜내는 공법을 상용화하는 데 성공했습니다. 비용이 많이 들고 환경을 크게 오염시키는 공법이지만, 정부가 나서서 보조금을 뿌리고 각종 규제를 철폐하며 많은 시추 및 정유 기업이 뛰어들도록 유도했지요. 결국 셰일유가 대량으로 시장에 풀리며, 석유 가격을 끌어내렸습니다. 이로써 미국은 중동 산유국들에 대한 의존도를 낮추었고, 무엇보다 당시 크림반도를 강제로 병합한 또 다른 산유국인 러시아 경제에 타격을 가할 수 있었습니다.

상황이 이렇게 흘러가자, 러시아는 박리다매 전략을 펴 석유 생산량을 늘렸고, 사우디아라비아는 이런 러시아를 제압하기 위해 역시 석유 생산량을 늘렸습니다. 제 살 깎기 경쟁이 벌어졌던 것인데, 공멸의 문턱에서 러시아와 사우디아라비아가 상호 감산에 합의하며, 석유 가격은 적정선을 회복했습니다. 하지만 2020년대 들어 팬데믹으로 공장들이 멈추고, 동시에 신재생에너지로의 전환이 빨라지며 석유 수요가 줄자, 다시 가격이 낮아지기 시작했습니다. 이런 부침을 겪었던 사우디아라비아로서는 이제 와서 석유 생산 시설을 늘린다는 게 영 마뜩잖았을 것입니다.

바이든을 비웃은 빈 살만

물론 이는 표면적인 이유입니다. 석유는 경제 논리로만 움직이는 원자재가 아니지요. 역사적으로 석유는 국제정치에 크게 영향받아왔습니다. 20세기에 중동 산유국들이 서구 국가들에 압박을 가하고자 대대적인 감산을 감행, 석유 가격을 치솟게 함으로써 '오일쇼크'를 일으켰던 것이 좋은 예입니다. 따라서 이번에도 사우디아라비아가 증산을 택하지 않은 진짜 이유를 알려면, 중동 정세를 자세히 살펴보아야 합니다.

이번에는 2017년으로 가보지요. 왕정 국가인 사우디아라비아는 당시 새 왕세자를 정하는 일로 매우 시끄러웠습니다. 이런저런 우여곡절 끝에 2년여간 왕세자 자리를 지켰던 국왕의 조카가 축출되고, 그 자리

를 국왕의 친아들인 무함마드 빈 살만Mohammed bin Salman이 꿰찼지요. 이후 빈 살만은 정적들을 하나둘씩 숙청했는데, 이 과정에서 굉장히 논란이 된 사건이 발생했습니다. 2018년 10월, 반체제 언론인인 자말 카슈끄지Jamal Khashoggi가 튀르키예의 사우디아라비아 총영사관에 개인적인 용무로 잠시 들렀다가 그대로 납치, 살해당했던 것입니다.

이에 대해 튀르키예는 사우디아라비아가 남의 나라에서 사람을 죽였다며 비판했고, 미국 중앙정보국CIA은 아예 빈 살만을 수괴로 지목했습니다. 얼마 후 민주당의 대선 후보가 된 바이든은 인권을 중요하게 생각하는 자당의 가치를 따라, 또 사우디아라비아 왕가

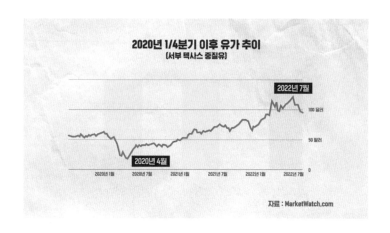

2020년 1/4분기 이후 유가 추이
(서부 텍사스 중질유)

2022년 7월

100 달러

50 달러

2020년 4월

0

2020년 1월   2020년 7월   2021년 1월   2021년 7월   2022년 1월   2022년 7월

자료 : MarketWatch.com

에 수상할 정도로 친절했던 트럼프와 차별화되도록 거침없이 빈 살만을 비판했습니다. 그 같은 "폭압적 독재자"와는 상종할 수 없고, 아예 "국제적 왕따pariah"로 만들겠다며 호언장담했지요. 실제로 이후 어떠한 만남도 거부했습니다. 러우전쟁으로 석유 가격이 치솟기 전까지는 말입니다.

G7 정상회의가 열리고 바로 다음 달인 2022년 7월, 바이든은 부랴부랴 사우디아라비아를 찾아 실권자가 된 빈 살만을 만났습니다. 물론 석유 증산 합의에 실패했고, 회담 직전 기자들에게 이런 말까지 들어야 했습니다.

> "카슈끄지의 가족들에게 사과할 의향이 있습니까? 사우디아라비아는 아직 왕따입니까?"

당황하는 바이든 앞에서 빈 살만은 뜻 모를 미소를 지었는데,
그것이 비웃음이라는 것을 모르는 사람은 없었지요.

카터 독트린이 무너지다

한 가지 의아한 점은 사우디아라비아가
전통적인 친미 국가였다는 것입니다. 석유
는 오직 달러로만 거래한다는 '페트로달러
petrodollar'● 시스템을 앞장서서 확립한 것도
사우디아라비아였고, 이란과 소련(이후 러
시아)이 중동에서 세를 불리지 못하게 앞장
서서 막아낸 것도 사우디아라비아였습니
다. 모두 미국의 이익에 부합하는 일들이었
지요.

빈 살만 또한 앞뒤로 꽉 막힌 이슬람 근
본주의자가 아니었습니다. 권력에 대해서
만큼은 무자비하지만, 그 외 사회, 경제, 문
화 분야에서는 꽤 '글로벌 스탠더드'를 의식
하는 행보를 보여왔지요. 서구 국가들과 이
런저런 문화 교류 행사를 자주 개최했고,

교양이 키워드

● **페트로달러:** 제1차 오일쇼크 직
후인 1974년 사우디아라비아는 석
유를 달러로만 거래하겠다고 미국
과 모종의 '협정'을 맺었다. (관련된
공식 문건 같은 것이 공개된 적 없
으므로, 신사협정 정도로만 보기도
한다.) 당시 미국은 베트남전쟁으로
쌓인 재정 적자를 해결해야 했고,
사우디아라비아는 석유를 팔아 쌓
은 재정 흑자를 처리해야 했다. 그
리하여 서로의 이해가 맞아떨어졌
다. 즉 사우디아라비아가 석유를 팔
아 번 달러로 다시 미국채를 사들이
면, 미국의 재정 적자도, 사우디아
라비아의 재정 흑자도 해소될 수 있
었다. 이 체제를 유지하기 위해 미
국은 사우디아라비아의 약점인 안
보를 책임져주었다. 다만 최근 들어
중동에서 미국의 영향력이 약화하
자, 사우디아라비아가 중국의 위안
화나 러시아의 루블화로도 석유를
거래할 수 있다는 뜻을 내비치며,
페트로달러 체제의 붕괴가 점쳐지
고 있다.

이슬람 교리가 잘 지켜지고 있는지 감시하는 종교 경찰의 권한을 대폭 축소했으며, 여성의 사회 및 경제활동을 장려했습니다. 이슬람 근본주의가 득세 중인 중동에서 이런 행보는 세속주의로까지 평가받았습니다. 이처럼 빈 살만은 그 나름대로 노력 중이었으니, 바이든의 폭언에 인간적인 배신감을 느꼈을지 모릅니다.

한편 빈 살만은 트럼프에게도 뒤통수를 맞았습니다. 사우디아라비아는 남쪽 국경의 절반을 맞대고 있는 예멘에 근거지를 둔 이슬람 근본주의 무장 단체인 후티 반군Houthi rebels과 2015년부터 전쟁 중입니다. 전쟁이 이토록 길어지는 것은 사우디아라비아의 형편없는 군사력과 더불어 이란의 개입 때문입니다. 공교롭게도 페르시아만을 사이에 둔 채 마주 보고 있는 사우디아라비아와 이란은 각각 수니파와 시아파를 이끌며 중동을 양분하는 두 맹주입니다. 또한 사우디아라비아는 20세기 내내 친미를 견지했지만, 이란은 1979년의 이슬람혁명을 계기로 반미로 돌아섰습니다. 이후 사사건건 충돌하며 반목했지요. 연장선에서 이란은 후티 반군을 지원해 사우디아라비아를 압박하는 것입니다.

사실 사우디아라비아와 후티 반군 사이의 전쟁은 '전쟁'이라고 하기에 민망할 정도로 지지부진했습니다. 그러다가 2019년 9월 후티 반군이 엄청난 전과를 올렸습니다. 무려 1,000킬로미터나 떨어진 페르시아만까지 드론 폭탄과 미사일을 날려 사우디아라비아의 석유 생산 시설을 폭격했던 것입니다. 원래대로라면, 그러니까 '상

카터 독트린
페르시아만에서 미국의 이익이
침해되면 무력을 동원한다는 원칙

식적인' 국제 질서에 따른다면, 당장 미국이 개입해 후티 반군을
응징했어야 합니다. 페르시아만은 사우디아라비아와 이란뿐 아니
라, 이라크, 쿠웨이트, 아랍에미리트, 오만 등 다른 중동 산유국들
이 석유를 생산하고 수출하는 주요 해로입니다. 이 때문에 미국은
이미 1980년대부터 페르시아만을 '무조건적으로' 수호해왔습니다.
1980년 1월 당시 미국 대통령이었던 지미 카터^{Jimmy Carter}는 페르시
아만에서 분쟁을 일으키는 나라가 있다면 전쟁까지 불사하겠다고
천명했지요.

2019년 9월, 바로 이 '카터 독트린'을 따라 움직였어야 할 순간에
미국의 대통령은 트럼프였습니다. 그는 미국의 개입 여부를 묻는
기자들에게 이렇게 답했습니다.

"사우디아라비아와 짧은 시간 동안 협상했습니다. 그들은 배치되는 미군의 모든 비용을 부담하는 데 동의했습니다. 실제보다 더 많이요."

파격, 파격, 파격!

바이든과 트럼프를 상대하며 빈 살만은 미국에 대한 신뢰를 크게 잃었을 것이 분명합니다. 그리고 이런 빈 살만에게 기다렸다는 듯이 손을 건네는 나라가 있었습니다. 바로 중국이었지요. 중국은 막 벌어지기 시작한 이란과 미국의 틈을 파고들었고, 젊은 야심가 빈 살만은 이를 이용하기로 마음먹었습니다.

러시아와 중국의 구애에

강화되는 빈 살만의 입지

　그 결과 아주 파격적인 일이 벌어졌습니다. 6장에서 살펴본 것처럼, 2023년 3월 사우디아라비아는 이란과의 관계를 정상화했습니다. 이 둘이 다시 손을 잡는 데 중국의 역할이 매우 컸습니다. 시진핑의 3연임이 확정되던 즈음 베이징에 모인 사우디아라비아의 국가안보보좌관과 이란의 최고국가안보위원장이 우리에게도 익숙한 왕이王毅 외교부장과 나란히 앉아 공동성명을 발표하는 모습은 전 세계에 놀라움을 안겼습니다. 무엇보다 미국의 충격이 컸습니다. 중동의 두 핵심 국가가 자신들의 영향력에서 완전히 벗어난 꼴이었기 때문입니다.

　사실 미국은 꽤 억울했을 겁니다. 중국이 그린 그림의 원작자가 자신들이라고 생각했을 테니까요. 2015년 미국은 이란과 이란핵협정을 맺었습니다. 이로써 이란을 반미에서 중립으로 돌려놓은 다음, 사우디아라비아와 이스라엘의 관계 정상화를 중재했지요. 중동을 안정화하고 미국의 영향력을 공고히 해 중국에 진출할 여지를 주지 않으려는 큰 그림이었습니다. 그런데 트럼프가 이란핵협정을 파기하고 바이든이 이를 수습하지 못하면서 모든 계획이 물거품이 되었습니다. 이란은 예전보다 더 격렬하게 반미를 부르짖었고, 그 와중에 이스라엘-하마스전쟁까지 터졌습니다. 그 사이에 중국의 중동 침투가 성공했으니, 미국으로서는 죽 쒀서 개 준 심정이지 않았을까요?

현 상황에 대해 전문가들은 사우디아라비아, 정확히는 빈 살만의 대담하고 천재적인 외교술에 감탄하고 있습니다. 중국이 손을 내밀긴 했지만, 이를 적극적으로 이용해 판세를 주도한 것은 빈 살만이었다는 평가이지요. 빈 살만은 이미 2022년 4월에 미국의 한 시사지와의 인터뷰에서 자신의 계획을 슬쩍 노출했습니다.

> "사우디아라비아가 제공하는 기회를 (미국이) 놓친다면, 동쪽에 있는 다른 사람들(중국)이 매우 좋아할 것입니다."

과연 빈 살만은 미국과 중국 사이에 놓인 사우디아라비아를 어떻게 이끌어갈까요? 그는 어떤 미래를 그리고 있을까요?

갑의 입장에 선 사우디아라비아

빈 살만이 궁극적으로 원하는 것은 딱 하나, 바로 안보입니다.

자주국방을 하든 누가 대신 지켜주든, 아무도 사우디아라비아를 건들지 못할 정도로 튼튼한 안보를 구축하는 것이지요. 사실 가진 무기만 보면 사우디아라비아는 중동의 최강자입니다. 하지만 그 무기를 운영할 군인들의 수준과 사기가 매우 떨어집니다. 땅만 파면 '검은 황금'이 나와 편하게 먹고살 수 있는 나라에서 누가 위험하고 험한 일이 많은 군대에 입대하려 하겠으며, 설사 입대했다고 해도 유사시에 목숨을 걸고 싸우려 하겠습니까?

이런 상황에서 빈 살만은 두 가지 전략을 쓰고 있습니다. 하나는 자주국방의 토대를 닦는 것입니다. 그래서 1980년대의 중동 특수* 이후 좋은 관계를 유지하고 있는 한국에서 다양한 무기를 수입하고, 한국군 장성을 대사로 초빙해 군대 혁신에 조언을 구하고 있지요. 다만 자주국방은 아주 장기적인 목표이고, 당장 안보를 강화하기 위해서는 역시 미국의 도움이 필요합니다. 이를 위해 빈 살만은 일부러 중국의 손을 잡았던 것입니다. 처음부터 미국에 부탁하면 사우디아라비아가 을이 되지만, 중국을 끌어들이는 순간 급해지는 쪽은 미국이라는 점을 간파했던 것이지요.

실제로 중국의 중재로 사우디아라비아가 이란과의 관계를 정상화한 직후부터 미

> **교양이 키워드**
>
> ● **중동 특수**: 1970년대 한국의 수많은 건설사가 중동 산유국들에 진출해 인프라 건설을 도맡으며 외화를 벌어들인 일이다. 제1차 오일쇼크 이후 중동 산유국들은 석유 가격 인상에 따른 장기 호황을 누리게 되었는데, 그렇게 쌓은 막대한 부로 도로, 항만, 공항, 신도시 등을 개발하기 시작했다. 이때 굵직한 공사를 수주하는 데 성공한 한국의 건설사들이 한국인 노동자들을 대거 중동 현장에 파견하며 외화벌이의 1등 공신이 되었다.

미국과의 딜에 나선 빈 살만

"우라늄 농축을 하겠다"

국의 고위 인사들이 앞다투어 빈 살만을 찾아갔습니다. 사우디아라비아와 이스라엘의 관계 정상화만큼은 미국이 중재해야 한다는 절박함 때문이었죠. 그래야 중동에서 중국의 영향력 확대를 막아낼 수 있을 테니까요. 이를 꿰뚫어 본 빈 살만은 미국에 세 가지 조건을 내걸었습니다. 첫째, 사우디아라비아를 지켜준다는 방위 조약을 체결할 것, 둘째, 우라늄 농축을 포함한 핵 개발에 협력할 것, 셋째, 첨단 무기를 판매할 것입니다. 무엇 하나 미국이 선뜻 받아들일 수 없는 조건들이지요. 특히 우라늄 농축은 곧 핵무기를 만들겠다는 것이므로, 중동 정세에 핵폭탄을 떨어뜨리게 될 것이 뻔합니다. 이런 무리한 조건 뒤에는 갑의 입장을 철저히 활용해 미국에서 최대한 받아내겠다는 빈 살만의 전략이 깔려 있습니다. 즉 둘째 조건을 지렛대 삼아 첫째와 셋째 조건을 이루겠다는 것인데, 실제로 미국과 그렇게 타협점을 찾아가고 있습니다.

석유 이후의 미래

　한편 빈 살만은 이란과의 관계를 정상화한 데서 한발 더 나아가, 경제 공동체를 꾸릴 생각까지 하고 있습니다. 사우디아라비아든 이란이든 21세기에도 계속 석유로만 먹고살 수 있다는 보장은 없습니다. 즉 화석연료가 신재생에너지로 대체된 미래를 대비해야 하는데, 그러려면 다른 돈벌이 수단을 마련해야 하지요. 그래서 사우디아라비아가 갑자기 유명 축구 선수들을 자국 리그에 영입하고, 초대형 도시 건설 프로젝트를 시작한 것입니다. 전자로는 관광수익을, 후자로는 제2의 중동 특수를 노린다고 볼 수 있지요.

　하지만 이 정도로는 부족합니다. 정확히 말해 사우디아라비아 혼자서는 한계가 있습니다. 주변국들과 협력하며 역내의 경제 규모 자체를 키워내야 하지요. 빈 살만이 사우디아라비아의 최대 경쟁자인 이란과 손잡으려는 이유입니다. 빈 살만의 야망이 얼마나 크고, 시야가 얼마나 넓은지 알 수 있는 대목입니다. 실제로 그는 관계 정상화 직후부터 이란에 전폭적으로 투자할 뜻을 내비쳤습니다. 다만 아직은 대이란 제재 중인 미국의 강력한 요청으로 하지 못하고 있을 뿐이지요. 만약 미국이 이란과의 이란핵협정을 복원하고 대이란 제재를 해제한다면, 빈 살만도 뜻을 이룰 수 있을 텐데, 이를 위해 다시 한번 중국을 끌어들일지 모릅니다.

　현재 중동 각국은 이스라엘-하마스전쟁이라는 급한 불을 끄느

탈화석연료 시대의 도래

석유의 경제성은 갈수록 하락

산업 다각화를 위해

이란에 투자하려는 빈 살만

라 정신이 없습니다. 다만 배후에서는 수싸움이 치열합니다. 사우디아라비아가 정말 이란과 경제 공동체를 꾸리려면 미국과 이란, 이스라엘과 이란의 관계가 먼저 개선되어야 합니다. 여기에 하마스와 헤즈볼라, 중국이라는 변수까지 고려해야 하고요. 심지어 러시아도 신경 써야 합니다. 이란은 미국을 '형제'라고 부르며 이란핵협정을 복원하자고 러브 콜을 보내는 동시에 러시아에 미사일을 공급 중이라는 의혹을 받고 있습니다. 이 복잡하게 얽히고설킨 문제들을 풀어가기 위해 빈 살만은 광폭 행보를 이어나갈 것으로 보입니다. 거기에 따라 중동 정세의 판도가 달라질 테지요. 과연 빈 살만이 어떤 '신의 한 수'를 보여줄지 주목하는 이유입니다.

11

중국의
위험한 도박

팍스 시니카의
결정적 장면
1

**여러 나라와 충돌 중인 남중국해에서
중국 해군 함대의 사열을 받는 시진핑**

중국은 왜 남중국해를 모두 자기 영해라 주장하는가?
2027년, 중국은 정말 타이완을 침공할 것인가?

팍스 시니카의
결정적 장면
2

**중국군의 갑작스러운 침공을 대비한
타이완군의 방어 훈련**

완전한 독립을 꿈꾸는 타이완과
이를 바라보는 중국의 불안한 시선!

*

중국 내륙 한가운데 있는 후베이성은 산과 강이 많아 뛰어난 절경을 자랑합니다. 역사적으로는 《삼국지》의 주요 무대인 형주였기에, 관련 유적지의 70퍼센트가 몰려 있지요. 이런 이유로 후베이성에는 중국인들이 사랑하는 관광지가 참으로 많습니다. 그런 후베이성이 2019년 12월 발칵 뒤집혔습니다. 성도 우한시의 이곳저곳에서 들리기 시작한 기침 소리 때문이었지요.

사태의 근원지는 화난수산물시장이었습니다. 지금은 흔적조차 찾기 어렵지만, 이 시장은 우한시에서도 도심에 있어 언제나 사람들로 북적거렸습니다. 여느 때와 다르지 않았던 2019년 12월 1일, 이곳에서 최초의 코로나19 환자가 발생했습니다. 상인이었던 그는 처음에 평범한 감기라고 생각했습니다. 후베이성은 겨울에도 습하기 때문에 기온이 조금만 떨어져도 매우 춥습니다. 충분히 오해할 만한 상황이었지요.

하지만 감기가 곧 폐렴으로 악화하며 사태가 심각해졌습니다. 이후 한 달간 시장을 찾았던 사람 27명이 비슷한 증상으로 입원하자, 그제야 우한시가 나서기 시작했습니다. 곧 역학 조사에 들어갔고, 감염세가 심상치 않다는 것을 파악하게 되었지요. 아니, 심상치 않은 정도가 아니라 파국 그 자체였습니다. 당시 우한시의 코로나19 사망자 수는 이미 하루 평균 50명을 넘어가고 있었습니다. 이를 보고받은 중앙정부는 2020년 1월 23일, 인구 1,100만 명의 우한시를 봉쇄하는 특단의 조치를 취했습니다. 일주일 정도 지난 28일, 세계보건기구WHO 관계자들을 만난 시진핑은 꽤 자신만만해 보였지요.

"우한 폐렴은 악마입니다. 중국은 악마가 활개 치고 다니게 놔두지 않을 겁니다. 제가 직접 지휘하며 대응하고 있지요."

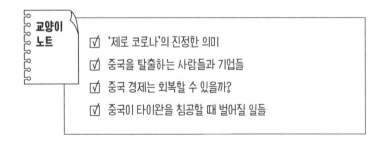

교양이 노트

☑ '제로 코로나'의 진정한 의미

☑ 중국을 탈출하는 사람들과 기업들

☑ 중국 경제는 회복할 수 있을까?

☑ 중국이 타이완을 침공할 때 벌어질 일들

체제 전쟁의 장이 되어버린 팬데믹

하지만 시진핑의 호언장담이 무색하게 사태는 계속해서 나빠져만 갔습니다. 초기 대응이 너무나 늦었기 때문인데, 봉쇄 조치가 취해지기 전에 우한시를 빠져나간 사람이 무려 500만 명에 달했습니다. 음력 1월 1일을 기념하는 중국의 최대 명절인 춘절을 코앞에 둔 시점이라, 미리 고향이나 여행지로 떠났던 것이지요. 그중 한국에 입국한 사람만 6,000여 명이었으니, 그렇게 '우한 폐렴'으로 끝날 수 있었던 코로나19가 중국 국경을 넘어 걷잡을 수 없이 퍼져나갔습니다. 결국 2020년 3월 WHO가 팬데믹을 선언하며 전 세계가 전염병의 공포에 떨어야 했지요.

중국은 팬데믹에 맞서 '제로 코로나' 기조를 택했습니다. 말 그대로 감염을 완전히 틀어막겠다는 것인데, 이를 위해 코로나19가 확산할 조짐이 보이는 도시들을 연달아 봉쇄했습니다. 그 결과 우한시 주변의 허페이合肥시나 난창南昌시부터, 중국에서 인구가 가장 많은 상하이시까지, 일일이 열거할 수 없을 정도로 많은 도시가 봉쇄되었습니다. 심지어 한반도와 바로 붙어 있는 지린吉林성은 그 통째로 봉쇄되었지요. 여기에 한국의 '구'나 '동'에 해당하는 작은 행정단위만 콕 집어 봉쇄했던 경우까지 치면 전부 수백 건에 달합니다. 심한 경우에는 외출 자체를 금지했기에, 주민들로서는 날벼락과 다름없었습니다.

중국이 이처럼 과격한 방법을 쓴 데는 그럴 만한 이유가 있었습니다. 일단 코로나19 환자를 위한 집중 치료실 병상이 매우 부족했습니다. 한국의 절반, 미국의 3분의 1 수준밖에 안 되었지요. 상하이시 같은 부자 도시조차 병상이 부족해 집에서, 심지어 거리에서 죽는 사람이 속출했습니다. 다음으로 중국은 예방접종에 자국 제약사들이 개발한 백신만 사용했습니다. 이는 화이자^{Pfizer}나 모더나^{Moderna} 같은 미국 제약사들에서 개발한 백신보다 성능이 떨어졌는데, 특히 코로나19의 변종 바이러스인 오미크론^{Omicron}을 거의 막아내지 못해 '물백신'으로 비판받기도 했습니다. 이런 상황에서 남은 선택지라고는 결국 사람들을 통제하는 것뿐이었지요.

자국 백신만 고집했다는 데서 알 수 있듯, 중국에서 코로나19는 '과학'이 아니라 '정치'의 영역에서 다뤄졌습니다. 즉 피해를 최소화

할 수 있는 과학적 대응보다는, 시진핑의 진두지휘 아래 중국의 전 인민이 힘을 합쳐 '악마' 같은 코로나19를 물리쳤다는, 애국주의와 민족주의로 점철된 정치적 서사를 써 내려갔던 것입니다. 비슷한 맥락에서 중국 정부는 사태의 시발점으로 우한시나 우한바이러스 연구소가 의심받을 때마다 미국이 생물학무기로 자신들을 공격했다는 음모론을 공식적으로 제기했습니다. 거듭된 봉쇄로 성난 민심을 달래기 위해 실체 없는 외부의 적을 상정했던 것인데, 이로써 팬데믹은 체제 전쟁의 장이 되고 말았습니다.

시진핑으로 대동단결

중국은 왜 과학 이론이 아니라 정치 구호로 팬데믹을 이겨내려 했을까요? 한마디로 '황제' 시진핑이 가는 길에 걸림돌이 없도록 하기 위해서였습니다. 당시 중국은 매우 중요한 정치 행사를 앞두

중국 정치의 최대 화두 | 시진핑의 종신 집권 | 지금까지의 관행을 깬 | 시 황제 즉위식

고 있었습니다. 2022년 10월로 예정된 제20차 전국대표대회(전대)였지요. 전대에서는 차기 5년간 중국공산당을 이끌 2,300여 명의 각급 대표를 선출하는데, 최고 지도자인 주석도 예외는 아닙니다. 따라서 시진핑으로서는 재신임받기 위해서라도 코로나19와의 싸움에서 반드시 승리해야 했습니다.

특히 시진핑은 이미 한 번 연임한 상태였기에, 제20차 전대에서 승부수를 띄울 작정이었습니다. 즉 그 자리에서 주석의 3연임을 금지한 헌법 조항을 삭제하는 데 당원들의 동의를 얻어 종신 집권 체제를 굳히려 했던 것입니다. 이런 중대사를 앞둔 시진핑이었으니, 마치 아무 일도 없었던 것처럼 하루라도 빨리 코로나19를 때

려잡고 싶었겠지요.

봉쇄 조치는 이런 시진핑의 의중을 철저히 반영한 것이었습니다. 일단 도시나 지역을 봉쇄하면, 밖에서는 내부 사정을 알기가 어렵습니다. SNS나 인터넷 커뮤니티로 소식을 전할 수 있지만, 중국에서는 얼마든지 통제 가능하지요. 또한 극약 처방인 만큼 효과도 확실합니다. 적어도 오미크론이 등장하기 전까지 중국은 그 어느 나라보다 사태를 잘 관리했습니다. 중국발 통계를 100퍼센트 믿을 순 없지만, 2021년 말까지만 해도 한국과 비교해 누적 확진자는 절반, 누적 사망자는 두 배에 불과했습니다. 전체 인구수를 고려한다면, 중국이 체제 전쟁에서 승리하는 모양새였지요.

물론 이런 성과를 거두기까지 수많은 중국인이 기본권조차 제대로 누리지 못할 정도로 강력하게 통제당해야만 했습니다. 오미크론의 확산세를 제때 막지 못하며 누적 사망자 수도 10만 명에 달했지요. (이는 중국 정부의 발표이고, 외국 전문가들은 최소 100만 명에서 최대 170만 명으로 예측합니다.) 하지만 이 또한 일정 부분 시진핑의 의도에 부합하는 것이었습니다. 즉 중국에서 팬데믹은 최고 지도자의 판단에 의심을 품지 말고, 시키면 따라야 한다는 것을 각인하는 '정신 개조'의 과정이었죠. 그 결과 인민들의 몸에는 '메이드 인 차이나' 백신과 함께, 코로나19로 표상된 외부의 위협, 곧 미국에 맞서 똘똘 뭉쳐야 한다는 이념이 끊임없이 주입되었습니다.

중국 경제를 짓누르는 4D

시진핑표 방역 수칙이 사상 무장에 가까웠던 이유는 간단합니다. 2장에서 살펴본 것처럼, 팬데믹은 미중 경제 전쟁이 한창일 때 찾아왔습니다. 국영기업들의 방만한 경영, 걷잡을 수 없이 커진 부동산 거품, IT나 엔터테인먼트 같은 신사업들에 집중된 통제, 미국의 관세장벽으로 이미 취약해져 있던 중국 경제가 팬데믹이라는 결정타를 맞아 일순간에 무너지기 시작했지요. 가뜩이나 먹고 살기 힘들어진 데다가 과도한 봉쇄로 일상생활마저 불가능해진 인민들의 불만이 하늘을 찔렀습니다. 이런 상황에서 시진핑은 '내가 잘못했다'가 아니라 '쟤(미국)가 잘못했다'라며 화살을 밖으로 돌렸던 것입니다. 지금은 아예 '쟤와 싸워야 한다'로까지 나아가고 있지요.

물론 시진핑도 경제를 살리고 싶었을 겁니다. 다만 뾰족한 방법이 없었을 뿐이지요. 오늘날 중국 경제를 짓누르는 '4D'가 있다고 합니다. 바로 'Demand(수요)', 'Debt(부채)', 'Decoupling(디커플링)', 'Demographics(인구)'입니다. 무엇 하나 단기간에 해결할 수 있는 것이 없습니다. 가령 중국은 미국처럼 왕창 돈을 찍어내 '수요'를 활성화하기가 어렵습니다. 달러는 기축통화인 만큼 전 세계로 흡수되므로, 양적완화의 부작용을 최소화할 수 있습니다. 하지만 위안화는 그런 효과를 기대하기가 어렵지요. 게다가 정부 '부채'가 이

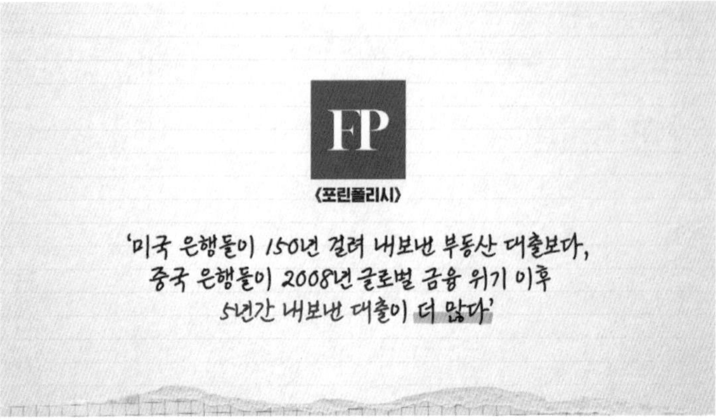
FP
〈포린폴리시〉
'미국 은행들이 150년 걸려 내보낸 부동산 대출보다,
중국 은행들이 2008년 글로벌 금융 위기 이후
5년간 내보낸 대출이 더 많다'

미 역사상 최고치여서, 돈을 찍어낼 여지 자체가 적습니다. 설사 무리하게 양적완화를 한다고 해도, 이처럼 지갑 사정이 최악일 때는 사람들이 소비 대신 저축이나 대출금 상환에 돈을 쓰기 때문에 기대한 만큼 경기가 부양되지 않습니다.

'디커플링'은 사실 미중 경제 전쟁 전부터 불거졌던 오랜 문제로, 안보 문제가 뒤섞여 있어 역시 쉽게 해결할 수 없습니다. 2장에서 시진핑이 집권하며 제시한 주요 정책 중에 '중국제조 2025'가 있다고 설명했습니다. 첨단산업을 육성해 해당 분야에서 서구 국가들에 대한 의존도를 낮추겠다는 게 핵심이었지요. 중국과 서구 국가들의 디커플링은 2015년 발표된 이 정책을 계기로 시작되었습니다.

시진핑의 의중은 단순히 '세계의 공장'을 뛰어넘어 서구 국가들

"중국은 기술, 교역, 금융 등에서
서구에 대한 의존도를 줄이는 것에 관해
러시아보다 더 긴 역사를 갖고 있다."

"디커플링/디리스킹을 발명한
세계 선두 주자가 있다면
그건 어느 모로 봐도 베이징이다."

아가테 데마라이스
유럽외교협회(ECFR) 연구원

과 어깨를 나란히 하는 기술 강국으로 중국을 키워내겠다는 정도
가 아니었습니다. 그보다는 추후 타이완을 둘러싸고 벌어질지 모
르는 전쟁에 대비하겠다는 것이었죠. 시진핑이 집권할 즈음 러시
아는 크림반도를 침공한 대가로 서구 국가들의 각종 제재에 시달
리고 있었습니다. 이를 지켜본 시진핑은 군사력을 유지하고 강화
하는 데 필요한 첨단 기술만큼은 확보해둘 필요가 있다고 판단했
지요. 중국이 세계경제에 편입되어 '돈맛'을 보면 알아서 자유로워
지고 민주적인 사회가 될 것으로 철석같이 믿었던 서구 국가들은
시진핑의 이런 판단에 크게 충격받았습니다. 곧 하나둘씩 중국과
의 디커플링에 나섰지요.

　연장선에서 미중 경제 전쟁이 발발하고, 미국이 중국산 제품의
수입관세를 높이자, 중국 기업들은 인도나 베트남, 멕시코 등에 공

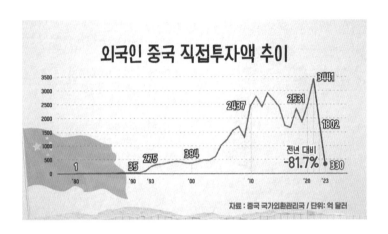

외국인 중국 직접투자액 추이

자료 : 중국 국가외환관리국 / 단위 : 억 달러

장을 짓고 제품을 생산해 우회 수출하는 전략으로 대응했습니다. 이러면 중국 기업들은 돈을 벌지만, 중국 사람들은 돈을 벌지 못합니다. 동시에 미국의 관세장벽을 피하고자 외국 기업들이 대거

중국에서 탈출했습니다. 2023년에 대중 외국인 직접투자가 전년 대비 30퍼센트 넘게 쪼그라들었던 이유입니다. 2023년 3분기만 보면 무려 82퍼센트나 줄어들었습니다. 시진핑의 무리한 디커플링으로 중국 경제가 좌초되었다고 해도 과언이 아닌 상황이지요. 여기에 '인구' 감소까지 겹치며 중국 경제는 사중고의 늪에서 허우적거리고 있습니다.

출구 전략에 골몰하는 시진핑

한마디로 중국 경제는 막다른 길에 몰려 있습니다. 이를 극명하게 확인할 수 있는 현장이 미국과 멕시코의 국경 지대입니다. 중국과 별로 상관없어 보이는 곳이지만, 요즘 이곳에 가면 수많은 중국인을 볼 수 있습니다. 중국 기업들이 그곳에 공장이라도 지은 것일까요? 아니면 새로운 차이나타운이 들어선 것일까요? 실상은 훨씬 처참한데, 본국에서 먹고살 방도가 없어진 중국인들이 멕시코를 거쳐 미국으로 밀입국하려고 대거 모여든 탓입니다. 2023년 한해 동안 그렇게 국경을 넘다가 붙잡힌 중국인만 4만여 명에 달했습니다. 전년 대비 10배나 많아졌는데, 중국 경제가 얼마나 빠르게 무너지고 있는지 알 수 있는 대목이지요.

물론 시진핑도 사태의 심각성을 잘 알고 있을 테고, 이래저래 고심할 테지요. 하지만 마땅한 방법이 없으므로, 경제 문제 해결을 후 순위로 밀어놓고, 다른 출구 전략을 마련하는 데 집중하는 것으로 보입니다. 바로 '전쟁'입니다. 즉 미국과의 경제 전쟁에서는 졌지만, 실제 전쟁에서는 이겨 인민의 자존심이라도 세우겠다는 것이지요. 시진핑은 이런 생각을 숨기지 않고 있습니다. 2023년 11월에는 바이든과의 정상회담 자리에서 이렇게 말했습니다.

"중국이 타이완을 통일할 것입니다."

추락하는 중국 경제

높아지는 전쟁 위기

사실 시진핑으로서는 시간이 별로 남지 않았습니다. 중국 경제의 반등이 사실상 불가능해졌기에, (자기 말을 지키려면) 힘이 남아 있을 때 하루라도 빨리 타이완을 침공해야 합니다. 게다가 2024년 1월의 타이완 총통 선거에서 반중 성향의 민주진보당● 후보가 당선되었습니다. 바로 라이칭더賴清德로, 같은 당 소속의 전임 총통인 차이잉원蔡英文보다 더 강력하게 타이완의 독립을 주장해왔던 인물입니다. 라이칭더는 취임사에서 "비굴하지도 오만하지도 않게 현상을 유지할 것"이라면서도 "중국은 합법적인 민선 타이완 정부와 대등하게 대화해야 한다"라고 강조했지요. '독립'이라는 단어는 쓰지 않았지만, '대등한 대화'를 언급한 대목에서 사실상 독립을 선언한 것과 다름없었습니다. 당연히 중국은 민감하게 반응했습니다.

"타이완은 화약고로 변하고 있습니다"

"타이완 독립은 죽음의 길이라는 점을 강조한다. 어떤 변장이나 기치로 타이완 독립이나 분리를 추구하는 것은 실패할 수밖에 없다."

이는 라이칭더의 취임사에 대한 중국 외교부의 공식 입장으로, 살벌하기까지 하지요.

타이완이 위험하다

타이완을 향한 시진핑의 집착은 쉽게 수그러들지 않을 것입니다. 세계지도를 펼쳐 태평양 부분을 살펴보면 누구나 알 수 있는

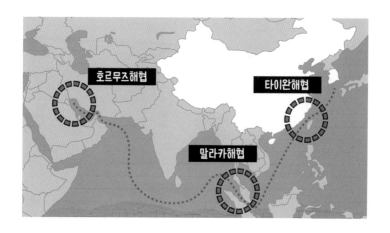

사실입니다. 한국, 일본 열도와 남서쪽으로 길게 이어진 부속 섬들, 타이완, 그 아래의 필리핀과 오스트레일리아까지, 중국은 태평양 방면에서 미국의 우방국들에 완전히 포위당한 형국입니다. 이 국가들을 이은 가상의 선을 따라 크고 작은 미군 기지들이 빼곡하게 들어서 있지요. 아울러 미국은 핵심 석유 수송로로 아시아 국가들의 목숨줄을 쥐고 있는 말라카해협 인근 국가들에도 굉장히 공을 들이고 있습니다. 참고로 중국이 수입하는 석유의 80퍼센트가 말라카해협을 통해 들어옵니다.

이런 상황을 벗어나기 위한 중국의 묘수는 무엇일까요? 중국이 경제 분야에서 굉장한 인센티브를 제공하고, 정치 분야, 특히 영해를 둘러싼 분쟁에서 통 크게 양보한다면, 태평양 방면에서 자기편을 확보할 수 있을까요? 상식적으로 생각했을 때, 그럴 가능성은 희박해 보입니다. 설사 중국이 그렇게까지 전향적으로 나온다고 해도, 미국의 우방국들은 이를 중국에 대한 승리로 생각할 뿐, 미중 사이에서 균형이나 중립을 지킬 계기로까지 삼지는 않을 것입니다.

이런 이유로 중국은 남중국해 곳곳에 콘크리트를 들이붓고 있습니다. 즉 인공 섬*을 만들어서라도 태평양 진출의 거점을 마

련하고자 시도 중인데, 그런 점에서 타이완은 최고의 선택지입니다. 만약 중국이 정말 타이완을 침공해 점령한다면, 한국에서 오스트레일리아로 이어지는 미국의 대중 태평양 방어선이 끊어지게 됩니다. 이에 더해 타이완은 불침 항공모함입니다. 이곳에 중국의 미사일 기지와 공군 기지가 들어서면, 사실상 아시아-태평양 전체를 중국에 내줘야 합니다. 이를 군사적 방법을 동원해 다시 빼앗는다는 것은 불가능에 가깝습니다. 타이완과 중국 본토는 200킬로미터밖에, 심지어 진먼다오金門島 같은 부속 섬은 5킬로미터밖에 떨어져 있지 않습니다. 즉 타이완에 오성홍기가 꽂히는 순간, 이를 다시 탈환한다는 것은 중국 본토를 침공하는 일과 크게 다르지 않습니다. 아무리 미국으로서도 쉬운 일이 아니지요.

이처럼 중국의 타이완 침공과 점령은 일개 섬 하나의 주인이 바뀌는 것 이상의 의미를 가집니다. 즉 아시아-태평양 전체가 중국

의 앞마당이 되는 일이지요. 정말 그럴 경우, 미국의 우방국들은 늘 중국의 군사적 위협에 시달려야 할뿐더러, 무역 또한 매우 까다로워질 것입니다. 말라카해협을 지난 화물선들은 남중국해와 태평양을 거쳐 아시아 각국으로 퍼져나가는데, 이 모든 무역로를 중국이 꽉 쥐게 되기 때문입니다. 한편 타이완은 세계 어디서든 인터넷을 이용할 수 있게 해주는 해저 케이블들이 통과하는 거점입니다. 만약 중국이 이 케이블들을 끊어버린다면, 전 세계적 규모의 통신 대란이 발생하게 됩니다. 이처럼 여러모로 중국의 영향력이 막강해지는 상황에서 미국의 우방국들은 친미와 친중을 놓고 실존적 결단을 강요받게 될 것입니다.

무너지는 경제와 높아지는 인민들의 원성, 점점 더 거세게 목을 죄어오는 미국까지, 시진핑으로서는 판도를 한 번에 뒤집을 만한 묘수가 절실한 상황입니다. 이때 타이완 침공은 꽤 해볼 만한 도박으로 보일 수 있습니다. 성공하기만 한다면, 정치부터 경제까지 모든 것을 얻을 수 있기 때문입니다. 진정한 의미에서 황제가 되는 것이지요. 이 때문에 많은 전문가가 몇 년 안에 중국이 타이완을 침공할 것으로 보고 있습니다. 미국을 혈맹으로 둔 채 중국을 혈맹으로 둔 북한과 대치 중인 한국이 시진핑의 행보에서 눈을 떼지 말아야 할 이유입니다.

12

한국의 전략
:자율성을 활용하라

**세계 최초로 세 번 접는 스마트폰을 개발한
중국의 IT 기업 화웨이**

중국은 기술 굴기를 절대 포기하지 않는다!
그렇다면 한국의 대중 수출 전략은 어떻게 바뀌어야 할까?

한국 외교의
결정적 장면
2

**포항 앞바다에서 함께 상륙 훈련 중인
미군과 한국군 해병대**

할 말 하는 한국의 자주 외교가
미국과의 관계를 더욱 튼튼하게 한다?

＊

미국 워싱턴 D.C.는 국제정치의 핵으로 불립니다. 도시의 경계를 흐르는 포토맥강Potomac River 근처에 자리한 하얗디하얀 건물에서 전 세계를 뒤흔들 결정이 쉬지 않고 내려지고 있기 때문이지요. 그곳의 정체는, 누구나 짐작하겠지만, 바로 백악관입니다.

그런데 최근 백악관만큼 국제정치의 전면에 나선 곳이 있습니다. 이곳을 찾아가려면 백악관에서 남쪽으로 10분 정도만 걸어가면 됩니다. 그러면 곧 도리스양식의 거대한 기둥들로 외벽을 꾸민 장중한 건물이 나타납니다. 미국 경제와 관련된 수많은 사안을 검토하고 정책으로 구체화하는 이곳의 명칭은 상무부로, 미중 경제 전쟁이 발발한 이후 그 존재감이 날로 커지고 있지요. 특히 상무부의 극비 조직인 산업안보국BIS은 중국과의 경제 전쟁이 가장 치열하게 전개되는 각종 첨단산업 분야에서 미국의 칼 역할을 도맡고 있습니다. BIS는 '임시 최종 규칙^{IFR}'이란 것을 전가의 보도처럼 휘두르고 있는데, 쉽게 말해 계속해서 업데이트되는 대중 수출 규제 목록입니다. 즉 여기에 포함된 물품을 (미국의 허락 없이) 중국에 수출하면 불이익을 가하겠다는 것이지요.

> **"우리의 적들이 첨단 기술을 개발, 도입해 우리의 집단 안보를 위협하는 일을 더 어렵게 만들 것입니다."**

2024년 9월, 상무부 차관으로 BIS를 진두지휘하는 앨런 에스테베스^{Alan Estevez}는 IFR에 양자 컴퓨터 관련 물품을 포함하며 "적"이라는 표현을 썼습니다. 오늘날 미국이 중국을 어떻게 바라보고 있는지 명확히 알 수 있는 대목이지요. 이처럼 앙숙 관계가 되어버린 미국과 중국 사이에서 한국은 어떤 선택을 해야 할까요?

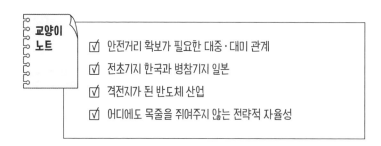

교양이 노트

- ☑ 안전거리 확보가 필요한 대중·대미 관계
- ☑ 전초기지 한국과 병참기지 일본
- ☑ 격전지가 된 반도체 산업
- ☑ 어디에도 목줄을 쥐여주지 않는 전략적 자율성

얽히고설킨 산업과 안보

BIS라는 조직의 이름에서도 알 수 있듯, 오늘날의 세계에서 '산업industry'과 '안보security'는 불가분의 관계입니다. 이는 오랫동안 '경제는 중국과, 안보는 미국과 협력한다'는 기조를 따라왔던 한국에 시사하는 바가 큽니다. 둘 중 하나를 버릴 필요까진 없겠지만, 적어도 둘 모두와 관계를 재정립할 때인 것이지요. 그중 중국과의 관계를 먼저 살펴보도록 합시다.

우선 중국은 여전히 한국의 최대 무역국입니다. 한국의 수출액과 수입액을 살펴보면, 2023년 기준 각각 19.7퍼센트와 22.24퍼센트가 중국과의 무역에서 발생했지요. 하지만 시야를 좀 더 넓혀보면, 미중 경제 전쟁 발발과 팬데믹 이후 추세가 확연히 꺾였다는 것을 알 수 있습니다. 특히 대중 수출이 크게 줄고 있는데, 2021년까지 한국은 수출액의 24~26퍼센트를 중국에서 벌어들였습니다. 그런데 2022년에 그 비중이 22퍼센트대로 낮아졌고, 2023년에는

한국의 최대 무역국 중국

하지만 추세가 꺾이는 중!

대중 무역 흑자 축소 추이

556억 달러

290

237

243

42억 달러

2022년 2분기는 적자

2018년 | 2019년 | 2020년 | 2021년 | 2022년 상반기

자료 : 한국무역협회 / 단위: 억 달러

20퍼센트의 벽까지 깨져버렸습니다. 어떤 반전이 생기지 않는 한, 2024년에는 19퍼센트대 초반까지 떨어질 것으로 보입니다.

흥미로운 점은 한국의 전체 수출액이 대중 수출액의 비중 변화에 그리 영향받지 않았다는 것입니다. 물론 약간의 오르내림은 있었지만, 2024년에 역대 가장 높은 수출액을 기록할 것으로 보이는 만큼, '위기'라 부를 만한 상황은 아닌 것이 분명합니다. 이와 관련해 대중 수출액보다는 반도체 수출액이 더 크게 영향을 미쳤다는 해석도 있지요. 실제로 대중 수출액 비중이 뚝 떨어진 2022년에 전체 수출액은 오히려 늘었습니다. 2023년에는 크게 줄었지만, 2024년에는 전년 대비 10퍼센트 넘게 증가할 것으로 전망됩니다. 이는 한국의 수출액에 중국과의 무역만큼이나, 아니 그 이상으로 영향을 미치는 요소가 있다는 것을 알려줍니다. 그것은 바로 반도

교양이 키워드

● **반도체 사이클:** 대략 4년을 주기로 반복되는 반도체 시장의 호황과 불황을 가리킨다. 즉 2~2.5년 정도의 호황 뒤에 1.5~2년 정도의 불황이 이어진다는 것이다. 서버 증축, 신기술 개발 등을 이유로 늘어난 반도체 수요가 호황을 이끈다. 이에 대응해 반도체 기업들은 생산량을 늘리고, 그러면서 자연스레 공급이 수요를 넘어서게 된다. 결국 반도체 가격이 낮아지면서 불황을 맞는다. 최근에는 인공지능 개발이라는 변수 때문에 호황과 불황 사이의 간격이 점점 좁혀지며, 4년이라는 주기 자체가 널뛰는 추세다.

체 사이클[●]로, 실제로 최근 몇 년간의 수출액 추이를 살펴보면 반도체 산업의 호황 주기와 꽤 비슷하지요.

그렇다면 한국의 대중 수출액 비중은 어째서 점점 줄어드는 것일까요? 혹자는 안보 분야에서 미국과 보조를 맞추는 한국에 중국이 경제적으로 압박을 가하는 것이라고 풀이합니다. 2017년 미국이 주한 미군기지에 '사드^{THAAD}'로 불리는 고고도 미사일 요격 체계를 배치하자, 중국이 경제 보복을 가했던 일을 떠올린다면, 분명 일리 있습니다. 하지만 그때와 지금의 중국이 달라졌다는 것이 더 근본적인 이유입니다.

중국 시장에서 밀려나는 한국 기업들

최근 중국 경제가 휘청거리며 자연스레 수입 여력이 줄어들었다는 것은 2장에서 충분히 설명했습니다. 이번에는 그 외의 이유를 짚어보도록 하지요.

과거에 중국은 '세계의 공장'으로 불렸습니다. 전 세계의 기업들이 저렴한 노동력에 끌려 앞다퉈 중국에 공장을 지었기 때문입니다. 그렇게 중국에서 생산된 제품들이 싼값에 전 세계로 팔려 나가며 '메이드 인 차이나'의 전성시대를 열어젖혔지요. 이로써 중국은 2010년대까지 6~7퍼센트대의 높은 경제성장률을 유지할 수 있었습니다.

하지만 중국은 세계의 공장으로 남을 생각이 없었습니다. 하여 축적된 자본을 이용해 자국의 산업 경쟁력을 높이기 시작했습니다. 일단 막대한 예산을 쏟아부어 자국 기업들의 연구·개발을 지원했지요. 동시에 보조금을 살포했습니다. 그 결과 중국 기업들은 예전보다 더 좋은 제품을 더 싸게 시장에 선보이게 되었습니다. 세계시장에서는 '이름값' 있는 제품들에 치여 빛을 보지 못하더라도, 최소한 자국 시장에서는 두각을 나타내기에 충분했지요.

여기에 '궈차오國潮'라 불리는 애국주의 소비 열풍이 더해지며 2010년대 중반부터 중국 시장의 판도가 뒤바뀌기 시작했습니다. 즉 중국 시장에서 해외 기업들이 아닌 자국 기업들의 제품이 더 많이 팔리는 역전 현상이 발생했던 것입니다. 당연히 한국 기업들도 타격을 입었는데, 특히 스마트폰과 자동차 시장에서 점유율을 대거 상실했습니다. 가령 삼성전자는 2013년에 중국 스마트폰 시장의 19.3퍼센트를 차지했으나, 2015년에 곧장 반토막이 났고, 지금은 충격

교양이 키워드

● **궈차오**: 중국 전통을 뜻하는 '궈(國)'와 유행을 뜻하는 '차오(潮)'가 합쳐진 신조어다. 중국 특색의 제품을 찾아 소비하는 중국인들 특유의 애국주의 소비를 가리킨다. 특히 풍요로워진 중국, 동시에 패권국 미국과 경쟁하는 중국을 어려서부터 보며 자라온 젊은 세대가 궈차오 열풍을 이끌고 있다.

중국 전기자동차 업계 보조금

6조 4000억 원(2016~2020년)

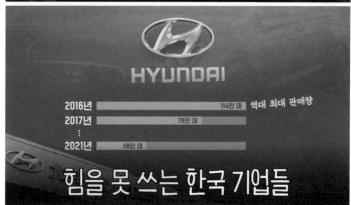

HYUNDAI		
2016년	114만 대	역대 최대 판매량
2017년	78만 대	
⋮		
2021년	38만 대	

힘을 못 쓰는 한국 기업들

적이게도 0퍼센트대까지 쪼그라든 상태입니다. 현대자동차 또한 비슷한 처지이지요.

첨단산업 분야에서 굴기하는 중국

오늘날 중국은 산업 경쟁력 강화에 더욱 박차를 가하고 있습니다. 특히 전기자동차, 이차전지, 반도체 같은 첨단산업 분야에서 반드시 굴기를 이루고자 총력을 기울이는 중입니다. 그중 미래 먹거리로 각광받는 전기자동차와 이차전지 분야에서 중국 기업들의 상승세는 무서울 정도이지요. 중국의 BYD는 2023년 미국의 테슬라를 제치고 전기자동차 판매량 1위를 차지했고, 역시 중국의 CATL은 2017년부터 이차전지 시장에서 단 한 번도 1위 자리를 내어주지 않고 있습니다.

중국은 이러한 흐름을 반도체 분야에서도 이어가고 싶어 합니다. 우선 레거시 반도체, 특히 한국이 잘하는 메모리 반도체* 개발에 상당한 진척을 보이는 중입니다. 애

교양이 키워드

● **메모리 반도체**: 반도체는 기능에 따라 크게 메모리 반도체와 시스템 반도체로 구분된다. 메모리 반도체는 이름 그대로 데이터를 기억(저장)하는 역할을 맡는다. 전력이 끊기면 데이터가 날아가는 휘발성 메모리 반도체와 전력이 끊기더라도 데이터가 남아 있는 비휘발성 메모리 반도체로 나뉜다. 전자의 대표적인 상품이 디램(DRAM)이고, 후자의 대표적인 상품이 롬(ROM)과 플래시 메모리(flash memory)다.

● **시스템 반도체**: 컴퓨터의 CPU나 스마트폰의 AP처럼 연산을 담당하는 반도체다. 두뇌에 해당하는 만큼 개발이 어려운 고부가가치 상품이다. 전 세계 반도체 시장의 70퍼센트 이상을 시스템 반도체가 차지할 정도다. 미국이 이 분야의 최강국으로, 전 세계 시스템 반도체 시장의 70퍼센트 안팎을 차지하고 있다.

시진핑 | 중국공산당 주석 | 2022년 8월 17일
"중국의 과학기술이 갈 길은 혁신뿐입니다."

플은 2022년 출시한 아이폰 14에 SK하이닉스뿐 아니라 중국의 YMTC에서 만든 메모리 반도체도 탑재하려 했습니다. 비록 미국 정부의 압박으로 이 계획은 철회되었지만, 한국으로서는 굴욕적인 일이 아닐 수 없었지요. 해당 분야에서 중국과의 기술 격차가 그리 크지 않다는 게 드러났기 때문입니다.

첨단 반도체의 경우에도 중국은 그 나름의 방법을 찾아가고 있습니다. 미국의 제재로 중국은 첨단 반도체뿐 아니라, 첨단 반도체의 개발과 생산에 필요한 첨단 장비도 전혀 수입하지 못하는 처지입니다. 이런 상황에서 중국은 기존에 보유하고 있던 구식 장비를 개조해 첨단 반도체를 자체적으로 개발하고 생산하는 데 성공했습니다. 사실 이러면 불량품이 너무 많이 나와 기업의 손해가 막심하지만, 중국은 막대한 보조금으로 이를 상쇄하고 있습니다. 이렇게 만들어진 첨단 반도체는 수출하긴 어려워도, 중국 내의 수요를 감당하는 데는 부족함이 없을 것입니다.

중국과의 거리 조절이 필요하다

이처럼 중국은 산업 경쟁력을 제고하는 데 성공했기에, 과거처럼 단순 공산품 외의 모든 것을 수입에 의존하려 하지 않습니다. 이 때문에라도 한국의 대중 수출은 점차 줄어들 수밖에 없지요. 부차적으로 사실상 독재에 가까운 시진핑의 통치 스타일도 비즈니스 파트너로서 중국의 매력을 갉아먹고 있습니다. 2022년 6월, 주중 EU 상공회의소의 부회장인 베티나 숀베한진^{Bettina Schoen-Behanzin}은 이를 단 한마디로 정리했습니다.

> "오늘날 중국에서 유일하게 예측 가능한 것은 예측 불가능하다는 것뿐으로, 이는 기업 환경에 독이 됩니다."

최고 지도자의 말 한마디면 아무리 큰 도시라도 하루아침에 봉쇄되어 경제활동이 중단되고, 관영 매체에서 여론을 조성하고 인민들을 동원해 외국 기업의 매장이나 공장에 불을 지르는 나라에서 누가 사업을 하려 할까요? 가뜩이나 성장 동력이 예전 같지 않아 매력이 반감된 상황에서 말입니다. 결과적으로 중국과 무역하려는 국가와 기업이 줄어들 수밖에 없지요.

따라서 한국이 취해야 할 태도는 명확합니다. '달걀을 한 바구니에 몰아넣는 어리석음'을 피해야 합니다. 즉 중국의 대안이 될 시장들을 개척해 수출 시장을 다변화해야 하지요. 이는 혐중 정서에 기대어 중국과 당장 이별하자는 '헤어질 결심'과는 다릅니다. 단지 중국에 한국의 목줄을 쥐여줄 정도로 예속되지 말자는 것입니다. 물론 지난 20여 년간 막대한 대중 수출로 재미를 본 한국이기에 이러한 결단이 쉽지는 않을 것입니다. 하지만 지금 하지 않으면 늦습니다. 저렴한 러시아산 석유에 의존하며 호황을 누리던 EU가 러우전쟁 이후 어려움을 겪는 상황은 한국에 타산지석이 됩니다. 당장 편하다고 해서 한 나라에 경제적으로 지나치게 의존하는 것은 너무나 위험한 도박입니다.

미국과의 거리 조절도 필요하다

그리고 이는 정확히 미국을 대할 때도 적용되는 태도입니다. 전통적으로 한국은 안보 측면에서 미국과 보조를 맞춰왔습니다. 외부의 위협에서 보호받고 안정적으로 경제를 성장시키려는 한국의 필요와 아시아-태평양 방면에서 패권을 유지하려는 미국의 필요가 맞아떨어졌기 때문입니다. 하지만 얻는 것이 있으면 잃는 것도 있는 법입니다. 신냉전이 도래한 오늘날, 미국과의 관계가 고착될 수록 한국의 안보는 튼튼해지는 동시에 취약해집니다. 지정학적으로 한반도가 북중러와 한미일의 두 세력이 부딪치는 최전선이기 때문입니다. 가령 점점 더 많은 전문가가 제2차 한국전쟁의 가능성을 언급하며, 북한이 '조국 통일'을 위해 남한을 침공하는 시나리오를 폐기하고 있습니다. 그보다는 타이완을 둘러싸고 미국과 중국이 충돌할 때 두 국가의 전초기지로서 남한과 북한 또한 전쟁에 휘말릴 것이라는 분석이 최근 들어 힘을 얻고 있지요. 이런 상황에서 과연 미국의 장기짝이 되는 게 한국에 이득일지 고민해봐야 하지 않을까요?

일각에서는 한국이 지정학적 중요성 때문에 미국에서 많은 편의를 제공받고 있다고 주장합니다. 가령 미국은 한국의 반도체 기업들이 중국에 투자하는 것을 완전히 틀어막고 있지 않습니다. 한국의 대중 수출액 중 20퍼센트 안팎이 반도체에서 발생하는 만큼, 피해를 최소화할 수 있게 유예 기간을 주고 있는 것이지요. 즉 한국이 안보 측면에서 위험부담을 안는 만큼, 미국이 경제적으로 혜택을 주고 있다는 설명입니다.

하지만 가장 크게 '신냉전 특수'를 누리는 나라는 따로 있습니다. 바로 일본입니다. 한국전쟁 때와 마찬가지로, 한국이 최전선의 전초기지라면, 일본은 후방의 병참기지입니다. 온갖 전략물자를

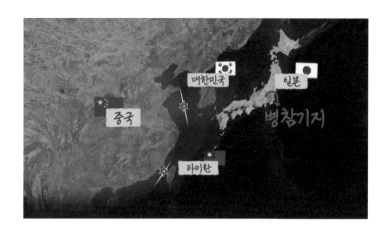

생산하고 공급(판매)하는 곳이지요. 실제로 벌써부터 '재팬 프리미엄'이 발생하고 있습니다. 2023년 4월 투자의 귀재로 불리는 워런 버핏이 TSMC 주식을 전부 매도하고 일본의 5대 종합상사 주식을 대거 매수했습니다. 그 종합상사들은 미쓰비시^{Mitsubishi}, 미쓰이^{Mitsui}, 이토추^{Itochu}, 마루베니^{Marubeni}, 스미토모^{Sumitomo}로 모두 제2차 세계대전과 한국전쟁 기간에 전략물자를 생산하며 크게 성장한 기업이지요. 버핏이 본인 입으로 밝힌 이유는 이렇습니다.

> "TSMC는 잘 관리되는 회사이지만, 지정학적 리스크를 무시할 순 없습니다."

중국이 타이완을 대대적으로 침공한다면, TSMC는 크게 타격

TSMC를 풀매도한 버핏

일본 종합상사를 풀매수!

을 입을 수밖에 없습니다. 그러므로 미중 갈등이 고조되는 현 상황에서 TSMC 주식을 들고 있는 것은 위험하다는 게 버핏의 판단입니다. 같은 이유로 현재 TSMC는 일본에 대형 반도체 공장을 건설 중입니다. 심지어 삼성전자도 일본에 3,000억 원 이상을 투자해 반도체 연구소를 신설하고 있지요.

모호성, 명확성, 자율성

결국 아시아-태평양 일대에서 위기감이 고조될수록 앉아서 돈을 버는 것은 일본입니다. 기업과 일자리, 자본이 모두 상대적으로 안전한 일본으로 흘러 들어갈 수밖에 없기 때문입니다. 한국으로서는 그다지 남는 장사가 아닌 셈이지요.

지금까지 한국은 이런 상황에 전략적 모호성(균형 외교), 또는 전략적 명확성(진형 외교)으로 대응해왔습니다. 집권 세력의 성향에 따라서 왔다 갔다 했는데, 그러다 보니 일관성이 떨어지는 문제는 차치하더라도, 사실 두 전략 모두 이처럼 패권 다툼이 치열한 상황에서는 효과를 내기가 어렵습니다. 우선 전략적 모호성은 양 진영 모두를 상대해야 합니다. 그 결과 양쪽에서 얻을 수도 있지만, 양쪽에서 잃을 수도 있지요. 반면에 전략적 명확성은 애초에 어느 한쪽을 완전히 포기해야 할뿐더러, 남은 한쪽에 종속될 위험이 있습니다. 즉 어느 전략을 택하더라도 안보 위기와 경제 위기를 겪게 될 가능성이 큽니다.

이런 외통수에서 벗어나기 위해 필요한 것은 전략적 자율성(자주 외교)입니다. 한마디로 어느 쪽에 대해서도 의존도를 낮춤으로써, 자율적으로 활동할 반경을 넓히는 것이지요. EU가 가장 적극적으로 이 전략을 채택하고 있고, 그 외 사우디아라비아, 인도, 브라질, 남아프리카공화국 등도 이에 따라 국제 관계를 조정 중입니다. 10장에서 살펴본 것처럼, 사우디아라비아가 미국과 EU의 석유 증산 요구를 거부하고, 중국의 중재에 따라 이란과의 관계를 정상화한 것이 전략적 자율성의 좋은 예입니다. 이로써 사우디아라비아는 중동 정세의 핵심 플레이어로 거듭났습니다. 이런 '신의 한수'를 가능케 한 것이 바로 전략적 자율성입니다.

물론 한국에는 석유가 없습니다. 대신 반도체가 있지요. 무엇보다 한국의 위치 자체가 굉장한 협상력으로 작용합니다. 이를 지렛대 삼으면, 순순히 미국 편에 설 때보다도 더 많은 것을 요구하고

받아낼 수 있습니다. 이를 '친중반미'로 오해해선 안 됩니다. 미국과 거리를 두자는 것이지, 미국을 버리자는 것이 아니지요. 오히려 한국이 한 발짝 멀어지려 할 때 미국은 두 발짝 가까워지려 할 것이고, 따라서 결과적으로 관계가 더 끈끈해질 것입니다.

위기의 반도체 산업

한국이 전략적 자율성을 채택한다고 했을 때, 가장 먼저 적용할 분야는 단연 반도체 산업입니다. 오늘날 한국의 주요 반도체 기업들은 칩4 동맹과 반도체법의 영향으로 그 어느 때보다 미국 투자에 집중하고 있습니다. 미국 곳곳에 대형 반도체 공장과 연구소를 짓고, 미국 기업들과 긴밀히 협력하며, 우수한 인력을 파견하고 있지요. 이는 당장에 이득이 됩니다. 미국 정부가 제공하는 보조금과 세제 혜택을 누릴 수 있기 때문입니다. 하지만 장기적으로 한국의 반도체 산업 경쟁력을 떨어뜨릴 위험이 있습니다. 관련 자본과 자원이 모두 한국을 떠나 미국으로 향하는 꼴이기 때문입니다. 당장 미국 주도의 가치 사슬에서 제외되지 않았다며 기뻐하고 그칠 문제가 아니라는 것이지요.

그렇다면 한국도 정부 차원에서 전 세계의 반도체 기업들을 끌어당길 만한 대책을 마련해야 합니다. 2023년에 일명 'K-칩스법(조세특례제한법 일부개정법률안)'을 도입한 배경이지요. 이 법의 주요 내용은 반도체 기업들에 세제 혜택을 주는 것입니다. 대기업과 중견기업은 최대 25퍼센트, 중소기업은 최대 35퍼센트의 세금을 공제받을 수 있지요. 이 또한 분명 인센티브가 되겠지만, 많은 전문가가 여전히 부족하다며 한목소리를 내고 있습니다. 즉 세제 혜택 같은 간접적인 지원보다는 보조금 지급 같은 직접적인 지원이 필요하다는 것입니다. 실제로 한국을 제외한 대부분의 국가가 자국 반도체 기업들을 육성하고 해외 반도체 기업들을 유치하고자 보조금을 지급하고 있습니다.

이처럼 통 큰 지원이 필요한 것은 한국 반도체 산업의 특성 때

세계는 반도체 보조금 전쟁 중

미국 70조 원 이상

유럽 60조 원 이상

일본 30조 원 이상

문이기도 합니다. 그 양대 산맥이라 할 수 있는 삼성전자와 SK하이닉스는 파운드리에 특화되어 있습니다. 반도체를 얼마나 창의적으로 설계하는지가 중요한 팹리스와 달리, 파운드리는 얼마나 빨리, 많이, 불량품 없이 만들 수 있는지에 따라 승부가 갈리는 분야입니다. 따라서 반도체 공장이 많을수록 좋은데, 생산 라인을 하나 늘리는 데만 50조 원 안팎이 들어갑니다. 이 때문에 세제 혜택 정도로는 반도체 기업들이 시설 투자에 나서도록 유도하기가 쉽지 않습니다.

한국의 필살기

이는 해외의 반도체 기업들이 한국 투자에 망설이는 이유이기도 합니다. 어차피 그들에게 필요한 것은 한국 반도체 기업들의 뛰어난 생산 능력입니다. 이것만큼은 미국에도 없는 한국만의 필살기이지요. 가령 미국의 대표적인 반도체 기업인 인텔조차 파운드리 부문에서는 계속해서 난항을 겪고 있습니다. 2024년 9월에는 인텔이 관련 사업부의 매각을 진지하게 검토 중이라는 소식마저 전해졌습니다. 이런 상황에서 한국의 반도체 기업들이 미국으로 이동하는 것을 보고만 있기보다는, 역으로 미국의 반도체 기업들이 한국을 찾도록 해야 합니다.

이때 필요한 것이 바로 전략적 자율성입니다. 미국과 반도체 산업에서 협력하되, 한국의 강점(파운드리)을 지렛대 삼아 그 방법은 달리하자고 역으로 제안하는 것이지요. 여기에 더해 K-칩스법 개정으로 인센티브마저 강화한다면, 미국의 반도체 기업들이 알아서 한국을 찾게 되지 않을까요? 그렇게 된다면 한국은 미국과 좀 더 동등한 입장에서 반도체 산업을 꾸려갈 수 있을 것입니다.

앞으로 반도체 시장은 매년 두 자릿수 성장을 이어갈 것으로 보입니다. 2024년의 전 세계 반도체 시장 규모는 5,900억 달러로 예상되는데, 2030년에는 1조 2,000억 달러까지 커질 전망이지요. 이처럼 거대한 시장에서 한국은 빼놓을 수 없는 핵심 플레이어지만,

미래에도 그 자리를 지키리라는 보장은 없습니다. 좀 더 기민하고 담대하게 앞길을 개척할 수 있도록 전략적 자율성을 발휘해야 합니다.

4부

한국

우리가
맞이할 세계

#저출생고령화 #서울집값 #연금개혁 #의료대란

결국 구조 자체를 대대적으로 손질해야 하는데, 지금 상황에서는 모두가 어느 정도 손해를 감수할 수밖에 없습니다. 깊은 고민과 지혜가 필요한 때입니다.

대전환의 시대에
우리가 나아갈 길을 밝히는
한국-컨트리뷰터

주거권의 가치에 주목하는 부동산 정책 전문가

김경민 서울대학교 도시계획학과 교수

정책과 시장을 아우르는 폭넓은 시야로, 부동산 시장의 맥을 정확하게 짚어냅니다. 하버드대학교에서 도시계획·부동산학 박사학위를 받았습니다.

인구수에서 국가의 미래를 내다보는 인구경제학자

전영수 한양대학교 국제학대학원 교수

초저출생 시대에 국민연금을 지켜내기 위한 가장 현실적이고도 지혜로운 방법을 모색합니다. 한양대학교에서 국제(경제)학 박사학위를 받았습니다.

신경외과 전문의 출신 저널리스트

조동찬 SBS 의학전문기자

의료 대란의 원인을 깊이 있게 분석하고 대안을 제시합니다. 아울러 건강보험 재정 문제를 짚어봅니다. 신경외과 전문의 출신입니다.

국토 개발의 묘수를 찾아 나선 도시공학자

진희선 전 서울특별시 행정부시장

'서울공화국' 문제를 해결하기 위한 묘수로 메가시티를 제시합니다. 연세대학교에서 도시공학과 박사학위를 받았습니다..

13

인구 감소
익스프레스

인구 감소 사회의
결정적 장면
1

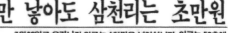

하나씩만 낳아도 삼천리는 초만원

7월 29일로 우리나라 인구는 4천만을 넘어섭니다. 인구는 50초에 한사람꼴로 하루에 1,700여명, 한달에 5만명 1년이면 대전시 인구와 맞먹는 60여만명이 늘어나고 있읍니다.

대한가족계획협회

■인구폭발방지 범국민 결의 캠페인 1983년 7월28일(목)~7월30일(土)

"셋부터는 부끄럽습니다"
1983년 7월의 산아제한 캠페인 광고

불과 30년 만에 상황이 급반전된 이유는 무엇일까?
한국에 과연 미래가 있을까?

**인구 감소의 직격탄을 맞은 국민연금,
사회 안전망이 흔들린다!**

현세대뿐 아니라 미래 세대까지 고려해
국민연금의 지속성을 담보할 지혜는 무엇인가?

*

매년 4월이나 5월이 되면 전 세계의 기업인과 투자자가 미국 로스앤젤레스시로 모입니다. 세계 각국에 지부를 둔 경제 싱크탱크인 밀컨연구소Milken Institute가 1998년부터 개최해온 '글로벌 콘퍼런스'에 참석하기 위해서입니다. 2024년 5월 열린 제27회 글로벌 콘퍼런스는 그 어느 때보다 열기가 뜨거웠는데, 아주 특별하고 이름난 연사가 섭외되었기 때문입니다. 바로 일론 머스크였죠. 페이팔로 핀테크 시대를, 테슬라로 전기자동차 시대를 열어젖히고, 지금은 우주와 인공지능, 컴퓨터와 인간의 결합에 도전하는 선구자로서, 머스크는 과연 어떤 화두를 던졌을까요?

"출생률 저하가 가속화되고 있습니다. 이런 상황이 어디로 이어질까요? (출생률이 낮아지는데) 더 위대한 문명으로 나아갈

리 없죠. 인류 문명은 '쾅' 하고 멸망하는 게 아니라 성인용 기저귀를 찬 채 신음하며 멸망하는 길로 나아갈 가능성이 큽니다. 슬픈 종말이 될 거예요."

뜬금없게도 머스크는 저출생 문제를 언급했습니다. 인구가 너무 빨리 줄어드는 탓에 문명의 발전은 고사하고 유지조차 힘들어 보여 밤잠을 설친다고 토로했지요. 하이라이트는 그다음 대목이었습니다. 머스크의 냉소 섞인 우려에 사회자가 맞장구를 치며 한국을 예로 들었던 것입니다.

"과거 한국의 출생률은 여섯 명이었지만, 지금은 0.75명으로 감소했지요."

이 '놀라운' 수치에 좌중이 순간 조용해졌습니다.

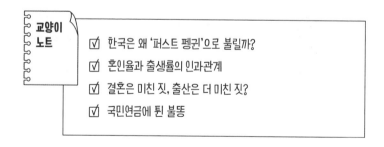

교양이 노트

- ☑ 한국은 왜 '퍼스트 펭귄'으로 불릴까?
- ☑ 혼인율과 출생률의 인과관계
- ☑ 결혼은 미친 짓, 출산은 더 미친 짓?
- ☑ 국민연금에 튄 불똥

'퍼스트 펭귄'이 된 한국

사실 0.75명이라는 수치는 잘못된 것입니다. 이는 2022년 2분기 기준 출생률로, 지금은 그보다 더 떨어져서 2023년 기준 0.72명입니다. 여기서 말하는 출생률이란 합계출생률인데, 가임기(15~49세) 여성 한 명당 평생 낳을 것으로 예상되는 평균 출생아 수를 가리킵니다. 남녀 한 쌍이 평생 낳는 자녀의 수로 이해해도 큰 무리가 없지요. 따라서 출생률이 0.72명이라는 것은 성비가 일대일인 인구 100명이 한 세대 만에 36명으로 줄어드는 파국을 예고합니다. 한마디로 한국은 '인구 감소 익스프레스'를 탄 셈입니다.

다만 출생률이 낮아지는 것은 경제 선진국들에서 나타나는 공통적인 현상입니다. 머스크가 활동하는 미국은 물론이고, 일과 육아의 양립이 잘 보장된 북유럽 국가들에서도 출생률이 떨어지고

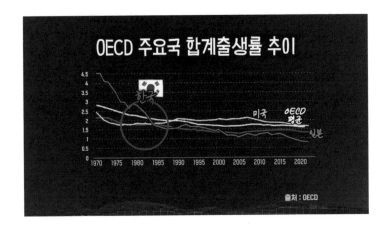

퍼스트 펭귄 (first penguin)

선구자. 펭귄 한 마리가 먼저 용기를 내 바다에 뛰어들면 무리가 따라서 들어간다는 데에서 유래

있습니다. 아프리카 국가들이나 인도 같은 개발도상국들은 전통적인 가족관이 강한 데다가, 저숙련·저임금 일자리의 비중이 커 아이를 한 명이라도 더 노동시장에 투입해야 그나마 먹고살 수 있습니다. 이런 이유로 아이를 많이 낳지요. 반면에 경제 선진국들은 전통적인 가족관이 희미해진 동시에 개인의 경력이나 삶의 다양한 가치가 더 중시되며 출산과 육아가 후 순위로 밀려났습니다.

　그래도 대부분의 경제 선진국은 1.6명 안팎의 출생률을 유지하고 있습니다. 인구가 줄어들긴 하겠지만, 연착륙이 예상되는 만큼 이런저런 대비책을 마련해놓을 여유가 있지요. 하지만 한국은 다릅니다. 2015년 1.24명을 찍은 이후 인류 역사상 유례가 없는 속도로 출생률이 떨어지고 있습니다. 한국이 저출생의 '퍼스트 펭귄'으로 불리는 이유이지요. 펭귄들은 가장 선두의 한 마리를 쫓아 바다에 뛰어드는데, 마치 이 '첫 번째' 펭귄처럼 한국이 인구 감소 사회로의 길을 개척하고 있다는 것입니다. 경제 선진국들은 이런 한국을 예의주시하며 저출생을 대비하거나 극복할 방법을 모색하는 중입니다. 그들과 경제구조, 정치체제, 사회질서, 문화 등이 크게 다르지 않은데도, 왜 한국만 이런 추락을 겪고 있는 것일까요?

추락의 이유

그 답을 찾으려면 출생률에 영향을 미치는 여러 요인을 두루 따져봐야 합니다. 우선 결혼을 살펴볼 만하지요. 경제 선진국, 특히 서구 국가들의 경우 결혼이 출생률에 크게 영향을 미치지 않습니다. 즉 결혼하든 안 하든, 아이를 낳을 사람은 낳고, 안 낳을 사람은 안 낳는다는 것입니다. 가령 프랑스는 혼외 출생률이 60퍼센트를 넘습니다. OECD 평균도 42퍼센트에 달하지요. 그런데 한국은 2퍼센트 안팎에 불과할 정도로, 결혼이 출산의 전제 조건입니다. 실제로 결혼한 사람들만 대상으로 출생률을 계산해보면, 1.6명대로 확 높아집니다. 이처럼 한국에서 출생률과 혼인율은 비례합니다. 바꿔 말해 사람들이 결혼을 안 하기 때문에 출생률도 낮아지는 것입니다.

결국 한국의 추락하는 출생률에 날개를 달려면, 쉽게 결혼할 수

혼외 출생률이 3% 미만인 한국

합계출생률 = 출생아 수 / 15~19세 가임기 여성

합계출생률
여성 1명이 평생 낳을 것으로
예상되는 평균 출생아 수

있는 환경을 조성해야 합니다. 이때 가장 먼저 충족되어야 할 조건
이 근로소득과 거주환경의 안정성입니다. 아쉽게도 오늘날의 한국
에서는 모두 확보하기 어려운 것들이지요. 특히 현재 20~40대로,
한국의 미래를 책임질 MZ세대[*]에게는 하늘의 별 따기와 같습니
다. 과거 한국이 개발도상국이었을 때는 근
로소득이나 거주환경이 불안정해도 별문
제가 되지 않았습니다. 사람들은 가진 것
하나 없이도 결혼하고 아이를 낳았지요. 경
제가 계속해서 고도성장 중이었기에, 성실
하게만 살면 소득이 증가하고 부가 축적되
리란 믿음이 있었으니까요. 실제로 그렇게
되었고요. 하지만 경제성장률이 겨우 2퍼

교양이 키워드

● **MZ세대:** 밀레니얼세대(1981~
1996년생)와 Z세대(1997~2012년
생)를 합친 한국의 신조어다. 군사정
권을 사실상 겪지 않고, 민주화 이후
의 자유로운 시대에서 살아온 신세
대를 의미한다. 단지 기성세대와 구
분하려는 목적으로, 10대 중반부터
40대 초반까지의 사람들을 너무 폭
넓게 묶었다는 비판이 있다. 실제로
외국에서는 밀레니얼세대와 Z세대
를 엄격히 구분한다.

1. 근로소득의 안정성

2. 거주환경의 안정성

MZ세대에겐 가혹한 조건

'미친 짓'이 된 결혼과 출산

센트대에 머물고, 잠재성장률은 1퍼센트대까지 떨어진 오늘날 그런 기대를 품는 사람은 없습니다. 이런 상황에서 결혼과 출산은 위험부담이 큰 도박으로 여겨질 수밖에 없지요.

게다가 한국은 지역 격차가 너무나 극심합니다. '서울공화국'으로 불릴 만큼, 정치, 경제, 사회, 문화 등 모든 분야의 국가 역량이 서울에 집중되어 있지요. 이런 이유로 많은 사람이 지방을 떠나 서울로 몰리고 있습니다. 물론 이렇게 사람들이 몰린다고 해서 서울 땅이 넓어질 리 없습니다. 당연히 인구 밀도가 높아지고, 그만큼 거주 비용도 상승합니다. 게다가 애초에 더 좋은 일자리와 교육 환경, 인프라 같은 서울의 비교 우위를 누리기 위해 상경한 만큼, 사

지역별 합계출생률
2024년 1분기
출처 : 통계청

람들 간의 경쟁이 치열합니다. 더 좋은 학교, 더 좋은 직장, 더 좋은 집을 얻기 위해 늘 신경을 곤두세우고 있지요. 이 과정에서 결혼과 출산은 자연스레 부차적인 문제가 되어버립니다.

실제로 서울의 출생률은 다른 지방자치단체들에 비해 유독 낮습니다. 2024년 1분기를 기준으로 만들어진 위 그림만 봐도 확연히 드러납니다. 세종특별자치시(1.1명)나 전라남도(1.05명)와 비교하면, 서울(0.59명)의 출생률은 거의 절반 수준에 불과하지요. 이처럼 사람들이 서울로 이주하는 과정에서 최소 0.1명에서 최대 0.4명의 출생률이 증발하고 있습니다. 만약 그들이 원래 살던 지자체에 남아 있었다면, 한국의 전체 출생률이 지금처럼 낮아지지는 않았을 것입니다.

국가는 어떻게 붕괴하는가

점점 더 많은 사람이 서울로 몰리고, 그럴수록 서울에서의 삶은 팍팍해지는 악순환이 반복되자, 가뜩이나 근로소득과 거주환경이 불안정한 MZ세대가 '결혼(출산)은 미친 짓이다'라고 믿게 된 듯합니다. 그 결과 출생률이 0.72명까지 낮아졌으니, 한국은 국가 존망을 걱정해야 할 처지입니다. 실제로 많은 전문가가 한국의 앞날을 매우 비관적으로 보고 있습니다. 2023년 7월 방영된 한 다큐멘터리에서 한국의 출생률을 본 어느 외국인 교수는 자기도 모르게 이런 말을 내뱉었지요.

"대한민국 완전히 망했네요. 와!"

정부라고 해서 손 놓고 있었던 것은 아닙니다. 어떻게든 저출생 문제를 해결하고자 그 나름대로 노력해왔습니다. 2004년 저출산고령사회위원회의 발족을 시작으로 지금까지 퍼부은 예산만 400조 원 가까이 됩니다. 그런데도 출생률이 추락 중이라는 것은, 첫째, 예산 집행이 비효율적이었기 때문입니다. 너무 많은 정부 부처에서 중구난방으로 예산을 끌어 쓰다 보니 중첩되거나, 심지어 서로 반대되는 정책들이 마구 시행되며 효과가 상쇄되었습니다.

둘째, 시대의 흐름에 따라 정책을 전환하는 데 늦었기 때문입니

일자리에 집중한 저출생 정책

그때는 맞지만 지금은 틀리다

다. 2000년대 중반에는 출생률을 일자리와 연계해 생각했습니다. 그때까지만 해도 5퍼센트대 안팎의 경제성장률을 달성하고 있었으므로, 양질의 일자리가 늘어나면 (마치 과거의 고도성장기 때처럼) 자연스레 출생률도 높아지리라고 기대했던 것입니다. 그 결과 각종 일자리 관련 정책이 쏟아져 나왔지요. 그런데 오늘날 출생률에 결정적 영향을 미치는 것은 거주환경입니다. 대규모 전세사기부터 천정부지로 치솟는 집값까지, 당장 두 발 뻗고 누울 곳을 마련하는 일조차 쉽지 않은 상황에서 누가 아이를 낳으려 할까요? 이에 관련 정책들이 하나둘씩 등장하고 있지만, 출생률을 반전시키는 데는 역부족으로 보입니다. 정책 전환 시기가 늦었기 때문으로, 이런 상황을 좀 더 빨리 예상하고 준비해야 했다는 평가가 나오는 이유이지요.

저출생을 막지 못한 대가는 경제 위기입니다. 보통 경제활동을 지탱하는 것으로 '생산의 3요소', 즉 토지, 노동, 자본을 꼽습니다. 출생률은 이 중 노동과 직결됩니다. 인구가 줄어들면 당연히 노동을 제공할 수 있는 사람이 줄어들기 때문이지요. 그렇게 노동이 사라지면 생산과 소비 또한 사라지고, 그 결과 자본 축적이 어려워집니다. 노동과 자본이 없는데, 토지만 가지고 무얼 할 수 있을까요? 이렇게 경제가 무너지면, 여기에 연동되어 있는 조세제도와 복지제도가 함께 무너집니다. 결국 국가가 유지될 수 없지요.

무너지는 사회 안전망

한국은 벌써 그 전조 증상에 시달리고 있습니다. 조세제도와 복지제도가 교차하는 연금제도에서 경고음이 울리기 시작한 것입니다. 도대체 무슨 문제가 벌어지고 있는지, 한국의 연금제도 중 전체 국민이 가입되어 있는 국민연금을 중심으로 살펴보겠습니다.

한국의 복지제도는 보편 복지보다 선별 복지를 지향합니다. 일단 조세부담률 자체가 OECD 평균보다 낮습니다. 즉 사회보장세를 적게 걷는 만큼, 필요한 복지 서비스가 있다면, 시장에서 자비로 구매하라는 것이지요. 교육에 관한 것이든, 주거에 관한 것이든, 노후에 관한 것이든 상관없이 말입니다. 그런데 너무 이 방향만 고집하게 되면, 사회 안전망˙이 취약해집니다. 돈이 없는

> **교양이 키워드**
>
> ● **사회 안전망**: 빈곤부터 질병까지, 각종 위험에서 국민을 보호하고 최소한의 생활수준을 보장하는 제도적 장치를 일컫는다. 어떻게 정의하는지에 따라 기본 소득, 사회보험, 연금 등 다양한 내용으로 구성된다.

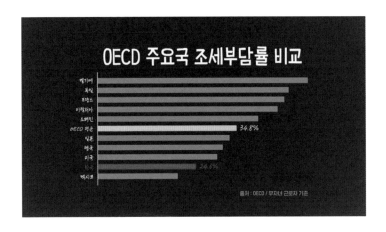

OECD 주요국 조세부담률 비교

34.8%

24.6%

출처 : OECD / 무자녀 근로자 기준

사람은 어떤 복지 서비스도 누릴 수 없게 될 테니까요. 그런 위험 부담을 낮추고자 도입한 제도가 바로 국민연금으로, 누구든지, 또 언제든지 최소한의 생활수준을 유지하도록 돕습니다. 그 취지상 18세 이상 60세 미만의 전 국민이 의무적으로 가입되어 있지요.

국민연금은 1988년 1월 1일 시행되었는데, 처음에는 아무 문제가 없었습니다. 오일쇼크라는 암초가 있었지만, 1980년대까지는 대개 두 자릿수의 경제성장률을 유지했고, 무엇보다 연금을 받는 사람보다 보험료를 내는 사람이 압도적으로 많았기 때문입니다. 1990년 한국의 인구피라미드는 10~30대가 가장 넓게 펼쳐진 종형이었습니다. 평균연령은 29.5세, 65세 이상의 고령 인구 비율은 5.1퍼센트에 불과한, 한마디로 아주 젊은 나라였지요.

그런데 40여 년이 흘러 저출생·고령화 시대가 도래하자 문제가 생기기 시작했습니다. 2023년 인구피라미드에서 가장 넓은 면적을 차지하는 연령대는 40~60대이고, 평균연령은 44.4세, 고령 인구 비율은 18.4퍼센트에 달합니다. 이런 추세가 이어진다면, 고령 인구 비율이 2030년에는 25.3퍼센트, 2050년에는 40.1퍼센트, 2072년에는 47.7퍼센트까지 치솟을 것으로 예상되지요. 즉 보험료를 내는 사람보다 연금을 받는 사람이 더 많아지는 것입니다.

가령 보험료를 내는 사람이 100명이고 연금을 받는 사람이 10명으로 유지되는 시대라면, 전자가 1원씩만 내도 후자가 10원씩 받으니 모두 행복합니다. 낸 돈의 10배를 돌려받을 수 있으니까요. 하지만 보험료를 내는 사람이 10명이고 연금을 받는 사람이 100명으로 역전된 시대라면, 후자가 10원씩 받기 위해선 전자가 100원씩 내야 합니다. 후자가 양보해서 절반인 5원씩만 받겠다고 해도, 전자는 50원씩 내야 하지요. 앞선 시대와 비교해 50배를 부담해도 절반밖에 받지 못하는 상황, 결국 낸 돈의 10분의 1밖에 돌려받지 못하는 상황에서 과연 누가 행복할 수 있을까요?

잠들어 있는 1,100조 원

출생률이 급상승해서 현재 인구수를 유지하는 데 필요한 '인구 대체 출생률'인 2.1명을 넘어서면, 국민연금 문제를 한 방에 해결할 수 있습니다. 하지만 이는 불가능한 일입니다. 결국 지금의 인구구조 안에서 합리적인 해법을 모색해야 합니다.

일단 국민연금의 운용수익 목표를 높여야 합니다. 현재까지 쌓아놓은 국민연금이 1,100조 원 정도 됩니다. 전 세계에서 다섯 손가락 안에 드는 규모인데, 이 중 국민이 실제로 낸 보험료는 500조 원 정도이고, 나머지 600조 원은 그것을 여기저기에 투자해 일군 운용수익입니다. 원금을 배 이상 불린 것으로, 매년 4~5퍼센트의 운용수익을 낸 데다가, 복리 효과까지 더해졌기 때문입니다. 투자수익을 그대로 써버리는 것이 아니라 계속해서 재투자하니, 운용수익이 지수적으로 늘어났던 것이지요.

국민의 노후 자금이라는 국민연금의 특성상 굉장히 보수적으로 운용하는 데도 이 정도 성과를 냈다는 점에서 높이 평가할 만합니다. 다만 시국이 시국인 만큼 운용수익을 좀 더 늘릴 필요가 있습니다. 인구가 감소하고 고령화될수록 국민연금이 점점 더 빨리 고갈될 텐데, 시간을 조금이라도 벌자는 것이지요. 실제로 수익률이 1퍼센트 높아지면, 고갈 시기가 5년 늦춰진다는 연구 결과가 있습니다. 이에 미국 캘리포니아주나 캐나다는 연금의 운용수익 목표를 10퍼센트 정도로 잡고, 사모펀드° 등에도 과감하게 투자합니다. 한국도 이런 부분을 벤치마킹할 필요가 있습니다.

> **교양이 키워드**
>
> ● **사모펀드**: 소수의 투자자에게서 모은 자금을 주식과 채권 등에 투자해 운용하는 펀드다. 자금 확보와 운용 방식, 투자 과정과 대상 등이 모두 비공개인 경우가 대부분이다. 보통 고위험 고수익 전략을 취한다.

좀 더 확실하고 직관적인 방법은 국민연금 보험료율 인상입니다. '사라진' 사람들이 부담했어야 할 만큼을 '남은' 사람들에게서 더 걷는 것이지요. 2024년 9월 보건복지부가 제시한 국민연금 개혁안은 정확히 이 내용을 담고 있습니다. 보험료율을 현행 9퍼센트에서 13퍼센트로 차근차근 높이되 나이가 많을수록 인상 속도를 빠르게 하고, 소득대체율●은 현행 40퍼센트에서 42퍼센트로 높이되 물가 상승률을 자동적으로 연금액에 반영하지 않는 것이 골자이지요.

사실 인구가 빠르게 줄어드는 상황에서 국민연금을 최대한 지켜내려면 보험료율 인상을 피할 수 없습니다. 하지만 과연 이것만으로 충분할까요?

근본적인 개혁이 필요하다

좀 더 근본적으로는 정년을 연장해야 합니다. 사실 보험료율을 높이는 데는 한계가 있습니다. 실제로 계속해서 높아져왔지만, 인상을 결정할 때마다 심한 저항에 부딪혔지요. 국민 개개인으로서는 당장 받는 임금이 줄어드는 것처럼 느껴지기 때문입니다. 그러므로 보험료를 내는 기간을 늘리는 일이 병행되어야 합니다. 국민으로서는 좀 더 오래 일할 수 있어 좋고, 나라로서는 보험료를 좀 더 오래 걷을 수 있어 좋습니다.

물론 이는 노인 세대와 청년 세대 간의 갈등으로 비화할 수 있습니다. 정년이 길어져 노인 세대가 회사에 오래 남게 되면, 그만큼 청년 세대를 위한 일자리가 줄어들지 모릅니다. 따라서 정년 연장과 동시에, 첫째, 임금 체계를 손봐야 하고, 둘째, 노인 세대를 위한 질 좋은 일자리를 늘려야 합니다. 전자의 경우 호봉제를 제한하거나 아예 폐지하는 것인데, 단순히 경력이 오래되었다고 해서 임금을 많이 주면, 정년 연장과 맞물려 노인 세대가 너무 많은 부를 가져가게 됩니다. 결과적으로 청년 세대의 부를 빼앗는 결과마저 초래하지요. 따라서 업무의 종류나 난도, 생산성 등을 종합적으로 고려해 임금을 조정할 필요가 있습니다.

후자의 경우 현재 노인 세대가 처한 현실을 개선하는 데 꼭 필요한 일입니다. 한국은 평균 퇴직 연령이 49세로, 보통 50대 중반인 다른 경제 선진국들에 비해 매우 빠른 편입니다. 이후에는 불안정한 일자리를 전전하며 삶을 이어갑니다. 그러다 보니 보험료를 많이 내기도 어렵거니와 연금을 가능한 한 하루라도 빨리 받으려고 합니다. 다음 표에 정리된 것처럼, 국민연금은 출생 연도에 따라 지급 개시 연령이 달라집니다. 다만 원한다면 원래 정해진 시기보다 5년 빨리 수령할 수 있습니다. 그런데 이러면 얼마간 감면 된 금액을 받게 됩니다. 즉 손해를 보는 것인데, 생활이 어려워 이를 감수하고서라도 조기 수령을 택하는 사람이 점점 증가하고 있습니다. 그 결과 2025년이 되면 조기 수급자의 수가 100만 명이 넘을 것으로 보입니다. 전체 수급자의 7분의 1 수준이지요.

국민연금의 취지 자체가 사회 안전망을 구성하는 것이라지만, 여기에 지나치게 의존하는 상황은 바람직하다고 할 수 없습니다. 따라서 국민연금에만 매달리지 않을 정도로, 최소한 조기 수령을 택하지 않을 정도로 노인 세대를 위한 질 좋은 일자리가 많아져야 합니다. 그 결과 전체적으로 일자리 선택의 폭이 넓어지면 노인 세대와 청년 세대가 갈등할 일도 줄어들겠고요.

출생 연도	국민연금		조기 수령	
	지급 개시 연령	지급 비율	지급 개시 연령	감면 비율
1952년 이전 출생	만 60세	100%	만 55세	-
1953~1956년생	만 61세	100%	만 56세	-30%
1957~1960년생	만 62세	100%	만 57세	-24%
1961~1964년생	만 63세	100%	만 58세	-18%
1965~1968년생	만 64세	100%	만 59세	-12%
1969년 이후 출생	만 65세	100%	만 60세	-6%

칼자루를 쥔 X세대

한국이 국민연금 개혁에 성공하려면, 한발 더 나아가 인구 감소 사회에 잘 적응하려면 X세대(1974~1984년생)의 역할이 매우 중요합니다. 일단 X세대는 덩치가 매우 큽니다. 1,300만 명에 달하는데, 그 바로 앞의 베이비붐세대(1955~1963년생)보다 두 배 많지요. 그 바로 뒤의 MZ세대(1981~2012년생) 전체와는 거의 비슷한 규모입니다. 빠르면 10년 뒤부터 이 거대한 X세대가 국민연금을 받기 시작할 텐데, 시기상 저출생·고령화 시대의 첫 수급자라 보아도 무방합니다. 따라서 오늘날 중년이 된 X세대가 주도하는 국민연금 개혁에 따라, 본인들뿐 아니라 미래 세대의 운명까지 좌우될 것입니다.

X세대는 한국이 본격적으로 문호를 개방한 1990년대에 사회에 진출했기 때문에 비교적 열린 마음을 가지고 있습니다. 또한 고학력자 비율이 매우 높습니다. 연장선에서 여성의 사회 진출도 X세대부터 본격화되었지요. 이런 경험들이 쌓인 결과 X세대는 변화에 능숙합니다. 일례로 X세대가 부모가 된 후부터 대학 진학률이 떨어졌습니다. 대학에 대거 진학한 X세대 스스로 대학을 꼭 가야 한다는 고정관념을 깼던 것이지요. X세대 특유의 이런 유연함이 국민연금 개혁에도 긍정적인 영향을 미치리라고 기대하는 전문가가 많은 이유입니다.

사실 국민연금을 한 방에 개혁해낼 도깨비방망이 같은 것은 있을 수 없습니다. 애초에 설계할 때부터 이런 속도의 인구 급감을 고려하지 않았기 때문입니다. 그 당시에는 상상도 할 수 없는 일이었으니까요. 결국 구조 자체를 대대적으로 손질해야 하는데, 지금 상황에서는 모두가 어느 정도 손해를 감수할 수밖에 없습니다. 그렇다면 설사 각자가 더 내고 덜 받더라도, 최소한의 사회 안전망으로서 국민연금을 지속시키고 함께 누린다는 데 방점을 찍어야 할 것입니다.

14

혼란한
부동산 시장과
메가시티의 꿈

부동산 시장의
결정적 장면
1

아파트는 비싸고 빌라는 무섭다!
전세사기부터 공급 부족까지, 혼란한 부동산 시장

갈지자를 그리는 부동산 정책은
어떻게 국민의 주거권을 위협하는가?

주택담보대출 금리는 줄줄이 인상 중,
가계 대출은 신기록 갱신 중!

정부의 대출 옥죄기에도 '영끌'은 왜 멈추지 않는가?
그래서 지금 사야 하는가, 팔아야 하는가?

*

2024년 8월 28일, 정말 오랜만에 국회에서 훈훈한 장면이 연출되었습니다. 사사건건 충돌하기 바빴던 여야가 제22대 국회 개원 이후 처음으로 합의한 민생 법안이 본회의에서 만장일치로 가결되었기 때문입니다. 해당 법안은 이전 제21대 국회에서 야당 단독으로 본회의를 통과했으나, 대통령이 거부권을 행사하며 표류하고 있었지요. 이번에는 여야가 합의한 만큼 국무회의에서도 무난히 통과될 예정이었기에, 그럴 걱정이 없었습니다. (실제로 그리되었습니다.) 그래서인지 투표 결과를 공개하며 가결을 선포하던 국회의장의 표정이 그 어느 때보다 홀가분했습니다.

"재적 의원 295명 중 찬성 295표로 전세사기특별법은 가결되었습니다."

2010년대 말부터 기승을 부리고 있는 전세사기는 확인된 피해자만 2만 1,000명에, 피해액은 2조 3,000억 원에 달하는 사회적 '재난'입니다. 특히 한 개인의 삶을 송두리째 무너뜨리는 악독한 범죄인지라, 지금까지 10여 명의 피해자가 스스로 목숨을 끊었지요. 사태의 심각성에 비추어 볼 때 특별법 통과가 늦은 감이 있지만, '선구제 후 회수' 원칙을 수용한 만큼 실질적인 피해 회복을 이끌 것으로 기대됩니다.

한편 전세사기는 전체 부동산 시장에도 충격을 가했습니다. 전세는 한국만의 독특한 임대차 계약으로, 임차인이 임대인에게 보증금을 맡기고 얼마간 부동산을 빌려 쓰는 방식입니다. 임차인은 월세 걱정 없이 살 수 있어 좋고, 임대인은 보증금을 목돈 삼아 굴릴 수 있어 좋지요. 이런 이유로 전체 임대차 계약 중에서 전세가 차지하는 비중이 한때 60퍼센트를 넘기도 했습니다. 그런 전세가 사기 범죄의 수단으로 전락하자, 사람들이 매매나 월세로 몰리며 부동산 시장이 크게 출렁거렸습니다.

교양이 노트

- ☑ 금융 실패와 공급 실패가 만든 부동산 대란
- ☑ 한국의 부동산 정책 목표? '알 수 없음'
- ☑ 초저출생에도 집값이 오르는 이유
- ☑ 메가시티는 해결책이 될 수 있을까?

시한폭탄이 된 전세

사실 전세에는 아주 치명적인 약점이 하나 있습니다. 현대 자본주의 메커니즘에 어울리지 않는 '선의'에 의지해야 한다는 것입니다. 상대적으로 가난한 사람이 상대적으로 부유한 사람에게 거액의 보증금을 맡긴다는 것도 이상하지만, 이 보증금을 말 그대로 '보증'할 법적·제도적 장치가 빈약하다는 것이 전세의 가장 큰 문제입니다. 가령 한국주택금융공사가 시행하는 전세보증금반환보증의 경우 2018년까지는 임대인의 동의가 반드시 필요한 탓에 유명무실했습니다. 그 결과 전세는 개인의 선의에 의지할 수밖에 없는 취약한 계약이 되어버렸지요.

그러다 보니 꼭 전세사기가 아니더라도, 깡통주택 같은 문제 또한 끊이지 않았습니다. 가령 누군가가 자기 집을 100만 원에 판다

고 칩시다. 그런데 그 집에는 보증금 90만 원을 내고 전세로 거주 중인 세입자가 있습니다. 이 집을 사려면 얼마가 필요할까요? 100만 원이 아니라 10만 원만 있으면 됩니다. 90만 원의 보증금을 떠안는 조건으로 10만 원에 집을 사는 것이지요. 세입자에게 주어야 할 90만 원은 해당 전세 계약이 끝났을 때 다음 세입자에게 받을 보증금으로 돌려막으면 됩니다. 이런 상황에서 집값 자체가 120만 원으로 오르면, 손가락 하나 까닥하지 않고도 10만 원이 30만 원으로 불어나니, 최고의 투자가 아닐 수 없지요. 이 때문에 매매가와 전세가의 '차이gap'가 줄어들수록, 그리하여 초기 투자금이 줄어들수록, 무리한 '갭투자'가 기승을 부립니다.

그런데 부동산 시장에 불황이 닥쳐 집값이 내려가면 어떻게 될까요? 집값이 80만 원이 되면, 다음 세입자에게 보증금을 90만 원까지 절대 받을 수 없습니다. 그렇다는 말은 현재 세입자에게 보증금을 돌려줄 방법이 사라진다는 것이지요. 빚을 내든 다른 자산을 팔든 어떻게든 돈을 마련해 보증금을 돌려줄 수 있으면 다행인데, 불행하게도 대개는 그러지 못합니다. 초기 투자금인 10만 원도 해당 집을 담보로 은행에서 대출받은 돈, 즉 빚인 경우가 많기 때문입니다. 어쩔 수 없이 집을 팔려고 해도 부동산 시장이 얼어붙은 탓에 영 쉽지 않습니다. 집값이 더 떨어질 거로 믿는 심리가 강해지며, 100만 원은커녕 80만 원도 받기 어려워진 것입니다. 결국 집을 팔 수도 없고, 또 다른 빚을 낼 수도 없는 상황에서 마지막 치명타가 가해집니다. 마침 금리까지 오르며 대출 이자를 감당할 수 없게 되는 것이지요.

이때 대부분의 집주인은 아무 죄 없는 세입자를 생각해 이를 악물고 버틸 선의를 발휘하지 못합니다. 본인의 욕망 때문에 벌어진 일이지만, 어쨌든 견디기가 너무 힘들기 때문이지요. 그리하여 결국 파산이라도 해버리면, 해당 집이 경매에 넘어가며 세입자 또한 하루아침에 보증금을 잃게 됩니다. 두 사람이 모두 망해버리는 것입니다.

이처럼 전세는 부동산 시장의 시한폭탄입니다. 고도성장기에는 집값이 쭉쭉 올랐기 때문에 별문제가 없었지만, 경제성장률이 1~2퍼센트를 왔다 갔다 하는 오늘날에는 더는 유지되기 힘든 계약입니다. 주거 안정을 위해서라도 반드시 개선해야 하지요.

정책 실패라는 치명타

결과적으로 오늘날 많은 사람이 집 때문에 밤잠을 설치고 있습니다. 2010년대 후반부터 전세를 둘러싸고 벌어진 각종 사건과 사고, 그 배경이 된 널뛰는 집값 탓에 부동산 시장이 혼란해졌기 때문입니다. 무엇보다 주거비가 지나치게 상승했습니다. 5년 안팎의 짧은 기간에 어떻게 이런 일이 벌어진 것일까요?

여기에는 크게 두 가지 이유가 있습니다. 첫째는 앞서 설명한 전세사기입니다. 이를 피하고자 사람들이 아예 집을 사버리거나 월세를 택하면서 부동산 시장이 갑자기 구조 조정되었습니다. 집의 형태로 나눠 보자면, 빌라에서 전세로 살던 사람들이 대거 아파트로 몰렸습니다. 이들이 모두 아파트를 산 것은 아닙니다. 같은 전세라도 빌라보다는 안전하다는 생각에(또 이왕 월세라면 좀 더 좋은 곳

에서 살자는 생각에) 아파트로 눈을 돌렸지요. 당연히 아파트의 매매가와 전세가, 월세가 모두 상승했습니다. 그러면서 아파트 매물이 줄어들자, 살 곳을 구하지 못한 사람들이 다시 빌라로 돌아오면서, 빌라의 전세가와 월세도 상승하기 시작했습니다. 이로써 주거비가 크게 높아졌습니다.

둘째는 정책 실패입니다. 사실 전세사기만으로 거대한 부동산 시장이 통째로 흔들린다는 건 말이 안 됩니다. 그보다는 정부에서 제때 주택을 공급하지 못한 것이 더 근본적인 이유이지요. 지난 2022년 8월에 정부는 2024년까지 전국에 총 101만 가구를 공급하겠다고 발표했는데, 실제로는 절반 정도에 그칠 것으로 예상됩니다. 공사비가 천정부지로 치솟아 민간에서도 공공에서도 새로 집을 지을 엄두를 내지 못하고 있기 때문입니다. 공사비 상승은 팬데믹 이후의 전 세계적인 인플레이션(원자재 가격 상승)과 금리 인상의 영향이 큽니다. 정부가 이를 적절히 방어하지 못하면서 건설 경기가 위축되기 시작했지요.

PF 대출 부실 사태

물론 정부로서도 할 말은 있을 것입니다. 전 세계적인 현상이라 어찌할 도리가 없었다고요. 하지만 적어도 PF 대출에 대해서만큼은 정부가 책임을 피할 수 없습니다. 4장에서 설명한 것처럼 PF 대출은 미래 가치를 보고 돈을 빌려주는 금융 상품입니다. 한국에서는 '부동산 불패 신화'에 기대 원금 회수는 물론이고 넉넉한 이자까지 보장하는, '돈 놓고 돈 먹기'로 여겨졌습니다. 집이든 건물이든 짓기만 하면 순식간에 완판될 것이라는 믿음, 또는 소망이 사람들의 눈을 가렸던 것입니다. 이런 이유로 PF 대출은 방만하게 운용되었는데, 팬데믹이 닥치며 상황이 크게 달라졌습니다. 우선 원자재 가격 상승으로 공사가 지연되자 건설사들의 수입이 뚝 끊겼습니다. 일단 완공해야 집값을 모두 받을 수 있는데, 공사가 늘어지며 지출만 눈덩이처럼 불어났던 것입니다. 이에 더해 금리 인상으로 대출금에 대한 이자까지 높아지자, 건설사들이 더는 못 버틴다며 아우성치기 시작했습니다. 도미노처럼 PF 대출을 해준 금융사들도 무너질 위기에 처했지요.

문제는 정부의 대응입니다. 2024년 3월, 정부는 PF 대출 부실 사태의 급한 불을 끄기 위해 25조 원을 투입한다고 발표했습니다. 해당 조치의 필요성을 설명하며 박상우 국토교통부 장관은 이렇게 말했습니다.

> "건설 활력 회복과 PF (대출 부실 사태의) 연착륙을 위한 지원 방안을 관계 부처와 적극적으로 검토하겠습니다."

이때 "연착륙"이란 위기가 너무 빠르고 무분별하게 확산하지 않도록 공적 자금을 투입하겠다는 것으로, 마냥 잘못된 판단은 아닙니다. 다만 지금껏 부실하게 PF 대출을 운용해온 금융사와 건설사들의 구조 조정이 함께 이뤄졌어야 합니다. 해당 문제를 뿌리 뽑는 데서 한발 더 나아가, 공사비의 큰 비중을 차지하는 땅값의 거품을 빼기 위해서라도 그리했어야 하지요.

즉 이번 사태에 책임이 있는 금융사와 건설사들이 차근차근 회생이나 파산 절차를 밟았다면, 담보물로 가지고 있거나 소유한 땅을 채무 변제를 위해 시세보다 싼값에 급매했을 것입니다. 그러면 자연스레 전체 땅값이 내려갔을 테지요. 이는 민간이나 공공에서 다시 적극적으로 주택 공급에 나설 충분한 인센티브가 되었을 겁니다. 정부가 여기까지 내다보고 사태를 풀어갔다면, 지금의 '공급 쇼크'를 피할 수 있었을지 모릅니다.

골든 타임을 놓치다

주택 공급의 '골든 타임'을 놓친 상황이라 공급 쇼크를 피하기란 어려워 보입니다. 아파트만 놓고 보았을 때 2023년 기준, 서울에는 1만 3,400호, 수도권에는 14만 호, 전국에는 25만 5,000호가 준공되었는데, 2022년 대비 각각 61퍼센트, 20퍼센트, 21퍼센트 줄어

서울 집값은 오르고 / 지방 집값은 내리고 / 원인은 수요 예측 실패 / 정부의 매우 큰 실책!

든 물량입니다. 참고로 2010년대만 해도 서울에는 매년 3만 5,000호 안팎의 아파트가 꾸준히 공급되었습니다. 빌라도 상황은 비슷합니다. 2023년 기준, 전국 착공 건수가 1만 4,900건에 불과했는데, 2022년 대비 세 배나 줄어든 물량입니다. 10년 전과 비교하면 10분의 1 수준이지요.

그런데 그 결과가 서울과 지방에서 약간은 다르게 나타나고 있습니다. 전자에서는 집값이 훌쩍 뛰는데, 후자에서는 상승 폭이 미미하거나 오히려 떨어지는 중이지요. 이유는 간단합니다. 전자에는 집이 너무 적게, 후자에는 너무 많이 공급되었기 때문입니다. 공급 쇼크의 의미가 정반대랄까요? 13장에서 설명한 것처럼

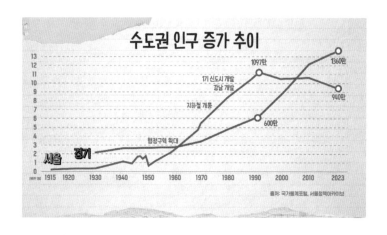

수도권 인구 증가 추이

출처: 국가통계포털, 서울정책아카이브

서울에는 온갖 인프라가 몰려 있습니다. 기업도 학교도 문화시설도 심지어 교통망도 서울에 집중되어 있지요. 당연히 많은 사람이 서울살이를 바랍니다. 다만 통계에 따르면 서울의 인구는 1992년 1,097만 명을 찍은 후 조금씩 하락하다가 2020년 1,000만 명 밑으로 떨어졌습니다. 흥미로운 점은 경기도의 인구가 대폭 증가하고 있다는 것입니다. 2020년 1,300만 명을 넘어섰지요. 참고로 당시 한국의 전체 인구가 5,180만 명이었습니다. 이처럼 많은 사람이 경기도에 몰려드는 이유는 간단합니다. 당장 서울로 진입할 여력이 없기에 일단 경기도에 자리를 잡는 것입니다. 따라서 크게 보아 서울에 인구가 몰리고 있다고 보아도 무방합니다.

그래서 서울에는 아무리 많이 집을 지어도, 집값과 집세가 (단기간의 오르내림은 있을지언정) 계속해서 우상향합니다. 짓는 만큼, 아

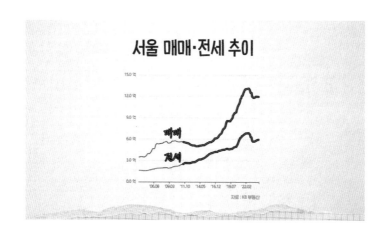

서울 매매·전세 추이

자료 : KB 부동산

니 그 이상으로 계속해서 사람들이 몰려들기 때문입니다. 이런 상황은 인구가 줄어들수록 오히려 심화할 것으로 보입니다. 인구 감소로 성장 동력이 약해지면, 산업 기반이 취약한 지방부터 '소멸' 합니다. 그러면 지방에 살던 사람들은 어디로 갈까요? 인프라가 잘 갖춰진 서울로 몰릴 수밖에 없습니다. 가령 산업 수도이자 제2의 도시로 불리는 부산에서조차 2023년 기준 1만 1,260명이 수도권으로 빠져나갔습니다. 그중 절반이 20대였지요. 이렇게 지방에서 수도권으로 전입한 청년 인구만 지난 10년간 40만 6,400명에 달합니다. 한창 경제활동에 매진할 청년 인구가 대거 빠져나가니, 지방 소멸은 더욱 빨라지고, 그럴수록 더 많은 청년 인구가 상경을 결심하는 악순환이 반복되지요. 이런 상황에서 주택 공급에 제동이 걸렸으니, 서울에서의 주거비 상승은 당연한 결과입니다.

일각에서는 고금리나 담보인정비율^{LTV}● 및 총부채원리금상환비율^{DSR}● 규제 때문에 서울 집값 상승이 멈출 것처럼 이야기합니다. 머리로만 생각하면 맞는 말이지만, 사실 인간은 그리 합리적인 존재가 아니지요. 집은 필수재입니다. 즉 반드시 가지고 있어야 하는 상품인데, 앞으로 그 값이 계속 오를 것으로 여겨진다면, 지금 아무리 비싸더라도 사고 싶어 조바심이 날 수밖에 없습니다. 하필 그것이 서울에 있는 집이라면 더더욱 그렇겠지요. 팬데믹 기간을 지나며 미국 부동산 시장에서 정확히 똑같은 일이 벌어졌습니다. 연준이 금리를 5.5퍼센트까지 높이자, 시중 은행들에서 취급하는 부동산담보대출인 모기지^{mortgage}의 금리 또한 6~7퍼센트대로 높아졌습니다. 이런 고금리에서는 매매가 줄어들어 집값이 떨어진다는 게 상식이지요. 하지만 처음 금리가 급격히 올랐을 때를 빼고는 집값이 계속해서 상승하고 있습니다.

한국도 2024년 중순부터 주택담보대출과 전세대출 요건을 크게 강화하고, 새로운 DSR 규제 또한 앞두고 있지만, 서울 집값은 잡히기는커녕 뚜렷한 상승세를 띠고 있습니다. 특히 몇몇 인기 지역은 폭등에 가깝게 치솟는 중입니다.

임대차 2법, 폐지만이 답일까

최근 정부는 집값 문제를 해결한다는 명목으로 '임대차 2법' 폐지 카드를 만지작거리고 있습니다. 임대차 2법이란 2020년부터 시행 중인 계약갱신청구권제와 전월세상한제로, 전자는 임차인이 원한다면 딱 한 번 더 계약을 갱신할 수 있도록 한 법이고, 후자는 재계약 시 전월세 보증금이나 월세 등의 인상률을 5퍼센트로 제한한 법입니다. 한마디로 임차인을 보호하는 법들인데, 정부는 왜 이를 폐지하려는 것일까요?

정부의 설명은 이렇습니다. 임대차 2법을 조합하면, (보통 2년 단

위로 임대차 계약을 맺으므로) 임대인은 4년간 집세를 거의 올리지 못합니다. 그래서 4년이 지나 새로운 임차인과 계약할 때 집세를 크게 올리려 한다는 것입니다. 즉 임차인을 보호하려던 법이 오히려 임차인의 주거비 부담만 높인다는 게 정부가 제시하는 폐지 근거입니다.

일리 있지만, 이는 득보다 실이 많은 방법일 수 있습니다. 부동산 관련 제도를 손바닥처럼 뒤집는 일 자체가 시장에 잘못된 신호를 주기 때문입니다. 우선 임대차 2법이 현재 부동산 시장에 미치는 영향력을 살펴보지요. 여전히 임대차 계약의 50퍼센트 안팎을 차지하는 전세, 그중에서도 수요가 가장 많은 서울 전세만 놓고 보면, 2010년대 내내 그 보증금이 매년 6~7퍼센트씩 올랐습니다. 그러다가 임대차 2법이 시행되고 2023년 중순까지 대략 3년간 11퍼센트나 폭락했습니다. 아쉽게도 이후 공급 쇼크로 다시 오르고 있지만, 어쨌든 효과가 확인된 셈입니다. 바꿔 말해 지금 집세가 오르는 것은 임대차 2법이 제 역할을 못 해서라기보다는, 외부 충격이 너무 강하기 때문이지요.

물론 임대차 2법이라고 해서 부작용이 없진 않습니다. 이중가격과 4년 주기의 집세 상승이 그것입니다. 이중가격이란 같은 집에 대해 신규 거래액과 갱신 거래액이 차이 나는 것을 말하는데, 처음에는 이것 때문에 부동산 시장이 혼란했습니다. 하지만 시행 후 4년 정도 지나면서 두 거래액 간 차이가 거의 사라졌습니다. 어느 새 시장이 적응한 것입니다. 전문가들은 4년 주기의 집세 상승 또한 시간이 흐르면 비슷한 메커니즘에 따라 시장 안에서 적절하게 조정될 것으로 기대합니다.

반대로 갑자기 임대차 2법을 폐지하면, 임대인이 집세를 무제한으로 올릴 수 있게 됩니다. 당연히 집세가 대폭 오를 것이고, 이에 자극받은 집값 또한 올라갈 게 뻔합니다. 결과적으로 임차인의 주거비 부담이 걷잡을 수 없이 커지며, 주거권 자체가 침해받는 상황이 발생할지 모릅니다. 이런 점 때문에라도 좀 더 시간을 두고 임대차 2법을 지켜봐야 한다는 목소리가 커지고 있습니다.

실종된 정책 목표

지금까지 지난 5년여간 부동산 시장에서 벌어졌던 일들을 살펴보았습니다. 사실 한국은 다른 나라들과 비교해 부동산 시장이 매우 혼란한 편입니다. 일단 부동산에 몰려 있는 돈이 너무나 많습니다. 2020년 기준 한국의 GDP 대비 토지 가격과 부동산 가격은 각각 501퍼센트와 786퍼센트로, 다른 나라들을 모두 200퍼센트포인트 차 이상으로 앞섭니다. GDP 대비 주택 시가총액 또한 굉장한데, 2023년 기준 2.8배에 달하지요. '부동산 공화국'이 괜한 말이 아닙니다. 문제는 정부가 이처럼 거대한 시장을 너무 자주 흔들어댔다는 것입니다.

지금까지 역대 모든 정부가 '집값이 너무 올랐으니 낮추겠다', '집값이 너무 낮아졌으니 올리겠다' 하는 말만 앵무새처럼 반복했습니다. 그러면서 그때그때 이런저런 조치를 급조해 시행했지요. 실제로 2021년 OECD는 각국의 부동산 정책 목표를 분석하며, 한국에 대해서는 '알 수 없음'이라고 평가했습니다. 일단 시장경제를 채택한 나라에서 정부가 직접 집값을 조정하려 한다는 발상 자체가 놀라운 일입니다. 정부의 역할은 사람들이 안정적으로 오래 거주할 만한 '적절한 거주환경'을 조성하는 것이어야 합니다. '집house'이 아니라 '환경housing'에 방점을 찍어야 한다는 것이지요. 실제로 미국의 국토교통부인 주택도시개발부는 택지 개발에 대한 권리가 없는 대신, 저당보험°이나 임대료 지원 같은 금융 상품을 제공해 누구나 차별 없이 적절한 거주환경을 누릴 수 있도록 돕습니다. 그에 맞춰 비싸든 싸든 '적절한 집'을 공급하는 것은 시장이 할 일이지요.

반면에 한국 정부는 집값을 잡겠다면서 LTV나 세금을 조정해 '장난'을 칩니다. 가령 박근혜 정부 때는 부동산 관련 세제를 완화했습니다. 그런데 문재인 정부 때는 갑자기 세제를 강화했어요. 그러다가 윤석열 정부가 들어서자 다시 세제를 완화하고 있

교양이 키워드

● **저당보험**: 대출받은 사람이 대출금을 갚지 못해 발생하는 금융기관의 손실을 정부가 나서서 보호하는 제도다. 이로써 금융기관은 주택담보대출을 확대할 수 있고, 대출받는 사람은 적은 초기 비용으로 집을 살 수 있다.

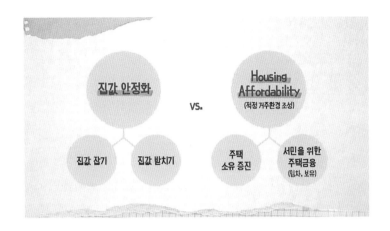

습니다. 이렇게 부동산 정책이 확확 바뀌면 사람들이 팔아야 할 때 팔지 않고, 사야 할 때 사지 않습니다. 언젠가 자기에게 유리한 정책이 도입될 때까지 마냥 기다리는 것이지요. 이로써 전체 부동산 시장이 왜곡됩니다.

정리하면 한국에는 부동산 정책 목표가 실종된 상황이라, 집값이 오르면 오르는 대로, 떨어지면 떨어지는 대로 이런저런 조치만 남발되고 있습니다. 그러다 보니 불필요하게 부동산 시장을 자극해 집값이 잡히기는커녕 오히려 치솟기 일쑤라, 주택을 소유할 기회 자체가 줄어드는 중입니다. 이렇게 되면 자산 불균형이 너무 심해집니다. 1퍼센트의 '벼락부자'와 99퍼센트의 '벼락거지'로 나뉜 사회가 되는 것입니다.

정상화의 시작

이러한 상황을 정상화하려면, 부동산이 자산 격차의 도구가 되지 않도록 주거 복지를 강화하는 방향으로 정책 목표를 설정해야 합니다. 여기에 맞춰 대상자별로 세분화한 대책을 마련하고, 장기간에 걸쳐 집행해야 하지요. 가령 미국처럼 연령대에 따라 접근법을 달리하는 것을 고려해볼 만합니다. 만약 청년이나 신혼부부라면 LTV를 대폭 완화해 집을 소유할 수 있게 해주는 것이지요. 안정적으로 한곳에 오래 거주하며 조금씩 대출금을 상환하고 자본을 축적할 수 있게 유도하는 것입니다.

연장선에서 공공 임대주택을 대폭 늘릴 필요가 있습니다. 주택 공급의 주체는 크게 민간과 공공으로 나뉩니다. 민간이 원자재 가격 상승이나 고금리 등을 이유로 집을 못 짓고 있으면, 공공이라

올바른 부동산 시장의 미래①

" 중산층과 서민이
주택을 보유할 수 있는 기회를
넓혀줘야 돼 "

김경민 서울대 환경대학원 교수

도 나서서 적극적으로 집을 지어야 합니다. 둘 다 손을 놔버리면 공급 쇼크를 피할 수 없습니다. 사실 정부도 이를 잘 알고 있습니다. 그런데 현실적으로 어려운 지점이 있습니다. 공공 임대주택을 지으려고 하면 주변 주민들이 집값 떨어진다는 이유로 거세게 반대합니다. 일종의 님비 현상*인데, 이

를 피하려면 공공이 기존 주택을 매입한 다음 싸게 공급하면 됩니다. 또는 국공유지를 민간에 싸게 임대하는 것도 방법입니다. 그곳에 민간이 집을 지어 공급하면, 공공 임대주택을 공급하는 것과 비슷한 효과가 발생하지요.

아울러 행정구역 체계를 혁신할 필요가 있습니다. 한국은 신도시 개발을 매우 잘하는 나라입니다. 가령 수도권을 예로 들면, 1기

올바른 부동산 시장의 미래②

" 섞여서 살 수 있는 공간, 소셜 믹스를 해야 "

김경민 서울대 환경대학원 교수

신도시는 전형적인 베드타운이라 기능이 제한적이지만, 2기 신도시부터는 설계 단계부터 업무 지구를 포함해 굉장히 역동적인 도시로 키워냈지요. 교통망을 잘 설계해 이들과 서울을 유기적으로 연결하면, 서울이 서울에서 그치지 않고, 최소한 충청도까지 아우르는 대도시권, 즉 메가시티로 거듭날 수 있습니다. 이는 서울 집중이 아니라 서울 확장에 가깝습니다. 똑같은 방식으로 지방에서도 주요 도시들을 거점 삼아 메가시티를 키워낼 수 있습니다. 새로운 차원의 국토 균형 개발인 셈이지요.

메가시티가 필요한 좀 더 현실적인 이유로는 가용지 부족을 꼽을 수 있습니다. 한국의 주요 도시들은 이미 개발될 대로 개발되어 남은 땅이 거의 없습니다. 서울의 경우 1960년대에 경계를 확정하고 도시기본계획을 수립했는데, 미래 인구를 500만 명으로 설정했습니다. 하지만 오늘날 그 두 배에 가까운 사람들이 서울에 살고 있지요. 가뜩이나 산과 강이 많아 실제 가용 면적은 60퍼센트밖에 안 되는 탓에 서울은 터지기 일보 직전입니다. 이런 점에서라도 메가시티라는 미래는 선택이 아니라 필수입니다.

지금까지 한국의 부동산 시장을 둘러싼 각종 문제와 대안을 살펴보았습니다. 2025년부터 본격적인 공급 쇼크가 닥칠 것으로 예상되는 만큼, 한국은 중요한 분기점에 서 있습니다. 이번에도 단지 집값과 집세를 찍어 누르는 데 초점을 맞춘다면, 더 큰 혼란만 초래할지 모릅니다. 최소한의 주거권을 어떻게 보장할지, 이를 현실화할 정책 목표는 무엇일지, 미래 한국의 도시들을 어떻게 설계할지 등에 관한 깊은 고민과 지혜가 필요한 때입니다.

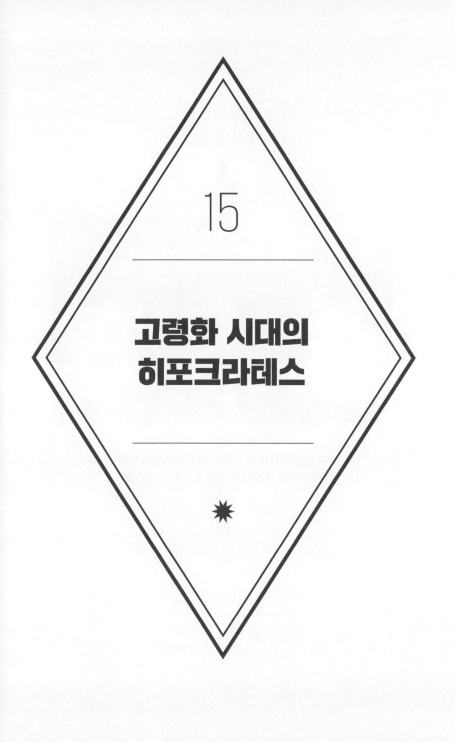

15

고령화 시대의 히포크라테스

**'응급실 뺑뺑이'로 드러난 의료 시스템의 민낯,
의사 수가 문제인가, 의료 수가가 문제인가?**

피부암 수술보다 피부에서 점 빼는 시술이
더 돈이 되는 불편한 진실,
정부도 의료계도 책임을 피할 수 없다!

의료 대란의
결정적 장면
2

오래 산다는 건 축복일까?
인구 감소로 흔들리는 건강보험

2028년이면 건강보험 재정이 소멸한다!
돈이 없으면 죽어야 하는 비극을 피하기 위해
지금 우리는 무엇을 준비해야 하는가?

*

2024년 내내 대통령실은 '국민과 함께하는 민생토론회'를 개최하고 있습니다. 윤석열 대통령이 직접 각계각층의 시민들을 만나 한국 사회가 당면한 현안들에 대해 소통하고, 정부 정책을 설명하는 자리이지요. 아무래도 대통령이 직접 나서는 만큼 다루는 주제들도 굵직굵직한데, 그중에서도 2월 1일 열린 여덟 번째 토론회는 '의료 개혁'이라는 큰 화두를 던졌습니다. 특히 모두 발언에서 나온 대통령의 한마디가 지금껏 정국을 뒤흔들고 있지요.

"충분한 의료 인력 확보가 중요합니다."

이어서 대통령은 의료 인력을 늘려야 할 이유로 고령 인구 증가와 지역 의료 및 필수 의료 정상화를 내걸었습니다. 바로 그날 보건복지부 또한 '의료 인력 확충'을 핵심으로 한 '필수 의료 정책 패키지'를 발표했습니다. 일주일도 채 지나지 않은 2월 6일에는 구체적인 숫자가 담긴 '의과대학 입학정원 확대 방안'을 발표했지요. 이 모든 과정이 속전속결로 진행되었습니다.

의료계, 특히 의사들은 크게 반발했습니다. 처음부터 정부가 제시한 개혁안을 단 하나도 받아들일 수 없다는 뜻을 분명히 했지요. 거의 곧바로 의료 시스템의 말단을 책임지고 있는 전공의들이 대거 사직서를 제출하고 출근하지 않으며 의료 대란이 시작되었습니다. 전공의는 인턴과 레지던트를 가리키는데, 전자는 전공할 과목이 정해지지 않아 병원의 모든 과를 돌아다니며 실무를 익히는 1년 차 의사입니다. 후자는 과목을 선택한 다음 전문의 자격 취득을 목표로 임상과 공부를 병행하는 2~5년 차 의사이고요. 전체 의사의 10퍼센트 안팎을 차지하는 전공의들이 병원을 떠나자 의료 시스템 곳곳에서 경고음이 울리기 시작했습니다.

교양이 노트

- ☑ 전공의가 전문의만큼 많은 기형적인 구조
- ☑ 응급실 뺑뺑이라는 고질병
- ☑ 의료 수가는 누가 결정하는가?
- ☑ 건강보험 재정을 정상화할 마지막 기회

전공의는 왜 이토록 많아졌을까

숫자만 놓고 보면 이해되지 않을 수 있습니다. 직원이 100명에 달하는 회사가 그중 10명이 그만둔다고 휘청이는 꼴이니까요. 그것도 퇴사자 모두 사원급인데 말입니다. 그렇다면 무언가 더 근본적인 이유가 있다는 것이겠지요.

그 실마리를 찾으려면, 우선 의료계의 전반적인 인력 구성, 즉 전공의들이 주로 어디에서 일하고 있는지를 살펴보아야 합니다. 전공의는 일종의 도제라 할 수 있으므로, 이들을 가르칠 여건이 되는 곳에서 일하게 됩니다. 흔히 '대학병원'으로 불리는 상급종합병원과 수련병원이 그곳이지요. 이때 전자가 50곳, 후자가 250곳 정도 되는데, 전공의의 95퍼센트가 상급종합병원에 몰려 있어, 수련병원의 경우 전공의가 단 한 명도 없는 곳이 과반에 달합니다. 그 결과 오늘날 상급종합병원의 의사 중 무려 40퍼센트 가까이가 전공의입니다. 전문의와 거의 일대일 비율인데, 상급종합병원이 높은 숙련도를 요구하는 중증·응급환자의 치료를 담당하는 곳임을 생각하면, 전공의의 비율이 지나치게 높다고 할 수 있습니다. 전공의란 엄밀히 말해 '수련의'니까요.

여기에는 크게 두 가지 이유가 있습니다. 우선 상급종합병원은 여러 과가 있고 규모도 커 다양한 경험을 쌓을 수 있는 만큼 많은 전공의가 선호합니다. 동시에 상급종합병원도 전공의가 필요합니

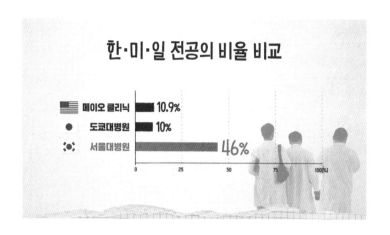

한·미·일 전공의 비율 비교

메이오 클리닉 10.9%
도쿄대병원 10%
서울대병원 46%

0   25   50   75   100[%]

다. 일단 돌보는 환자 수가 많은 만큼 의사도 많이 필요한데, 이들을 모두 전문의로 고용했다가는 인건비를 감당할 수 없습니다. 그러니 상대적으로 인건비가 저렴한 전공의의 비율을 높일 수밖에 없는 것이지요.

여기에는 의료 수가도 영향을 미칩니다. 상급종합병원은 의료 현장의 최전선이라 할 만합니다. 심장 수술이나 뇌 수술 같은, 사람의 목숨을 좌우하는 필수 의료에 집중하는 곳이기 때문입니다. 이처럼 매우 중요한 데다가, 그 특성상 고도의 기술이 필요해 숙련된 전문가마저 드문 의료 서비스라면 비싼 게 당연하겠지요? 하지만 한국의 필수 의료는 그 어떤 나라보다 저렴한 편입니다. 해당 의료 수가가 그만큼 낮기 때문입니다. 의료 수가란 쉽게 말해 나라에서 정한 의료 서비스의 가격으로, 환자가 지불하는 비용과 국민건강보험공단°이 보전하는 비용의 합입니다. 이때 필수 의료는 말 그대로 필수적인 의료 서비스이므로, 누구나 누릴 수 있도록 가격을 낮게 제한하고 있는 것이지요.

그런데 의료계는 늘 필수 의료 수가가 너무 낮다고 불만을 토로해왔습니다. 가령 필수 의료에 해당하는 심장 수술의 일종인 관상동맥우회술의 경우 의료 수가가 2019년 기준 한국은 7,323달러인 데 반해, 미국은 7만 6,384달러입니다. 무려 10배 차이가 나지요. 실제로 2024년 3월 건강보험심사평가원이 발표한 보고서에 따르면, 한국에서 수술의 원가 보전율은 81.5퍼센트에 불과해 나머지 18.5퍼센트를 병원이 떠안아야 합니다. 가뜩이나 수술이 많아 돈이 줄줄 새는 상급종합병원으로서는 적자를 메우기 위해서

한·일 의료 수가 비교

	일본 수가	한국 수가	비율
두개 내 종양 적출술 - 송과체부 종양	15,810,000	2,449,531	15.50%
경비적 뇌하수체 종양 적출술	8,720,000	1,990,700	22.80%
뇌동맥류 경부 클리핑 - 1개소	11,407,000	2,420,019	21.20%
뇌동맥류 경부 클리핑 - 2개 이상	12,840,000	2,821,455	22%
뇌혈관 내 수술 - 1개소	6,627,000	1,416,041	21.40%
뇌혈관 내 수술 - 뇌혈관 내 스텐트 이용	8,285,000	1,416,041	17.10%

출처: 대한의사협회

라도 전공의를 선호할 수밖에 없는 것입니다. (필수 의료 수가가 비싼 미국이나 일본은 상급종합병원의 전공의 비율이 10퍼센트 안팎에 불과합니다.)

의사 수가 문제다

이런 상황에서 전공의들이 단체로 사직서를 제출하니, 상급종합병원이 제대로 돌아갈 리 없습니다. 그 결과 '응급실 뺑뺑이'가 시작되었습니다. 절반에 가까운 의사가 사라진 만큼 환자를 돌볼 여력도 줄어들었는데, 그러면서 특히 손이 많이 가고 계속해서 신경 써야 하는 응급실이 가장 큰 타격을 입었던 것입니다.

응급실은 말 그대로 응급치료를 하는 곳입니다. 환자에게 잠시만 기다려달라고 할 수 없는 곳이지요. 바꿔 말해 지금 바로 손 쓸 수 있는 수의 환자만 받는 것이 원칙입니다. 괜히 받았다가 손이 부족해 환자를 방치하면, 오히려 상태를 악화시킬 수 있으니까요. 응급실이 포화 상태에 이르면, 다른 병원 응급실로 가라고 이야기하는 이유입니다.

사실 의료 대란 전에도 응급실 뺑뺑이가 전혀 없었던 것은 아닙니다. 응급실, 특히 상급종합병원 응급실은 근무 강도가 워낙 높아 전공의의 지원율이 80퍼센트까지 떨어진 상황이었기에, 겨우겨우 운영되는 중이었지요. 그 와중에 전공의들이 아예 응급실을 떠나면서 '지옥문'이 열려버렸습니다. 촌각을 다투는 환자라도 응급실 문턱을 넘기가 어려워졌지요. 이처럼 상급종합병원 응급실이 막히자, 환자들이 그 아래 단계의 병원 응급실로 몰리면서 각급 의료 기관들의 응급실이 모두 포화 상태에 이르렀습니다. 최근 들어 환자가 응급실을 찾지 못해 구급차 안에서 죽었다거나, 어쩔 수 없이 집으로 돌아갔다는 소식이 계속해서 들려오는 이유입니다.

이런 전쟁 같은 상황이 벌어질 것을 뻔히 예상했으면서도 전문의들은 왜 사직이라는 극단적인 방법을 택했을까요? 누군가는 병원 밖에서 죽어가는 사람들을 보며 전문의들을 악마화하지만, 그렇게 따지면 상황이 어떻든 원안만을 고집하는 정부도 악마화해야 합니다. 그보다는 좀 더 큰 틀에서 구조적인 문제를 살펴보는 것이 건설적이겠지요.

우선 전문의, 더 나아가 의료계와 정부가 가장 첨예하게 충돌하는 지점은 의사 증원 문제입니다. 정부는 의사 수가 부족하다는 건 이미 여러 통계로 증명된 사실이라고 설명하고 있습니다. 가령 2022년 기준 한국에서 실제로 활동 중인 의사 수는 11만 2,000명 정도로 추산되는데, 인구 1,000명당 2.5명 수준입니다. OECD 평균인 3.7명에 크게 못 미치는 데다가, 심지어 한의사를 빼면 2명으로 더 쪼그라들지요. 의학 계열 졸업자도 인구 10만 명당 7.2명으로, OECD 회원국 중 뒤에서 세 번째입니다.

여기에 더해 상급종합병원들이 수도권에 몰려 있어 의료 서비스의 지역 격차가 커지고, 의사들이 피부과나 성형외과 같은 소위 '프티 과목'에 쏠리며 흉부외과나 소아청소년과 같은 필수 의료에 해당하는 과목이 외면받는 상황에서, 의사 증원이라는 극약 처방을 피할 수 없다는 게 정부의 주장입니다. 앞서 설명한 것처럼 의사는 인턴

에서 레지던트가 될 때 처음 과목을 정하는데, 성적순으로 원하는 곳에 가게 됩니다. 따라서 의사 수 자체를 늘리면, 인기 과목을 원하지만 성적이 낮아 다른 곳에 지원하는 경우가 당연히 많아질 것이기에, 자연스레 필수 의료가 강화된다는 논리입니다. 일종의 낙수 효과®를 유도하는 것이지요.

아니다, 의료 수가가 문제다

이에 대해 의료계는 비슷한 개혁을 시도했던 미국과 캐나다의 예를 들며, 정부가 기대하는 효과는 발생하지 않을 것이라 반박하고 있습니다. 즉 무턱대고 의사 수를 늘릴 것이 아니라, 왜 의사들이 몇몇 과목에 몰리는지, 또는 몇몇 과목을 피하는지 그 근본적

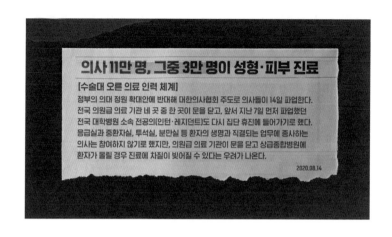

인 원인부터 직시해야 한다는 것입니다. 사실 의사들이 피부과나 성형외과의 문을 두드리는 이유는 간단합니다. 다른 과목보다 돈이 되기 때문이지요.

의료 수가는 모든 의료 서비스에 적용되지 않습니다. 국민 생명에 직결되는 것들만 의료 수가로 가격이 결정되는데, 이들 의료 서비스를 '급여 항목'이라고 합니다. 반대로 그처럼 필수적이지 않고, 다만 개인의 선택에 따른 진료나 치료에는 의료 수가가 적용되지 않습니다. 이들 의료 서비스를 '비급여 항목'이라고 부르는데, 시장 원리에 따라 가격이 정해집니다. 당연히 피부과나 성형외과의 의료 서비스는 대개 비급여 항목에 포함되므로, 실력만 좋다면 의사 마음대로 자기 의술에 값을 매길 수 있습니다. 이런 상황에서 프티 과목을 마다할 의사가 몇 명이나 될까요?

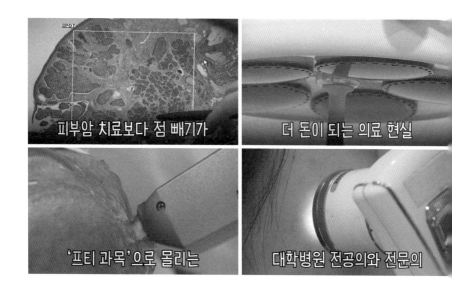

피부암 치료보다 점 빼기가

더 돈이 되는 의료 현실

'프티 과목'으로 몰리는

대학병원 전공의와 전문의

따라서 의료계는 의료 수가를 정상화하는 일이 더 시급하다고 주장합니다. 가령 필수 의료 수가를 현실화하면, 굳이 의사 수를 늘리지 않더라도, 해당 과목을 전공하는 의사의 비율이 자연스레 높아지리라는 것이지요. 반대로 의료 수가 문제는 내팽개친 채 의사 수만 늘리면, 설사 정부 계획대로 필수 의료 과목을 전공하는 의사가 많아지더라도, 반짝 효과에 그치리라는 게 의료계의 전망입니다. 앞서 설명한 것처럼 의료 수가는 환자와 국민건강보험공단이 분담하는데, 일반적으로 후자의 분담금이 더 큽니다. 따라서 특정 의료 서비스의 의료 수가는 얼마로 할지, 그중 공단의 분담금은 얼마로 할지 등은 모두 건강보험 재정에 따라 좌우되지요.

이 재정이 무한정일 수 없는 만큼, 필수 의료에 투신하는 의사가 많아질수록 가뜩이나 작은 파이인 필수 의료 수가를 더 잘게 쪼개는 꼴이 될 게 뻔합니다. 이런 상황에서 사명감만으로 일할 의사는 많지 않을 것입니다. 결국 다른 과목으로 전과하는 경우가 많아질 수밖에 없습니다.

아울러 증원한다는 의사 수 자체도 논란이 되고 있습니다. 정부는 앞으로 5년간 매년 2,000명씩 총 1만 명을 증원하겠다고 발표했습니다. 즉 2025학년도 수학능력시험부터 의대생을 기존보다 2,000명씩 더 뽑겠다는 것이지요. 이를 위해 전국 40개 의과대학 중 (지방대학 배려 차원에서) 서울 소재 여덟 곳을 제외한 32곳의 신입생 정원을 늘리겠다고 발표했습니다. 기존 정원이 3,058명인 것을 감안하면, 갑자기 거의 배로 늘어난 꼴이라, 수업이 제대로 이뤄지겠냐고 우려하는 목소리가 큽니다.

정부는 1만 명이란 수치를 도출하며 여러 연구를 참고했다고 밝혔는데, 의료계는 여기에도 허점이 있다고 꼬집습니다. 앞으로의 의료 기술 발전을 전혀 고려하지 않았다는 것입니다. 가령 팬데믹 전과 후만 비교해도 그 2년여의 기간에 의료 기술이 얼마나 많이 발전했는지 알 수 있습니다. 팬데믹 전에는 전 국민을 대상으로 하는 대규모의 신속 항원 검사 같은 건 생각도 못 했습니다. 코로나19 백신을 그토록 빨리 개발한 것 자체도 의료 기술 발전의 좋은 예이지요. 최근에는 인공지능의 도입으로 발전 속도가 더욱 빨라지는 중이고요. 의료계는 이러한 혁신까지 포함해 계산한다면, 정부가 제시한 1만 명이란 수치는 오히려 과잉이라며 비판하고 있습니다.

사람의 편중, 재정의 편중

정부와 의료계의 주장을 모두 살펴보면, 결국 근본적인 문제는 의사 수의 많고 적음보다는 편중인 것으로 보입니다. 흔히 '동네 병원'으로 불리는 1차 의료 기관이나, 병상을 30개 이상 가진 2차 의료 기관은 수도권에서든 지방에서든 쉽게 찾아볼 수 있습니다. 실제로 한국만큼 의료 서비스 접근성이 좋은 나라도 없는데, 연간 외래 진료 횟수를 기준으로 보면, 2023년 기준 14.7회로 OECD 평균인 5.9회보다 2.5배 많습니다.

동시에 한국은 상급종합병원에 대한 선호가 유독 강합니다. 조금만 아파도 "대학병원 가봐라"라는 말을 듣는다는 것 자체가 상급종합병원의 문턱이 얼마나 낮은지 잘 보여줍니다. 실제로 상급종합병원 응급실의 경우 이용자의 42퍼센트가 경증 환자라는 통계도 있지요. 연장선에서 '빅5'로 불리는 서울의 상급종합병원 다섯 곳(서울아산병원, 세브란스병원, 삼성서울병원, 서울대학교병원, 가톨릭대학교 서울성모병원)은 엄청난 수의 환자를 감당하고 있습니다.

신경외과 전문의 수

5.89	4.75	2.51	1.3
1위 일본	2위 한국	3위 그리스	평균

출처 : OECD / 단위 : 명(10만 명당)

2018년부터 5년간 빅5에서 진료받았던 비수도권 암 환자만 100만 명에 달할 정도입니다. 이 정도로 환자가 편중되면, 자연스레 지역 의료는 붕괴하고, 수도권 의료는 과부화될 수밖에 없습니다. 결국 국민 생명과 직결되는 필수 의료에 대한 접근성이 전체적으로 오히려 떨어지게 됩니다. 이것이 오늘날 한국의 의료 현실입니다.

여기에 필수 의료를 담당하는 의사마저 점점 줄어들며 상황이 더욱 악화하는 중입니다. 실제로 응급실 뺑뺑이는 의료 대란 전부터 비일비재한 일이었습니다. 2022년 7월에는 한국에서 의사가 제일 많은 상급종합병원인 서울아산병원의 간호사가 근무 중에 뇌출혈로 쓰러졌는데, 하필 관련 수술을 집도할 의사가 없어 서울대학교병원으로 옮겨 뒤늦게 수술했으나, 끝내 사망한 일도 있었지요. 이처럼 어처구니없는 비극이 발생하는 이유는 간단합니다. 상

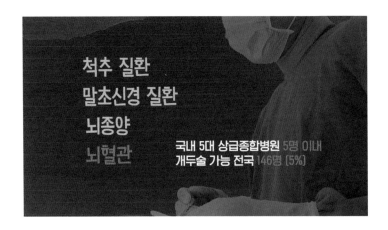

척추 질환
말초신경 질환
뇌종양
뇌혈관
국내 5대 상급종합병원 5명 이내
개두술 가능 전국 146명 (5%)

급종합병원에서 (필수 의료에 해당하는 과목으로) 전공의 과정을 마친 일반의나, 그 이상 실력을 갈고닦은 전문의가 대거 개원의로 빠져나가고 있기 때문입니다. 개중에는 아예 프티 과목으로 전과하는 의사들도 있습니다. 실제로 이번 의료 대란 때 응급의학과 소속이던 전공의들이 대거 피부과 개원을 준비한다는 소식이 전해지며 충격을 안겼지요.

사태가 이 지경이 된 데는 필수 의료에 불리한 의료 수가가 결정적 영향을 미치고 있습니다. 이와 관련해 한 가지 흥미로운 사실이 있습니다. 서울아산병원의 사례와 이어지는 것인데, 한국에 신경외과 의사가 사실 매우 많다는 것입니다. OECD 평균의 3.5배나 되지요. 하지만 그들 대부분은 뇌 수술을 피합니다. 난도 높은 기술을 익혀야 하고, 환자가 생사를 넘나드는 경우가 많아 부담스러

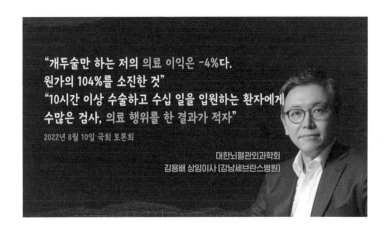

"개두술만 하는 저의 의료 이익은 -4%다.
원가의 104%를 소진한 것"
"10시간 이상 수술하고 수십 일을 입원하는 환자에게
수많은 검사, 의료 행위를 한 결과가 적자"
2022년 8월 10일 국회 토론회

대한뇌혈관외과학회
김용배 상임이사 (강남세브란스병원)

우며, 무엇보다 의료 수가가 비현실적이라 할수록 손해이기 때문입니다. 그래서 상급종합병원에 남든 개원의가 되든 많은 신경외과 의사가 뇌 대신 척추를 '취급'합니다.

이 부분에서 한 가지를 짚고 넘어가자면, 의료 수가는 정부와 의료계가 함께 정합니다. 이때 한정된 건강보험 재정상 필수 의료 수가를 높이려면, 그에 속하지 않은 의료 수가를 낮출 수밖에 없습니다. 이런 이유로 의료계 내에서도 이해관계가 갈리는데, 필수 의료를 주로 담당하는 상급종합병원의 의사들은 수도 적고 너무 바빠 목소리를 제대로 내지 못하고 있지요. 반면에 1차 의료 기관의 개원의들은 수도 많을뿐더러, 자신들이 주로 제공하는 의료 서비스의 수가를 높이는 데 적극적으로 목소리를 내는 편입니다. 그러다 보니 결과적으로 의료 수가가 지금과 같은 꼴로 굳어졌습니다. 즉 오늘날의 의료 대란에는 의료계도 책임이 있는 것입니다.

더는 시간이 없다

이처럼 복잡하게 꼬인 데다가, 국민 생명에 직접적으로 영향을 미치는 문제 앞에서 정부가 했어야 할 일은 명확합니다. '특단의 대책'에 매몰되기보다는, 의료계 내부의 다양한 목소리를 경청하고, 충돌하는 이해관계를 중재하며, 타협을 이끌어 고질병이 되어 버린 의료 수가를 먼저 정상화했어야 하지요. 그다음 현실적인 여건을 고려해 의사 수를 점진적으로 늘리기로 했다면, 누가 이토록 반대했을까요? 병원을 떠나는 의사들을 악마화하는 건 이보다 훨씬 쉬운 방법이지만, 지금처럼 강 대 강의 국면에서는 결국 모든 피해를 국민에게 떠넘기는 일에 불과합니다.

물론 정부도 할 말은 있을 것입니다. 지금까지 여러 역대 정부가 대화를 통해 의료 수가 문제를 해결하고 의사 수를 늘려보려 했습니다. 하지만 의료계는 매번 강경한 태도로 반대만 해왔습니다. 일반 국민의 눈높이로 보았을 때 히포크라테스*는 고사하고, 단순한 이익집단 그 이상도 이하

> **교양이 키워드**
>
> ● **히포크라테스**: 기원전 5세기에 고대 그리스에서 활동한 의사. 당시에 의술은 신비주의의 관점에서 다뤄졌는데, 히포크라테스는 이를 어엿한 학문으로 분리, 독립시켰다. 이 때문에 '의학의 아버지'로 불린다. 그가 쓴 것으로 알려진 의사들을 위한 윤리 강령인 '히포크라테스 선서'가 유명하다.

도 아니었지요.

사실 의료 대란을 한 방에 끝낼 아주 좋은 방법이 하나 있습니다. 의료 수가를 지탱하는 건강보험 재정 자체를 늘리면 됩니다. 그 증가분을 필수 의료 수가 위주로 분배하면 정부와 의료계가 싸울 일이 없습니다. 그렇다면 왜 이토록 좋은 방법이 아직 쓰이지 않은 것일까요? 건강보험 재정이 국민의 세금으로 충당되기 때문입니다. 정치인치고 세금을 더 걷어야 한다고 흔쾌히 말할 사람은 아무도 없지요. 하지만 더는 문제 해결을 미룰 수 없습니다. 고령인구는 늘어나고, 이들을 부양할 청년 인구는 줄어드는 저출생·고령화 시대가 도래했기 때문입니다. 즉 현상 유지를 위해서라도 세금을 더 걷어야 할 때가 점점 가까워지고 있는 것입니다.

상식적으로 생각해 사람은 나이가 들수록 병원을 더 자주 찾게 됩니다. 가령 2022년 기준 전체 인구의 1인당 연평균 진료비

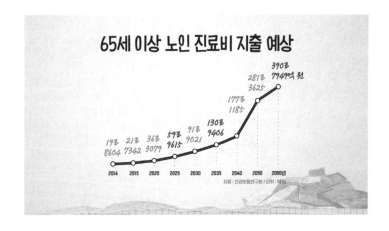

는 206만 원인데, 65세 이상의 고령 인구만 살펴보면 1인당 534만 7,000원으로, 차이가 두 배 넘게 벌어졌지요. 전체 인구의 17퍼센트를 차지하는 고령 인구가 전체 진료비의 43.1퍼센트를 썼기 때문입니다. 액수로 따지면 44조 원에 달하는데, 매년 늘어나 2025년에는 59조 원, 2035년에는 130조 원, 2060년에는 390조 원에 이를 것으로 추산됩니다.

이 엄청난 돈이 하늘에서 뚝 떨어질 리 만무합니다. 결국 청년 인구가 모두 부담해야 하는데, 그 수가 빠르게 줄어들고 있어 큰 문제입니다. 2023년 기준 건강보험 재정은 25조 원 규모로, 이 정도면 2028년까지밖에 버티지 못합니다. 게다가 지금 필수 의료에 이것저것 재정을 더 투입한다고 하니, 그보다 빨리 고갈될 것이 뻔합니다. 앞으로 급여의 절반을 건강보험료로 '뜯길' 수밖에 없다는 전망이 점점 힘을 얻는 이유이지요. 그런 상황에서 누가 결혼하고 출산할까요? 결국 악순환이 반복되게 됩니다.

셀프 케어 시대의 명암

비슷한 문제를 한발 앞서 겪은 나라가 있습니다. 멀고도 가까운 이웃, 일본이지요. 과거 일본에서는 65세가 넘으면 거의 모든 의료 서비스를 공짜로 누릴 수 있었습니다. 그런데 고령화가 심각해지자마자 재정 절벽에 부딪혔습니다. 이에 일본은 노인들의 의료비 부담을 크게 늘렸습니다. 젊은이들에게 과도한 부담을 안겼다가는 나라의 미래가 사라질 수 있기 때문이지요. 그 결과 탄생한 것이 '셀프 케어'입니다. 말은 그럴싸하지만, 실상은 참으로 끔찍합니다. 스스로 돌보라는 뜻 그대로, 아무리 아파도 돈이 없으면 집에 있으라는 것입니다. 이런 비극적인 상황을 피하려면 얼마가 필요할까요? 평범한 수준의 노인 요양 시설을 이용하려면, 매달 227만 25만 원을 자비로 부담해야 합니다. 나이 들어 그 정도 돈을 턱턱 낼 수 있는 사람이 과연 몇 명이나 될까요?

이와 반대로 여전히 무상 의료를 표방하는 나라도 있습니다. 바로 영국입니다. 영국의 공공 의료 기관은 모든 의료 서비스를 무료로 제공합니다. 하지만 마냥 좋다고 할 수 없는 것이 그 질이 너무나 떨어지기 때문입니다. 단순한 진료라도 한두 주를 기다리는 일은 예사고, 때로는 한두 달까지 기다려야 합니다. 그래서 그냥 진료를 포기하고 말지요. 어찌어찌 의사를 만난다고 해도 그 실력에 의구심이 들 때가 많습니다. 의과대학의 수준이 상대적으로 떨어지는 나라에서 면허를 딴 의사를 만날 확률이 높기 때문입니다. 2021년 기준, 영국 정부에서 관리하는 의료인 명단에 새로 이름을 올린 의사들의 62.4퍼센트가 인도, 파키스탄, 이집트, 나이지리아, 수단 출신이었습니다. 이들의 수가 그토록 많은 것은, 인건비가 매우 싼 공공 의료 기관에서 대거 채용하기 때문입니다. 반대로 영국에서 공부하고 면허를 딴 영국인 의사들은 더 높은 급여를 받기 위해 사설 의료 기관을 차리거나 해외로 빠져나갑니다. 그들은 최고급의 의료 서비스를 제공하는 대가로, 천문학적인 비용을 청구하지요. 결과적으로 영국의 사정도 일본과 크게 다르지 않습니다. 돈이 없으면 집에 있으라는 것입니다.

작금의 의료 대란은 이 전 세계적인 셀프 케어 유행의 '한국어판 머리말'일지 모릅니다. 앞으로 어떤 이야기가 전개될지는 전적으로 한국 사람들에게 달려 있습니다. 저출생·고령화 시대라는 바꿀 수 없는 조건 앞에 미래 세대를 생각한다면, 결국 국민연금의 경우와 마찬가지로 건강보험 또한 더 내고 덜 받는 모델이 합리적으로 보입니다. 이를 위해선 모두가 조금씩 양보해야 하는데, 한국은 과연 그럴 준비가 되어 있을까요? 한 가지 확실한 점은 지금 양보하지 않으면, 이보다 더 끔찍한 각자도생의 사회가 펼쳐지리라는 것입니다.

혼란한 시대의 맥을 짚는
교양의 힘

아쉽게도, 벌써, 마무리할 시간입니다. 친절하고 똑똑한 길잡이, '컨트리뷰터'들의 안내를 따라 교양의 세계를 탐험해본 경험이 어떠셨을까요? 즐거움과 유익함을 모두 얻으셨을까요? 아니면 충돌하고 재편되는 세계의 이야기에 긴장감을 느끼셨을까요?

지금까지 살펴본 것처럼 그 어느 때보다 혼란한 시대입니다. 호황과 불황의 경계에 선 경제, 중동과 유럽을 초토화하고 동아시아를 위협하는 전쟁, 미국과 중국의 치열한 패권 다툼으로 세계는 하루에도 몇 번씩 들썩이고 있습니다. 한국도 저출생과 고령화, 부동산 공급 쇼크와 의료 대란 등 여러 문제에 직면한 상태입니다. 한마디로 좋았던 시절이 끝나가고 있습니다. 인류가 지난 30여 년간 누렸던, 상대적으로 평화롭고 번영했던 시대가 저물고 있습니다. 지금의 20대가 앞으로 만날 세상은, 어느덧 50대를 넘은 기성 세대가 젊은 시절 경험했던 것보다 덜 자유롭고 더 위험한 곳이 될 듯합니다.

두 차례의 세계대전과 그 후의 냉전을 통해 힘들게 배웠던 교훈을 다 잊기로 작정이라도 한 것처럼, 세계 각국은 점점 더 위험한 길로 나아가고 있습니다. 국제적 갈등을 조율하고 무력에 의한 현상 변경을 방지하기 위해 마련되었던 많은 기구와 장치가 점차 무력해지고 있습니다. UN과 WTO가 국가 간 갈등을 해결한 것이 언제인지, 이제는 기억이 가물가물합니다.

한마디로 '법보다 주먹이 가깝다'는 말을 힘센 국가들이 행동으로 옮기는 시대입니다. 100여 년 전에 세계를 호령하다가 퇴조했던 제국의 후예들이 과거의 영광을 재현하겠다며 야욕을 부리고 있습니다. 그런 옛 제국 중 두 곳이 한반도와 맞닿아 있고요.

국제정치만 위험해진 것은 아닙니다. 나라 바깥의 파고가 높아지면 나라 안의 정치도 크게 영향받습니다. 그 결과 많은 나라에서 민주주의가 위협받고 대중주의적 독재가 발호하고 있습니다. 파시즘의 그림자가 어른거립니다. 20세기 초 유럽에서 벌어진 일들의 기록을 살피다 보면, 요즘 세계 곳곳에서 진행 중인 일과 흡사한 면이 많아 소름이 돋습니다. 나와 다른 남을 향한 관용은 점차 설 자리를 잃어갑니다. 아직은 그 대상이 주로 '다른 나라, 다른 문화권에서 온 사람들'이지만, 거기에서 그치지 않을 겁니다.

경제도 급변하고 있습니다. 베를린장벽의 붕괴와 함께 열렸던 세계화의 물결은 퇴조의 기미가 뚜렷합니다. 사람과 물자와 자본의 이동을 가로막는 경계는 사라지고 거리는 축소될 거라던 1990년대의 이상주의적 담론이 무색하게, 공급망 분리와 기술국가주의 techno-nationalism의 흐름이 뚜렷해지고 있습니다.

세상이 점점 각박해지기 때문일까요? 전 세계적으로 인구가 줄고 있습니다. 이제는 개발도상국에서도 증가세가 꺾이기 시작했지요. 한편 인공지능과 로봇공학은 인간의 일자리를 위협하는 방향으로 발달하고 있습니다. 결과적으로 성장 동력이 점점 꺼져가는 상황에서, 빚 내기와 돈 찍어내기에 중독된 국제금융이 언제까지 폭탄 돌리기에 성공할지 아무도 모릅니다. 너무나 당연하게 누려왔던 자본주의의 근간이 흔들릴지 모른다는 우려가 그리 과장되게만 들리지 않는 이유입니다.

이처럼 한국의 번영을 가능케 했던 국제적 환경이 지각변동급의 변화를 맞고 있습니다. 이 책이 출간될 즈음 미국은 새 대통령을 맞이하게 됩니다. 누가 백악관을 차지하든, 미국은 더 이상 압도적인 국력에서 비롯된 관용을 부리지 못할 것입니다. 미국에는 그럴 여유가 없습니다! 미국인들은 점점 더 동맹의 의미를 의심하고, 동맹국의 가치를 재평가하려 들 것입니다. 이를 기회 삼아 한국과 미국 사이를 벌려놓으려는 시도도 늘어나겠지요.

이처럼 혼란한 시대일수록 흔들리지 않기 위해선 파편화된 뉴스들을 연결하고 맥을 짚는 힘, 즉 '교양'이 필요합니다. 이 책에는 지난 1년여간 〈교양이를 부탁해〉가 펼쳐낸 수준 높은 교양이 가득합니다. 중국 경제가 어려워질수록 동아시아 정세가 긴박해지는 이유는 무엇인지, 우크라이나와 가자 지구에서 벌어지는 전쟁은 우리의 일상을 어떻게 바꾸고 있는지, 21세기에도 패권을 유지하려는 미국의 전략은 무엇인지, 출렁이는 달러의 거친 바다에서 한국호는 과연 좌초하지 않고 순항할 수 있을지, 저출생과 고령화에 알맞은 사회 시스템을 어떻게 마련해야 할지 같은 핵심 시사 이슈를 깊이 있게 다루고 있지요.

영상 매체의 시대라지만, '종이라는 매체에 인쇄된 정돈된 텍스트'는 여전히 그 나름의 힘을 갖습니다. 그동안 〈교양이를 부탁해〉가 보여주려 했던 세상의 변화를 일목요연하게 살펴볼 기회입니다. 물론 좀 더 관심이 가는 주제가 있다면 유튜브 채널 〈비디오머그〉에 접속해보길 추천합니다. 〈교양이를 부탁해〉 재생 목록에서 방송사만이 제공할 수 있는 시의성 가득한 영상과 인터뷰를 볼 수 있습니다. 이로써 세상에 대한 이해가 더욱 깊고 풍성해지길 바라봅니다.

이현식
〈교양이를 부탁해〉 컨트리뷰터 • SBS D콘텐츠제작위원

〈교양이를 부탁해〉가
탄생하기까지

제아무리 큰 변화라도 첫 시작은 대개 사소하기 마련입니다. 〈교양이를 부탁해〉도 한 개인의 사적인 경험에서 시작되었습니다. 2018년께 중국의 IT 기업인 텐센트에서 일하던 A씨의 이야기입니다.

당시 자사 플랫폼에 유통할 매력적인 콘텐츠를 원했던 텐센트는 게임, 방송, 드라마, 음악, 웹툰, 캐릭터 등 분야를 가리지 않고 한국의 원천 IP 확보에 열을 올리고 있었습니다. 그런데 미중 경제 전쟁이 본격화되면서, 자연스레 A씨는 한국과 중국의 교류가 경색되고 프로젝트가 중단되는 것을 목격하게 되었지요. 뉴스로만 보았던, 다른 세계의 일이라고만 여겼던 패권국 간의 갈등이 평범한 개인의 일상에 어떻게 모습을 드러내는지 직접 경험해야만 했던 A씨는 이렇게 생각했습니다.

'뉴스를 해석하지 못해 눈 뜨고 코 베이는 일은 너무 억울하지 않은가?'

네, 이것은 (이후 〈교양이를 부탁해〉를 기획하고 연출하게 될) 제 생생한 경험담입니다. 이 일로 저는 세상을 움직이는 힘에 대한 관심이 커졌습니다. 그것이 제 삶에도 영향을 미친다는 사실을 깨달았기 때문입니다.

유튜브에서 제공하는 통계에 따르면, 2023년 기준 사용자의 60퍼센트 이상이 매일 유튜브를 통해 취미나 관심사에 대한 지식과 정보를 습득하고 있습니다. 어느 시대보다 지적 콘텐츠에 대한 수요가 크다는 것을 알 수 있지요. 이런 트렌드에 개인적인 경험을 녹여낸 끝에 2023년 9월 드디어 〈교양이를 부탁해〉를 정식으로 론칭했습니다. 거시경제, 국제정치, 인구와 의료 문제 등 우리 삶을 뒤흔드는 국내외 핵심 이슈를 평범한 직장인의 관점에서 묻고, 또 답해보았습니다.

여기에 컨트리뷰터들의 지적 시선을 더해 뉴스의 맥을 짚고, 지식의 수준을 높인 〈교양이를 부탁해〉는 우리 시대를 이해하는 가장 확실한 교양을 제시합니다. 단순히 재미있기만 한 이야깃거리를 그러모으는 데서 한발 더 나아가, 넓디넓은 교양의 세계를 안내할 길잡이 역할을 하고 있지요. 한마디로 〈교양이를 부탁해〉는 지적 효용감을 극대화한 뉴스, 즉 '지식뉴스' 그 자체입니다.

이러한 기획 의도가 제대로 통했는지, 유튜브 채널 〈비디오머그〉와 〈SBS 뉴스〉의 구독자 630만여 명이 〈교양이를 부탁해〉를 통해 교양의 세계를 즐거이 탐험 중입니다. 유튜브 누적 조회수 6,000만 회를 돌파하고, 평균 조회수 58만 회를 기록하는 등 큰 사랑을 받고 있습니다.

〈교양이를 부탁해〉를 제작하며 가장 중요하게 생각한 것 중 하나가 바로 '소통'입니다. 일방향 강의가 아니라, 전문가와 대중이 함께 모여 눈높이를 맞추고 소통하는 타운홀 미팅의 형식을 차용한 이유입니다. 〈교양이를 부탁해〉는 앞으로 온·오프라인을 불문하고 사람과 사람이, 현세대와 미래 세대가 만나 함께 성장하는 연결점이 되어줄 것입니다.

인공지능부터 패권 다툼까지, 오늘날과 같은 대전환의 시대에는 누구나 어떤 벽을 마주하게 됩니다. 학교나 사회에서 배우지 못한 생소한 문제들 앞에 선 자신을 발견하는 것이지요. 이럴 때일수록 필요한 것은 미래에 대한 막연한 불안감이 아니라, 변화에도 흔들리지 않을 힘입니다. 〈교양이를 부탁해〉는 바로 그런 힘을 줍니다. 더 높은 곳으로 나아가기 위한 새로운 시선과 더 넓은 세상을 한눈에 담기 위한 깊은 통찰이 담겨 있습니다.

그동안 〈교양이를 부탁해〉의 영향력이 유튜브 공간에만 존재했다면, 이 책을 통해 더 많은 사람의 일상과 세상을 연결하고, 지식의 빈틈을 채워주게 되길 바라봅니다.

이 책이 나오기까지 매주 콘텐츠를 기다려주시고 주제에 대해 치열히 토론해주신 구독자들, 선뜻 컨트리뷰터로 나서서 최고의 강의와 인터뷰를 해주신 모든 전문가께 깊이 감사드립니다. 또한 디지털 오리지널 콘텐츠를 기획하고 제작할 수 있는 시스템을 마련해주신 박진호 총괄, 지식 콘텐츠의 방향성을 구축하고 확장할 수 있도록 이끌어주신 정명원 부장과 심영구 팀장께 감사의 마음을 전합니다. 늘 현장과 스튜디오 상황을 생생하게 기록해주시는 영상취재팀 선배들께도 감사드립니다. 아울러 꼬박 1년 동안 밤낮 없이 기획과 제작에 힘써준 〈교양이를 부탁해〉 제작팀의 단비·성민 작가, 용희·승호 PD, 지수·지우 디자이너, 인턴 효빈에게 감사의 인사를 전합니다.

걷다 보면 걱정이라는 안개는 서서히 사라지고, 가려는 길이 또렷이 보이기 시작하리라는 저 나름의 격언을 전하며 이만 줄입니다. 곧 다시 만나길 기대하고 있겠습니다.

한동훈
〈교양이를 부탁해〉 기획·연출

더 볼거리

1부 경제: 호황과 불황의 경계에 선 세계

01 미국이라는 과열된 엔진

'2024년 미국 경제, 과열 잡힐까 더 차갑게 냉각 될까…파월이 '금리인하' 신호탄 쏜 이유', 〈SBS 뉴스〉(유튜브), 2023.12.17.

'안전벨트 단단히…전 세계 경제 덮친 '퍼펙트 스톰' 이제 시작이다', 〈비디오머그〉(유튜브), 2022.6.30.

02 벼랑 끝에 몰린 중국

'회복 능력 잃은 중국 경제…미 견제 속 어디까지 흔들릴까', 〈비디오머그〉(유튜브), 2023.12.22.

'중국 경제, 이대로 망할까? 시진핑 절대권력 반년 만에 만든 벼랑 끝 위기', 〈비디오머그〉(유튜브), 2023.9.6.

03 반전을 꾀하는 일본

"아직 안 끝났다, 엔(¥) 정상화에 전 세계가 공포"…일본이 빠르게 금리 인상한 이유', 〈비디오머그〉(유튜브), 2024.8.9.

"나날이 가난해지는 일본 직장인들"…일본이 '슈퍼 엔저' 덫에 빠진 이유', 〈비디오머그〉(유튜브), 2024.6.21.

'"일본 직장인들 박탈감 느껴"··역대급 엔저에 일본이 초조한 이유', 〈SBS 뉴스〉(유튜브), 2024.5.11.

'"돈 쓸 사람이 없어요" 일본이 관광객 폭발적 증가에도 웃지 못하는 이유', 〈비디오머그〉(유튜브), 2024.1.3.

'"치고 빠지는 데 성공한 고령층"··일본 '잃어버린 30년'이 만든 진짜 '위기"', 〈비디오머그〉(유튜브), 2023.12.30.

04 한국의 전략: 생산성에 집중하라

'"커지는 부의 격차에 분노"···대한민국 서민의 삶이 늘 팍팍한 이유', 〈비디오머그〉(유튜브), 2024.4.13.

'"불안을 너무 과장했다"···초저출산에 장기저성장까지 덮친 대한민국 '경제 위기'의 진실', 〈비디오머그〉(유튜브), 2024.4.5.

'"일본 장기침체 시작하고 똑같아"···벼랑 끝에 내몰린 한국, 올해가 진짜 중요한 이유', 〈비디오머그〉(유튜브), 2024.2.27.

2부 전쟁: 적대적 공생관계로 불붙는 세계

05 러우전쟁의 오랜 역사

'"푸틴의 야욕 막을 최강 무기"···유럽이 'K9 자주포' 자꾸 사들이는 이유', 〈비디오머그〉(유튜브), 2024.7.26.

'"유럽에서 한국산 무기 쓰지 마"···노골적인 'K-방산 견제' 무력화시키는 방법', 〈비디오머그〉(유튜브), 2024.5.24.

'"폴란드 전차병이 기고만장"···압도적인 'K2 흑표전차' 성능에 유럽 '비상"', 〈비디오머그〉(유튜브), 2024.5.18.

'올림픽 끝, 전쟁 시작? 러시아-우크라이나 사태 일촉즉발 상황 정리해

봄', 〈비디오머그〉(유튜브), 2022.2.18.

06 제5차 중동전쟁의 서막
"'이건 처음부터 미국과 이란의 전쟁'"…확전을 노리는 네타냐후의 위험한 속내', 〈비디오머그〉(유튜브), 2024.4.20.
"'미국이 결국 뒤처리할 것'…전쟁판 더 키우는 네타냐후의 위험한 노림수', 〈비디오머그〉(유튜브), 2024.4.20.
"'이건 굉장히 폭발적인 영향력을 가지고 있어요' 라마단 휴전 무산 뒤 확전일로', 〈비디오머그〉(유튜브), 2024.3.8.
'이란, 전면 개입할까? 하마스가 승산 0% 무모한 전쟁에서 이스라엘에 노린 '이것'', 〈비디오머그〉(유튜브), 2023.10.24.
'하마스의 진짜 목표는 무엇? 이스라엘의 전면 봉쇄·보복이 위험한 이유', 〈비디오머그〉(유튜브), 2023.10.20.

07 전쟁을 준비하는 북한
'결국 김일성 너머 태양이 된 김정은…갑자기 후계자 김주애 모습 싹 감춘 이유', 〈비디오머그〉(유튜브), 2024.7.19.
'북한, 진짜 중국 배신했나…군사 충돌 시 '자동군사개입' 부활의 진실', 〈비디오머그〉(유튜브), 2024.7.12.
'절대권력에 빠진 김정은…무엇이 변화를 막았나', 〈비디오머그〉(유튜브), 2023.11.10.

08 한국의 전략: 하드랜딩 통일에 대비하라
'김정은 체제가 갑작스레 무너지면 누가 그다음 북한 권력을 잡을까', 〈비디오머그〉(유튜브), 2024.2.10.
'하루아침에 통일될 확률이 더 높다? 김정은 체제 무너뜨리는 방법', 〈비디오머그〉(유튜브), 2024.2.3.

'전쟁 따윈 진짜 두렵지 않은 걸까⋯김정은 체제 무너뜨리는 방법', 〈비디오머그〉(유튜브), 2024.1.26.

3부 패권: 새 판 짜기에 나선 세계

09 잠에서 깬 사자, 미국
'한계 온 중국에 먹살까지 잡는 트럼프⋯시진핑의 초조함이 결국 일낼까', 〈비디오머그〉(유튜브), 2024.3.15.
'독 오른 중국이 타이완 침공하면 트럼프는 한국을 총알받이로 내몬다?', 〈비디오머그〉(유튜브), 2024.2.8.
'주식·부동산 무섭게 폭락한 중국⋯다급히 '금' 더 사 모으는 이유', 〈비디오머그〉(유튜브), 〈비디오머그〉(유튜브), 2024.1.29.
'"결국 미국은 삼성·하이닉스까지 노려"⋯반도체 '쩐의 전쟁'이 진짜 무서운 이유', 〈비디오머그〉(유튜브), 2024.1.29.

10 중동의 새로운 주인
'"빈살만의 젊은 패기에 이젠 미국마저 쫄린다"⋯K-방산 왕창 사들이는 사우디의 속내', 〈비디오머그〉(유튜브), 2024.3.29.
'바이든과 빈살만, 뒤바뀐 갑과 을⋯사우디가 석유 증산을 거절한 이유', 〈비디오머그〉(유튜브), 2022.7.22.

11 중국의 위험한 도박
'상하이에도 베이징에도 '텅텅'⋯본격화된 중국 경제 침체의 진실', 〈비디오머그〉(유튜브), 2024.3.9.
'시진핑 "타이완 통일하겠다"⋯왜 시진핑에게 타이완 총통 선거가 중요할까', 〈비디오머그〉(유튜브), 2023.12.22.

'중국은 왜 '제로 코로나'를 고집할까?…상하이 봉쇄 한 달이 남의 일이 아닌 이유/비디오머그', 〈비디오머그〉(유튜브), 2022.4.29.

12 한국의 전략: 자율성을 활용하라

'"한국, 더 이상 1등 어려워"…'위기감 최고조' 한국 반도체 생존전략', 〈비디오머그〉(유튜브), 2024.8.30.

'타이완에서 전쟁나면 "일본이 최고 위너"…운명건 싸움에서 대한민국이 살아남는 방법', 〈비디오머그〉(유튜브), 2024.3.22.

'중국과 '헤어질 결심'…? 한국이 중국에서 돈 못 버는 이유', 〈비디오머그〉(유튜브), 2022.9.17.

4부 한국: 우리가 맞이할 세계

13 인구 감소 익스프레스

'"인구 감소' 익스프레스 탄 대한민국… 당장 70년대생을 잡아야 하는 이유', 〈비디오머그〉(유튜브), 2024.7.5.

'"월급으론 집값부터 감당 안 돼"…380조 원 쏟고도 저출산 해결 못하는 이유', 〈비디오머그〉(유튜브), 2024.5.31.

14 혼란한 부동산 시장과 메가시티의 꿈

'"치솟는 전셋값, 서울은 심각한 상황"…여기에 'ㅇㅇㅇㅇㅇ' 족쇄 풀리면 폭등 시작일까', 〈비디오머그〉(유튜브), 2024.7.13.

'"역대급 차별적 시장 온다" 서울 전셋값 상승이 심상치 않은 이유', 〈비디오머그〉(유튜브), 2024.5.14.

'"무시무시한 퍼펙트스톰 올 수도"…국토부 19만호 누락에도 서울 전셋값 무섭게 오르는 이유', 〈비디오머그〉(유튜브), 2024.5.3.

'청년 멘탈 붕괴시킨 '전세사기'…국가가 깔아 준 '멍석'인 이유', 〈비디오머그〉(유튜브), 2024.3.1.

'"서울, 매물만 쌓여 있어요" 부동산 '거래절벽'이 심각한 이유', 〈비디오머그〉(유튜브), 2024.1.12.

'서울의 부족한 입주물량…집값 어디까지 흔들까, 전세값 상승의 진짜 이유', 〈비디오머그〉(유튜브), 2024.1.5.

'"서울엔 더 이상 ○○○가 없다"…김포가 '메가시티' 핵심 될까', 〈비디오머그〉(유튜브), 2023.11.25.

15 고령화 시대의 히포크라테스

'"도대체 돈은 누가 냅니까?"… 폭증하는 고령 의료비에 담긴 불편한 진실', 〈비디오머그〉(유튜브), 2024.8.2.

'피부·미용과로 심각하게 쏠린 '○○' 때문에 필수의료 살리기가 '막장전쟁' 된 이유', 〈비디오머그〉(유튜브), 2024.2.23.

'"○○설명 없이 필수의료 강화하겠다는 건 거짓말" 의료현장이 붕괴 직전인 심각한 이유', 〈비디오머그〉(유튜브), 2023.11.4.

⟨교양이를 부탁해⟩를 만든 사람들

총괄   정명원, 심영구
기획·연출   한동훈(David)

01 미국이라는 과열된 엔진
컨트리뷰터   이현식 SBS D콘텐츠제작위원

02 벼랑 끝에 몰린 중국
컨트리뷰터   김정호 서강대학교 경제대학원 겸임교수
                이현식 SBS D콘텐츠제작위원

03 반전을 꾀하는 일본
컨트리뷰터   이창민 한국외국어대학교 일본학과 교수

04 한국의 전략: 생산성에 집중하라
컨트리뷰터   김현철 서울대학교 국제대학원 교수
                이원재 카이스트 문화기술대학원 교수

05 러우전쟁의 오랜 역사
컨트리뷰터   김태훈 SBS 국방전문기자

06 제5차 중동전쟁의 서막
컨트리뷰터   박현도 서강대학교 유로메나연구소 교수
                성일광 서강대학교 유로메나연구소 연구교수
                이현식 SBS D콘텐츠제작위원

07 전쟁을 준비하는 북한
컨트리뷰터   안정식 SBS 북한전문기자

08 한국의 전략: 하드랜딩 통일에 대비하라
컨트리뷰터   안정식 SBS 북한전문기자

09 잠에서 깬 사자, 미국

컨트리뷰터   김수형 SBS 외교안보팀장
          김창욱 보스턴컨설팅그룹 MD 파트너
          김태유 서울대학교 산업공학과 명예교수
          권애리 SBS 생활경제부 기자
          박승진 하나증권 리서치센터 글로벌 ETF 팀장
          이현식 SBS D콘텐츠제작위원

10 중동의 새로운 주인

컨트리뷰터   박현도 서강대학교 유로메나연구소 교수

11 중국의 위험한 도박

컨트리뷰터   김정호 서강대학교 경제대학원 겸임교수
          이현식 SBS D콘텐츠제작위원

12 한국의 전략: 자율성을 활용하라

컨트리뷰터   김창욱 보스턴컨설팅그룹 MD 파트너
          김태유 서울대학교 산업공학과 명예교수
          김현철 서울대학교 국제대학원 교수

13 인구 감소 익스프레스

컨트리뷰터   전영수 한양대학교 국제학대학원 교수

14 혼란한 부동산 시장과 메가시티의 꿈

컨트리뷰터   김경민 서울대학교 도시계획학과 교수
          진희선 전 서울특별시 행정부시장

15 고령화 시대의 히포크라테스

컨트리뷰터   조동찬 SBS 의학전문기자

영상취재   박승원, 박진호, 김현상, 주용진, 김태훈
작가   윤단비, 김성민
편집   정용희, 현승호
콘텐츠디자인 옥지수, 채지우
인턴   박지현, 권도인, 박효빈

● 이 책은 스브스프리미엄 오리지널 콘텐츠
  〈지식뉴스, 교양이를 부탁해〉를 단행본으로 재구성해 엮은 것입니다.

교양이를 부탁해

읽을수록 똑똑해지는 우리 시대의 교양

초판 1쇄 2024년 11월 8일

지은이 | 스브스프리미엄, 한동훈 지음

발행인 | 문태진
본부장 | 서금선
책임 편집 | 김광연 원지연   편집 2팀 | 임은선

기획편집팀 | 한성수 임선아 허문선 최지인 이준환 송은하 송현경 이은지 장서원
마케팅팀 | 김동준 이재성 박병국 문무현 김윤희 김은지 이지현 조용환 전지혜
디자인팀 | 김현철 손성규   저작권팀 | 정선주
경영지원팀 | 노강희 윤현성 정헌준 조샘 이지연 조희연 김기현
강연팀 | 장진항 조은빛 신유리 김수연 송해인

펴낸곳 | ㈜인플루엔셜
출판신고 | 2012년 5월 18일 제300-2012-1043호
주소 | (06619) 서울특별시 서초구 서초대로 398 BnK 디지털타워 11층
전화 | 02)720-1034(기획편집) 02)720-1024(마케팅) 02)720-1042(강연섭외)
팩스 | 02)720-1043   전자우편 | books@influential.co.kr
홈페이지 | www.influential.co.kr

ⓒ ㈜SBS, 2024

ISBN 979-11-6834-239-2 (03300)